南诏大理国的
图像叙事
与神话历史

安 琪 —————— 著

上海交通大学出版社

SHANGHAI JIAO TONG UNIVERSITY PRESS

内容提要

本书为"神话历史丛书"之一。本书的主要内容是从图像叙事的新视角切入南诏大理国的神话历史，采用跨学科研究的视野与方法，综合运用传世古籍文献、环洱海地区碑铭墓志、图像史料与民间活态传承文本的四重证据，系统探讨由图像所表述的南诏大理国神话，以及它与地方礼俗信仰、族群历史叙事构成的三合一形态，加深今天对于边疆民族"神话历史"复杂性和多元性的理解。本书适合高校人文社科领域的科研工作者和学生使用。

图书在版编目（CIP）数据

南诏大理国的图像叙事与神话历史 / 安琪著 . —上海：上海交通大学出版社，2023.6
（神话历史丛书）
ISBN 978-7-313-26452-7

Ⅰ.①南… Ⅱ.①安… Ⅲ.①南诏－神话－研究－中国 Ⅳ.①B932.2

中国国家版本馆CIP数据核字〔2023〕第037598号

南诏大理国的图像叙事与神话历史
NANZHAO DALIGUO DE TUXIANG XUSHI YU SHENHUA LISHI

著　者：安琪

出版发行：上海交通大学出版社　　　　　　地　　址：上海市番禺路951号
邮政编码：200030　　　　　　　　　　　　电　　话：021-64071208
印　制：上海新艺印刷有限公司　　　　　　经　　销：全国新华书店
开　本：710mm×1000mm　1/16　　　　　印　　张：15.25
字　数：222千字
版　次：2023年6月第1版　　　　　　　　印　　次：2023年6月第1次印刷
书　号：ISBN 978-7-313-26452-7
定　价：72.00元

总序　神话：中国文化的原型编码

　　"神话"这个概念，作为专业术语，是20世纪初年由留日学者梁启超、蒋观云等人引入现代汉语中的。此前的中国学术话语中没有神话学这样一门学科。100多年来，中国神话学从无到有，取得了很大成就，也留下明显的局限。最初热衷于介绍和研究神话的学者以文学家为主体，如鲁迅、周作人、茅盾、郑振铎、谢六逸等，所以至今我国高校的神话学教学仍然只限于在中文系民间文学课程范围里进行。大凡没有民间文学专业师资的学校，就不会开设神话学的课。对照20世纪以来国际神话学大发展的情况，国内在学科划分上的这种自我封闭之局限性非常明显。以国际的神话学理论权威学者罗伯特·西格尔（Robert A.Segal）在1996年主编出版的六大卷《神话理论》（*Theories of Myth*）为例，文学方面的神话学研究只占六卷书中的一卷而已，即不到神话学研究全貌的百分之二十。占据百分之八十以上的内容是哲学、历史学、考古学、宗教学、心理学、人类学等学科视角的神话研究。十年前，笔者主编的"神话学文库"将这六卷书中的哲学卷与心理学卷列入翻译计划，因为版权问题，目前仅有《心理学与神话》一书正式出版了中译本（陈金星译，陕西师范大学出版社2019年版）。在"神话学文库"中还收入了日本神话学家吉田敦彦的《日本神话的考古学》、美国考古学家南诺·马瑞娜托斯的《米诺王权与太阳女神》、瑞典历史学家马丁·尼尔森的《希腊神话的迈锡尼源头》、美国哲学家凯瑟琳·摩根的《从前苏格拉底到柏拉图的神话和哲学》、美国哲学家凯文·斯奇布瑞克编的《神话的哲学思考》、德国宗教学家瓦尔特·伯克特的《神圣的创造：神话的生物学踪迹》、罗马尼亚裔美籍宗教学家伊利亚德的《熔炉与坩埚：

炼金术的起源和结构》与美国人类学家简·哈利法克斯编的《萨满之声》等。这一批著述充分表明，神话学如何有效参与考古研究和历史研究，并在文化和文明的起源学方面发挥学术攻坚作用。可以说，文学本位的神话观，已经成为制约我国人文学术发展的一个瓶颈。

2010 年我在中国社会科学院任职时，和广东省委达成合作意向，编撰一套"神话历史丛书"。丛书的宗旨就是打破现行教育体制滞后所造成的学科本位主义束缚，突破中国神话学研究的文学本位局限，让神话概念充分发挥其贯通文学、史学、哲学、艺术学、宗教学、心理学的跨学科整合优势，引领当今研究者打开思路，主动尝试交叉学科的思考，发现、提出和解决新问题，特别是从跨学科研究实践中总结经验，提出中国文化理论体系建构的关键问题。

"神话历史丛书"由广东的南方日报出版社推出，原计划有 20 部书的规模。自 2011 年至 2015 年，先期出版 9 部专著。其中涉及外国神话历史研究的有：《韩国神话历史》《苏美尔神话历史》；还有一部《希腊神话历史探赜》则编入复旦大学出版社的"中国文学人类学理论与方法丛书"。中国神话历史研究的著述，除了两部编著《儒家神话》和《宝岛诸神——台湾神话历史的古层》之外，都是笔者所指导的博士论文和博士后报告，内容涉及对《春秋》《礼记》《仪礼》《淮南子》等上古文化经典的再解读；外加一部研究夏商周及其精神文化源头的《图说中华文明发生史》。从学术发展的脉络审视，"神话历史丛书"所承继的是 20 世纪 90 年代笔者和萧兵先生合作主编的"中国文化的人类学破译丛书"（湖北人民出版社）。

2017 年底上海交通大学成立神话学研究院，"神话历史丛书"原计划中未出版的著述将继续推出，目前以上海交通大学文学人类学中心指导的学位论文和博士后报告为主，研究对象涉及《墨子》《周礼》《管子》《黄帝内经》《国语》《后汉书》《南齐书》等文史经典。

一个世纪以来的中国神话研究，将主要精力用于从古籍中寻找类似古希腊神话故事的工作，却完全忽略了一个根本性的问题：国学的传统中为什么不存在神话研究？换另一种问法：古汉语中为什么就没有"神话"这个术语？由于这样具有根本性的文化特质问题没有得到较早的提示，所以在学界也得不到深入的思考和讨论。本丛书编者认为，中国文化传统的最大特征就在于其完全的和弥漫性的神话特质。不仅遍布城乡各地的无数孔庙和财神庙，无言地见证了这个多民族国度的巨大造神能量，就连被西学东渐以来的现代学者视为"中国哲学""中国历史"和"中国科学"的许多根本内容，也离不开神话学的观照。

如何将局限于文学课堂的神话这个概念真正释放出来，使之成为重新贯通文史哲和艺术、宗教等，能够反思中国文化研究的有效概念工具，引领学者超越传统的成见和现代的学科体制造成的偏见，重新进入中国思想传统和历史传统。目前的"神话历史丛书"，在南方日报出版社已经出版9种的基础上，继续专注于对上古文化经典的神话学解读。聚焦历史叙事中的神话性原编码作用，以及神话叙事中的真实历史文化原型。因此，这套书的研究对象是常见的古代经典，但是研究范式却来自文学人类学一派独家倡导的研究理论与研究方法论，诸如"神话中国""文化大小传统""文化文本多级编码""四重证据法"等等。我们希望各卷合起来能够构成一个相互关联和相互照应的学术整体，有助于加深对中国文化的发生及其特质的重新认识。本丛书更集中体现21世纪成长中的青年学者的新锐探索，力图呈现出更具有规模性的人文研究的创新群体。

三天前，笔者出席在上海举办的2021年腾云峰会"生生不息"，当场即兴讲述了两个涉及神话历史的小故事。19世纪的一位文学爱好者——德国人谢里曼，坚信荷马史诗《伊利亚特》讲述的特洛伊大战是真实发生的历史事件，便亲自去土耳其发掘，果然找出被尘封数千年的特洛伊城的故事；一个是21世纪国内的文学人类学考察团队，认为《山海经》讲述的黄帝在峚山一带吃白玉膏并播种出玄玉的故事，不只是凭空虚构的文学想象。经过连续十年的玉石之路文化考察，碰巧在2021年春咸阳博物院文物库房的尘封之下辨识出18件五千年以上的仰韶文化圣物——玉斧钺。其黝黑黝黑的色调不仅与"玄玉"一名相吻合；其五千年以上的厚重历史含量，也恰好对应着华夏民族共祖黄帝的时代。于是，上海交通大学神话学研究院与咸阳博物院合作，为纪念仰韶文化发现一百年暨中国考古学诞生一百年，于 5 月 22 日在咸阳博物院举办"仰韶玉韵"特展，以及针对仰韶文化玉礼器研究的"玄玉时代"专家论坛。

　　神话凝聚着每个民族的亘古幻想。今天的科技成就还在延续这些幻想，并让某些幻想变成现实。试用两句诗纪念 2021 这个特殊的年份：

　　　　　祝融升天问火星

　　　　　玄玉重光耀轩辕

叶舒宪

2010 年 6 月 6 日初稿于北京

2021 年 6 月 10 日改写于上海

目　录

绪　　论

第一节　定位南诏大理国

唐宋时期，在我国西南地区，以今云南为中心，先后存在着两个由少数民族建立的地方政权，南诏（649—902 年）与大理国（937—1254 年），在南诏和大理国之间又先后出现了长和、天兴、义宁三个短暂的由白族为主体民族建立的地方政权。从南诏至大理国，前后时间几与唐五代及宋王朝相始终。

南诏之"诏"字，唐人释为"夷语，王为诏"，即古代氐羌族系的语言对王、首领、王国的称谓。《旧唐书·南诏传》即称"蛮谓王为诏，自言哀牢之后，代居蒙舍州为渠帅，在汉永昌故郡东，姚州之西"。唐初云南的大理、洱海地区分布有几个部落联盟——蒙嶲诏、邓赕诏、施浪诏、越析诏、浪穹诏，以及较小的时诐诏、剑川诏。蒙嶲诏在今巍山县北部，邓赕诏在今洱源县邓川镇，施浪诏在今洱源县和邓川之间的青索乡，越析诏在今宾川，浪穹诏在今洱源县，其首领丰氏兄弟在南诏统一洱海地区之前曾任浪穹州刺史。蒙舍诏在巍山县南，因处其余诸诏之南，故称南诏，即"南方王国"之意。

八诏在初唐时期不相臣服，各自为政。7 世纪中叶，吐蕃势力崛起并南下延伸到云南洱海和四川盐源一带，而蒙舍诏经过首领细奴逻及其后逻盛、盛逻皮、皮逻阁三代的创业，势力逐渐强大。在这样的形势下，唐王朝扶植最南端的蒙舍诏，以求遏制和消除吐蕃在洱海地区的影响，并同时达到控制滇池、洱海地区的目的。唐玄宗开元二十六年（738 年），蒙舍诏的第四代诏王皮逻阁在唐王朝的支持下统一了各诏，建立政权，朝廷封皮逻阁为"云南王"，赐名"蒙归义"，自此南诏正式建国，迁都西洱河太和城（今大理太和村），势力日强，极盛之时辖境辽阔，包括今天的云南省、贵州省西部、四川西南部和中南半岛北部的部分地区，正如《新唐书·南诏传》所描绘的那样："东距爨（滇东与黔西接壤处），东南属交趾（今越南北部），西摩伽陀（今印度比哈尔邦），西北与吐蕃接，南女王（今泰国北部南奔府），西南骠（今缅甸中部），北抵益州（大渡河以南区域），东北际黔巫（黔北与川南接壤处）。"①在公元8世纪和9世纪，南诏势盛，与吐蕃并为唐王朝的心腹之患。至公元902年清平官郑买嗣篡蒙自立、国号"长和"为止，南诏历史共二百五十三年，经历了十三代诏王的统治：第一代王细奴逻、第二代王逻盛、第三代王盛逻皮、第四代王皮逻阁、第五代王阁罗凤、第六代王异牟寻、第七代王寻阁劝、第八代王劝龙晟、第九代王劝利晟、第十代王劝丰佑、第十一代王世隆（酋隆）、第十二代王隆舜、第十三代王舜化贞。

南诏灭亡后的三十余年间，政权频频易手，先有郑氏"大长和国"传三代后，被东川节度使杨干贞推翻，拥戴白蛮大姓赵善政建立"大天兴国"，其后杨氏又自立为王，号"大义宁国"。公元937年，大义宁国属下的通海节度使、白蛮人段思平向位于东方的乌蛮三十七部借兵，攻入太和城，灭大义宁国，即位改国号，称"大理"，建元文德。大理国的疆域是沿袭南诏国，共历二十二主，其中"避位为僧"者多达十人。传至第十二世王段连义时，相国高氏以段氏"子孙不振"，奉高升泰为国主，称"中国公"，改国号为后理国。大理国与北宋的政治往来十分稀疏，宋太宗太平兴国年间虽然册封大理国主为"云南八国都王"，但基本上是将其划为"化外"，并无稳定的朝贡关系，仅有定期的茶马贸易往来。公元1253年，忽必烈率军南征，以皮囊渡江，攻破大理，俘获段兴智，命忽哥赤为云南王，元至元十年（1273年）建立云南行省。

关于南诏大理国政权的族群归属问题，历来皆是学术史上争论的焦点和难点，很大程度上是因为史料记载的含混不清。《旧唐书·南诏传》曰："南诏蛮本乌蛮之别种也，姓蒙氏。蛮谓王为诏，自言哀牢之后代，居蒙舍州为渠帅。在汉永昌故郡之东，姚州之西。"我们可知南诏之祖先源于古代氐羌族系

---

① （宋）欧阳修、宋祁：《新唐书·南诏传》卷222上，王忠笺证本，北京：中华书局，1963年，第10—14页。

的"哀牢夷"。与"乌蛮"这一概念相对的是"白蛮",也就是作为被征服对象的"洱河蛮""青蛉蛮""弄栋蛮"等。这种"乌蛮—白蛮"的二元分类法,给后来南诏族属的定性造成了一定程度上的混乱。民族史研究者根据文献记载、考古出土文物、传世图像来界定洱海滇池居民的族属,甚至综合考察人群的客观文化特征,如语言、服装、发式和风俗。综合起来有如下几种看法:首先是"南迁氐羌论",向达、徐嘉瑞、刘尧汉等人从文献证据出发,考证"西爨白蛮"为汉藏语系藏缅语族的氐羌系,民族南下滇中后形成的人群集团,对应的是现代彝族;[①] 其次是"河蛮土著论",云南本地学者如张锡禄、张旭等人认为南诏大理国的主体民族并非南迁至此的外来者,而是以洱海地区的白蛮大姓为主形成的民族[②];再次是"融合论",方国瑜、邵献书、林超民、李东红等学者均持此论,认为南诏大理国的主体民族是在本地哀牢夷、南中大姓爨人家族的基础上融合形成的"白人",也就是白族的先民,南诏后期出现了洱海乌蛮的"白蛮化"趋势,其后的长和、天兴、义宁与大理国驻地方政权的族属均为白人。[③] 李一夫征引与南诏同一时代的西藏《墀都松墀德宿藏传略》,证明南诏王室的族属为"白蛮","在南边的底地国土中有章地的一部称为白蛮,他们的国君有许多人民……白蛮国君阁罗凤,即时对他致敬",[④] 并进而推断说明洪武年间成书的《荡山寺记》中称"蒙段二氏皆白人"是有依据的。南诏历代国王多自称为"大封人","古读'封'如'帮','封人'或'封民'即'白人'或'白民'"。总体来说,目前学术界对南诏大理国统治阶层的族群归属的认定,倾向于认为是由层累叠加的多元民族所组成的。

---

① 向达:《南诏史略论》,《唐代长安与西域文明》,重庆:重庆出版社,2009 年;徐嘉瑞:《大理古代文化史稿》,北京:中华书局,1978 年;范义田:《云南古代民族之史的分析》,重庆:商务印书馆,1943 年;刘尧汉:《南诏统治者蒙氏家族属于彝族之新证》,《历史研究》1954 年第 2 期,第 31—51 页。

② 张锡禄:《从白族家谱看南诏大理国洱海地区的白蛮大姓》,《南诏与白族文化》,北京:华夏出版社,1991 年,第 1—18 页。

③ 方国瑜:《唐代前期洱海区域的部族》,《云南民族大学学报》1983 年第 1 期,第 38—45 页。

④ 李一夫:《南诏王室族别初探》,张旭主编:《南诏·大理史论文集》,昆明:云南民族出版社,1993 年,第 34 页;邵献书:《南诏和大理国》,长春:吉林教育出版社,1990 年。

第二节　从"立体释古"视野看
南诏大理国的文化认同

　　中国西南地区曾有不少与南诏大理国类似的区域性民族政权，公元前5世纪有"滇国"，秦汉时期有"夜郎国"，昆明各部落之西的"乘象国""哀牢国""白子国"，南诏之后的"天南国""罗氏鬼国"，等等。与这些地方性政权的文化遗存比起来，南诏大理国地处青藏高原文明、中原汉地文明和东南亚佛教文明三家汇聚之处，在公元9世纪崛起为亚洲东南部最具影响力的地方政权，势力范围包括今天的云南、贵州西部、四川西南部和中南半岛北部地区，最终在13世纪归附中央帝国，其文化内涵之丰富、图像遗产数量之巨大，在整个中古时期都是罕有其匹的。

　　然而，历代治南诏史的学者寥寥可数，皆因材料上的困境使然。一方面，滇中典籍自元明以来毁于战火，以至治史者多有"文献不足征"之叹；另一方面，可供今人援引的南中旧志几乎都是明清时期译自爨文并经文人芟夷重编的删订本，距离南诏大理国时代甚远，又因掺入大量汉族文人的改写和修正，与爨文典籍原初样貌之间的差距不可以道里计，其可信度和阐释力也就相对有限。著名学者陈垣在撰写《明季滇黔佛教考》一书时，就苦于明以前"无史可考"，而"心颇厌之"。①

　　当我们把视线转向各类"间接性史料"后，这种"无史可考"的困境或可部分地迎刃而解。南诏大理国五百年间，建寺造像之事盛行不衰，"图像写史"的内容相当丰富，地域性的图像艺术传统呈现出丰厚、确凿和立体的面貌。包括壁画、造像、绘卷在内的"图像写史"内容相当多样，大理国时代官衙壁上

---

① 陈垣：《明季滇黔佛教考》（外宗教史论著八种）"僧传开山神话第十二"，石家庄：河北教育出版社，2000年，第372页。

绘有"会盟图""汉臣西征图"，昆明五华楼壁上有"西南夷十六国君长图"，王城太和宫照壁绘唐朝李宓大战南诏的"天宝大战图"，皇宫祖殿绘"太祖文武皇帝受禅图"，洱神庙有"龙王行雨图"，大理崇圣寺有"释迦牟尼讲经图"，等等。[①] 除了这些仅留名于史册的图像作品，今人依旧可得见的13世纪以后的石窟寺造像、经卷写本和火葬墓碑文，在内容和艺术风格上保持着内在的连贯性，沿连续的时空框架发展并形成相对独立的地方艺术史脉络，为后人重构和还原文献失载的历史情境提供了一个新的角度。

在历史文献与图像史料构成的二重证据内部，尚待探索的地方性知识存在着并生与交错的局面。图像与文字这二重证据之间的衔接、过渡与关联，并非总是体现为平滑的由此及彼，多数时候是呈现为"和声"式的证据谱系，彼此阐发彼此印证。这种"间性往来"的特征需要我们通过图像、历史书写、出土实物、口承传统的间性对照来复原情景，以"立体释古"为旨要的四重证据法，将日渐丰富的考古学新材料、博物馆所藏文物与图像添加进传世文献、多民族民间口传的活态民族志文献之中，多重"物证"彼此交错、关联、层层推演，既在第一重传世文献证据内部进行对比分析，也对边疆民族的神话仪式进行间性对比，以"深描"的方式还原南诏大理国数百年间如何以多重手段完成对祖先历史和文化身份的表述。近百年来，国内外研究南诏大理国的专著和论文，总数有千余部，所涉范围包括南诏大理国历史地理、语言文字、民族关系、僧官制度、神话故事、本主信仰、民间宗教阿吒力教仪轨和写经、明清火葬墓碑文整理等方面，较为重要的研究有方国瑜[②]、尤中[③]、张锡禄[④]、侯冲[⑤]、李

---

① （清）李浩：《三迤随笔》，大理州文联编：《大理古佚书钞》，昆明：云南人民出版社，2002年。

② 方国瑜：《西南历史地理考释》，北京：中华书局，2012年；方国瑜、林超民主编：《方国瑜文集》，昆明：云南教育出版社，2001年。

③ 尤中：《中国西南的古代民族》，昆明：云南人民出版社，1980年。

④ 张锡禄：《南诏与白族文化》，北京：华夏出版社，1992年；张锡禄：《大理白族佛教密宗》，昆明：云南民族出版社，1999年；张锡禄、甲斐胜二主编：《中国白族白文文献释读》，桂林：广西师范大学出版社，2011年。

⑤ 侯冲：《白族心史：〈白古通纪〉研究》，昆明：云南民族出版社，2002年。

子贤[①]、连瑞枝[②]等。

自 20 世纪中叶以来，治南诏大理国史的学者开始留意史料文字之外的图像材料，迄今为止较为突出的成果有三类：其一是以李霖灿、李昆声、刘长久为代表的图集汇编与图像资料的综述性研究。[③] 其二是以图像材料辅助民族史和宗教史的研究，如方国瑜考释西南历史地理和两爨部族（"东爨乌蛮"与"西爨白蛮"）的分布及迁徙，[④] 台湾学者李玉珉和古正美探讨中国南方佛教美术中的南天密教元素，[⑤] 傅云仙、朴城君从"观音图像志"看密宗佛教在云南的变体，[⑥] 侯冲着眼于南诏大理国视觉史料中有关"阿吒力教"的内容，指出大理国写经与汉地佛教显宗的渊源，[⑦] 李绍明围绕昭觉摩崖石刻来探讨川南、滇西北地区的古代民族关系。[⑧] 其三是某一图像专题的微观研究，如开启南诏大理国宗教图像研究先河的美国学者卓海伦（Helen Chapin）关注"阿嵯耶观音"（Acārya Avalokitesvara）造像的图像学源头，[⑨] 李家瑞、邱宣充、杨延福等学者分别就剑川石窟寺造像、大理崇圣寺出土器物等话题进行源流、风格、材质和

---

① 李子贤：《探寻一个尚未崩溃的神话王国——中国西南少数民族神话研究》，昆明：云南人民出版社，1991 年；李子贤：《再探神话王国：活形态神话新论》，昆明：云南人民出版社，2016 年。

② 连瑞枝：《隐藏的祖先：妙香国的传说与社会》，北京：三联书店，2007 年。

③ 李霖灿：《南诏大理国新资料的综合研究》，台北：台北故宫博物院，1982 年；李昆声主编：《南诏大理国雕刻绘画艺术》，昆明：云南美术出版社，1999 年；刘长久：《中国西南石窟艺术》，成都：四川人民出版社，1998 年。

④ 方国瑜：《滇史论丛》，上海：上海人民出版社，1982 年。

⑤ 李玉珉：《张胜温梵像卷之观音研究》，《东吴大学中国艺术史集刊》第 15 卷，1987 年 2 月，第 227—264 页；《南诏大理大黑天图像研究》，《故宫学术季刊》1995 年第 13 卷 2 期，第 21—40 页；古正美：《从天王传统到佛王传统：中国中世纪佛教治国意识形态研究》，台北：商周出版社，2003 年；古正美：《〈张胜温梵画卷〉研究：云南后理国段智兴时代的佛教画像》，北京：民族出版社，2018 年。

⑥ 傅云仙：《阿嵯耶观音》，昆明：云南美术出版社，2006 年；朴城君：《大邦之间：妙香国的观世音图像志》，广州：暨南大学出版社，2017 年。

⑦ 侯冲：《云南与巴蜀佛教研究论稿》，北京：宗教文化出版社，2006 年。

⑧ 李绍明：《凉山博什瓦黑南诏大理石刻中"梵僧"画像考》，《思想战线》1982 年第 2 期，第 70—74+76 页。

⑨ Helen B. Chapin, "Yünnanese Image of Avalokitesvara", in *Harvard Journal of Asian Studies*, 1944, vol, 8, no. 2, pp. 131–183.

族群归属方面的研究。①

　　综合来看，图像材料的汇编和民族器物专题研究已是成果斐然。不过，前辈学者的研究缺少族群主位、地域主位的视角，存在一种中心主导、边缘失语的倾向；在探讨传统中国非汉族群历史和民族关系时，也往往以论代史，忽略地方历史的书写者行诸笔端的情感与信仰，以及在地方历史认同的驱动下形成的多元化表述。南诏大理国在地理上位处三大文明的交接地带，相继居于统治地位的两爨部族历经数百年的融合与迁徙，是构成白族、彝族和纳西族等西南现代民族的主体人群，民族接触与文化冲突是常有之事。身处其中的人民，对于自身文化认同的选择和保存，有过哪些努力？他们如何以图像为手段和载体，来呈现本族群的历史叙事和文化表述？在何种社会情境与集体心态的趋势下，滇池洱海政权的历史书写者和图像绘制者，有时采纳"南诏是古天竺"这样的历史记忆，有时选择九隆这样的地域神作为祖先来源的标准说法，有时又追溯汉臣开边，强调"白人原本于汉"？为什么我们在南诏大理国的神话历史和图像叙事中，看到某些社会记忆被不断修正，或被选择性遗忘，或得到强化？从长时段的历史视野来看，社会人群对历史的选择、重组和保存，才是地方社会集体记忆得以形塑的关键。通过"形之于图"的手段来保存和传递的记忆，对于文化内部成员而言应当是特别重要且有必要代代相传的记忆，也是后人在纷繁复杂的历史书写中探索族群主位声音的宝贵入口。

第三节　图像叙事与神话历史的再表述

　　20 世纪 50 年代以来，人文社会科学领域内开始出现对于"表述"的反思，曾经被视为权威和范式的各类总体性理论，已无法对社会现实日渐滋衍的细节

---

① 李家瑞等主编：《大理白族自治州历史文物调查资料》，昆明：云南人民出版社，1958 年；邱宣充主编：《云南文物古迹大全》，昆明：云南人民出版社，1992 年；杨延福：《南诏大理白族史论集》，昆明：云南民族出版社，2004 年。

提供完满的解释，百科全书式的工作和通则式的理论解释框架受到挑战。"表述危机"（crisis of representation）以一种前所未有的方式深刻地改造了文化多样性被理解和被书写的方式，相应地，表述"异文化"的传统惯例也出现重大调整。

这带来的不仅有研究方法的变更，也有研究范围的转移和扩大。将视野从语词文字构成的叙事文本转移到图像符号构成的叙事文本上来，就是对这一"危机"进行反思的结果。在传统的书面文本和口头文本之外，图像的重要性日益凸显。它是一种建立在符号基础上的视觉艺术。直观的视觉符号相互结合形成体系与结构，影响了人们看待世界、思考世界和察觉世界的方式。从结构类型上来看，图像符号可以分解为两个层面：能指层面构成表达平面，即通常所说的属于感官物质性的形式——例如颜色、线条、构图、光影、比例、焦点、材质；图像的所指层面则构成内容平面的实质部分，形象、形式和母题都是这一实质的征兆和表象。图像的形式是一种元话语，它可以被破译，这一破译的工程必须仰赖于对内容实质和图像情境的综合考察。因此，种种视觉再现表征的形式可以被当作具有系统化意义的符号来加以诠释、解读，如同字母和语法系统创造出的词和句子是能够产生意义的结构一样。相关的议题包括视觉符号的形成与意义、代码规则、它同社会的关系、文化作为符号系统的集合体、图像符号系统生成意义的方式、对社会的规范作用等。由视觉符号构成的艺术作品，其内部系统以及它与外部世界之间的关系，可以被视作符号意义与意义的关系，图像在自己的内部结构中、在与其显示的关系以及社会、创作者、接受者的文化网络当中，将自己呈现为一种符号。①

图像是一把开启往昔的钥匙，作为历史证据在学术研究中发挥着重要的作用。在某种程度上图像可能比文字资料更直接地反映着历史原貌。艺术史家布克哈特就指出："只有通过艺术这一媒介，一个时代最为秘密的信仰和观念才

---

① Jan Mukarovsky, "Art as a Semiotic Fact" (1934), in *Structure, Sign and Function*, New York, 1982, pp. 92-94.

能传递给后人，而只有这种传递方式才最值得信赖，因为它是无意而为的。"①
这种"证史"的效力是通过图像的叙事特征而得以实现的。叙事遍布于神话传
说、寓言、民间故事、小说、史诗、历史、悲剧、正剧、喜剧、哑剧、绘画、
彩绘玻璃窗、电影、连环画、社会杂闻、会话之中。②从类型上来区分，具备
叙事性的文本有两种构成方法，其一是以自然语言为基础，按照遣词造句规则
和信息内容把词汇连接成符号链，其二则是以视觉符号为表现形式。③叙事的
承载物可以是口头或书面的有声语言，也可以是固定的或活动的画面、肢体语
汇，以及所有这些材料的有机混合。

　　图像是空间性的叙事媒介，语言文字是时间性的叙事媒介，二者有着不同
的物质载体，在叙事表意的功效上也是各具优长。唐人张彦远《历代名画记》
指出"宣物莫大于言，存形莫善于画"；北宋邵雍的《史画吟》和《诗画吟》
区分了文字与图像的不同功能："史笔善记事，画笔善状物"；"画笔善状物，
长于运丹青，丹青入巧思，万物无遁形。诗笔善状物，长于运丹诚，丹诚入秀
句，万物无遁情"。④语词符号的媒介是兼具形与声的文字，体现为时间上的绵
延与流动，图像符号的媒介则是笔墨、色彩、立体造像等，更易于表现客体的
外观形象、质感和动态，而比较拙于铺叙叙事性的时间流程，仅仅是以相对静
止的瞬间印象来表述连贯的时间性场景。

　　文学和视觉艺术作为彼此的"意指的他者"，所处的境遇并非是纯粹对称
的，语言文字是进行表达和理解的优先手段，⑤图像构成的形象语码则由于其
直观再现客体的属性，在表述体系中长期居于次级地位。西方哲学的传统体系
是围绕着话语与图像、推论与感觉、言说与观看、阅读与感知、普遍与特殊之

011

① ［瑞士］布克哈特：《意大利文艺复兴时期的文化》，何新译，北京：商务印书馆，1979 年，
　　第 3 页。
② ［法］罗兰·巴特：《叙事作品结构分析导论》，张寅德编：《叙述学研究》，北京：中国社会科
　　学出版社，1989 年。
③ 赵毅衡选编：《符号学：文学论文集》，天津：百花文艺出版社，2004 年，第 144 页。
④ 钱锺书：《读拉奥孔》，《钱锺书论学文选》卷 6，广州：花城出版社，1990 年，第 65 页。
⑤ ［德］瓦尔特·舒里安：《作为经验的艺术》，罗悌伦译，长沙：湖南美术出版社，2005 年，
　　第 265 页。

间的二元对立关系而建构起来的。在这每一组对立中，前者总是被赋予特权与优先性。由于叙事的优势媒介容易成为范本而被模仿，因此出现了叙事性图像文本模仿叙事性语词文本的现象。不过，在利奥塔看来，图像、形式和意象相对于语词而言，具备一种天然的优先性。[①] 话语意味着文本性（textuality）对感知的控制，它是逻辑、概念、形式与理论思辨发挥主要作用的领域。话语通常被用作传递信息和含义的符号载体，而能指的有形实质（materiality）却被遗忘。[②] 诺曼·布列逊在《语词与图像：旧王朝时期的法国绘画》中更进一步提出，一旦图像被视为符号，其表情达意的自由度就可以达到与语词同样的高度，二者可以依据一定条件相互转化，而图像的形象性、现场感和捕捉生活的能力均非语词所能比拟。20 世纪 90 年代，米切尔（W. J. T. Mitchell）提出了"图像转向"（pictorial turn）的理论，证明"观看与阅读同样深刻"，图画应该获得与语言文本同等的话语权，[③] 随着"图像时代"的到来，叙事的视觉性层面正在成为新一轮的理论热点。

　　"图像叙事"这一概念所彰显的，正是视觉符号的特有表意功能。当具有可读性的视觉符号被按照特定的空间关系组织起来并形成首尾呼应的情节时，它就能够在流动的线性时间当中表述特定的事件和内容。这个术语赋予了形象语码一种"讲述故事"的修辞功能，但这一功能并不与再现的本真性构成对等关系。罗兰·巴特在《叙事结构分析导论》中对叙事话语的分析提醒我们在叙事与真实性之间保持警醒："不能相信叙事的'现实主义'主张，叙事的功能并不在于'再现'，而在于建构一个场景。"事实上，文化实践的种种方式——故事的口头传承和文本传播、仪式的展演与践行，乃至图像的绘制与接受——都不仅仅是对文化的镜像折射和涓滴不漏的记载，而是积极地、动态地形塑和

---

① ［美］道格拉斯·凯尔纳、斯蒂文·贝斯特：《后现代理论——批判性的质疑》，张志斌译，北京：中央编译出版社，1999 年，第 195 页。

② ［斯洛文尼亚］阿列西·艾尔雅维茨：《图像时代》，胡菊兰、张云鹏译，长春：吉林人民出版社，2003 年，第 89 页。

③ W. J. T. Mitchell, "The Pictorial Turn", in *Picture Theory: Essays on Verbal and Visual Representation*, Chicago: University of Chicago Press, 1994, pp. 11–34.

定义着文化。

　　图像叙事的研究视野是图像研究与叙事学研究的交集。长期以来，综合叙事学与图像学来进行"图像叙事"的路数并未得到学界足够的重视。一方面，结构主义叙事学将其研究范围锁定于文学领域，关注纯文学或虚构性的作品，以形式主义文学理论、符号学理论和结构主义的神话历史理论为基础，着力分析叙事的本质、形式与功能。另一方面，图像的研究者大多有着美术史、艺术史的背景，囿于传统的学科分野，亦很少论及图像的"叙事"维度。近年来，一些西方学者开始关注图像叙事理论，如彼得·伯克（Peter Burke）和米切尔等都就此出版了一系列论著；巴尔在《叙述学：叙事理论导论》的第二版专门增添"图像叙事"一章，开辟了空间叙事理论的新热点；仅就中国话题而言，西方汉学界和历史学界已经开始留意古代中国的图像材料，例如宗教图卷、舆地图、画报、杂志、宣传海报，其中蕴含的视觉信息极大地丰富了艺术史、历史学、社会学和文学研究的容量。

　　将语言分析的方法应用于图像意义的阐释，我们首先要处理的是图像叙事所包含的互文性特征（intertextualité）。虽然这一术语主要被运用于小说文类，但它在视觉艺术领域同样具有适用性。可以说，正是互文性开启了在文字和图像之间建立比较研究的可能性。图像并不单纯是绘画者的物态产出品，形象符号产生意义的方式和过程并不完全由自身决定，而是由其互文性建构的，它的意义来自它与符号体系中的其他文本构成的空间，以及这种空间带来的回声效应。每一个图像都存在于与其伴随文本共同搭建起的意义网络之中，这一关系有两层含义：其一是图像文本之间的水平式关系，在这层关系中，产生互文性的手法主要是摹绘和改绘，由此来形成图像链环，它体现为相对稳定的图像主题、构图模式和绘画格套；其二是图像与语词文字的跨越式关系，这种关系类似于克里斯蒂娃提出的"垂直互文性"概念，也就是某一文本与构成这一文本的情境形成的"互文"（trans-textuality），它使得我们能够将视觉表意模式与语词系统进行横向类比。在文本的互涉过程中，一种符号系统向另一种符号系统靠拢，出现置换、采借、吸纳和转化，致使旧有符号系统发生解构，并最终重建起一个互文指涉的、具备多重向度的文本空间。

视觉材料对于我们重构南诏大理国的地方历史叙事和文化身份认同，有着不可替代的作用。这不仅因为"可视之物几乎成了真实的比喻，把可视之物变成对真实之物的比喻，让可视之物证明确实发生了某些事件，并且让它充当这种发生的形态学证据"，[①] 还因为图像这一具备叙事功能的符号系统能够为我们提供有关地方历史的民族志观察视角。图像研究的视野也正在渗透至民族史的范畴之中，对于南诏大理国这样拥有丰富图像遗产的"文献名邦"，这样的视野显得尤为重要。从类型上来看，南诏大理国雕刻艺术类型丰富而多元，代表者有巍山佛教造像、安宁王仁求墓碑石刻、剑川石钟山、金华山石窟、安宁法华寺石窟、昆明地藏寺大理国经幢、西昌凉山博什瓦黑摩崖石刻、大理挖色石窟、剑川禄劝三台山、晋宁将军山摩崖石刻、大理喜洲归源寺镇国灵君石刻天神像等。除此之外，南诏大理国时期的绘画作品包括纸本和绢本绘卷、经籍书刊插图和壁画等种类，题材主要是与佛教有关，反映了南诏大理国地域性的社会生活和民族习俗。最具代表性的是《南诏图传》、《宋时描工大理国张胜温画梵像卷》、祥云水目山水目寺塔壁画《群佛法会图》、晋宁观音洞壁画等等。丰富的图像材料为我们提供的并非是一个封闭的表意单元，而是在特定的地域文化环境中拥有多层重叠效应的符号系统。众所周知，图像符号本身并没有自己的绝对意义，只有在同其他存在物相联系时，它的存在才能得到彰显。图像符号与社会情境的关联，也正如卡西尔在《语言与神话》中指出的那样，"（在作品的体系中）不复有任何孤立的点，这个体系内的所有成员都彼此相关、彼此相指，互为解释，互为说明。每一个分别的事件都仿佛被看不见的思维之索'圈网'起来，捆绑在整体上"。[②] 正因如此，对南诏大理国图像遗产的本体形态的分析，必然要引领我们进入对视觉符号的社会观念意义的分析。视觉单位拥有变幻无穷的表层形式，但这些形式仿佛是冰山一角，隐藏其下的是中国西

---

① ［英］彼得·伯克：《图像证史》，杨豫译，北京：北京大学出版社，2008 年。
② ［英］卡西尔：《语言与神话》，于晓译，北京：三联书店，1988 年，第 59 页。

南边疆社会独有的思想观念、文化认同和社会历史变迁，这样的宏观结构构成了图像的情境，它与图像的形式连接成为整体性的符号系统，研究者可以透过它来探查地方历史的书写者在心态深层存在的那些结构性因素，以及这些因素如何决定了某一特定历史时空中人们的集体心理和行为模式。

本书第一章聚焦《南诏图传》中反映的"乌蛮开国"的早期历史记忆，从图文关系研究的新视野入手，将图像场景片段与传世文献进行互勘，考察其间图文关系的匹配与背离，以此来探讨9世纪时中国西南边疆的乌蛮蒙氏族群如何用"变相绘画"的方式言说地域社会的神话历史和族群源头。

第二章将视野从《南诏图传》的整体研究拨转至局部研究，关注其中"祭柱图"一节所揭示的层累叠加的汉文化内涵，本章将"祭柱图"视为一个由三层结构搭建起来的图像叙事空间，其表层是深深扎根于儒家传统的禅让故事，其下是中国南方民族当中广为流传的汉臣立柱神话、武侯神话等"开化英雄"主题，以"祭柱"的图像语汇表现出来。位于最底层的则是古代社祭传统中的"用牲于社"传统。

第三章从阿嵯耶观音的图像志视角，探讨南诏大理国对"妙香佛国"的文化认同，阿嵯耶观音与观音应化的梵僧形象在南诏大理国的图像世界中频频出现，为我们寻求滇中两爨部族对祖源和佛教王权的"自我表述"提供了重要的线索。造像与绘画揭示出滇中政权的维持与运转、统治阶层对世系的想象与表述，均以东南亚的文化渊源为指向。天竺的阿嵯耶观音为中古时期云南的佛教王权提供了一个遥远而神圣的开端，以"观音建国"为主题的图像艺术和神话传说将两爨部族的源头从北方的"中华汉地"拨转至南方的"天竺佛国"，这一拨转成为在中央帝国区域秩序的范围之外，重新定义南诏大理国族群身份的关键要素。对于图像资料的现有研究已经表明，尽管中国西南边疆在经济、政治制度和文学艺术等方面都受到中原汉地文明的辐射，但南诏大理国建国意识形态的基调是由多方文化因素合力奠定的，来自北方的汉地显宗佛教只是其中之一。

第四章聚焦于南诏大理国的阿育王神话与层累叠加的祖源叙事。云南的阿育王神话为中印古代文化交流提供了新证，也为研究中国南方民族与东南亚佛教传统的往来融合、区域社会的文化想象与身份认同如何经历"层累叠加"的过程等问题，提供了不可多得的来自民间和族群主位的样本。本章运用划分情节类型的方法，逐一解析构成阿育王神话的四大原型、衍生与变异，以及它们出现"层累叠加"的时间和原因，从宏观的角度探讨阿育王故事的叙事形态在其流变的过程中如何受制于文本所扎根的语境，又如何反向塑造了语境本身。

第五章关注大黑天"摩诃迦罗"图像及神话在云南的地域性变形，也即"成俗"之过程。从长时段的历史视野来看，云南的大黑天神话经历了一个抛物线式的发展轨迹：在南诏时期，大黑天从婆罗门教和密乘佛教神话中脱胎而出，随着地方政权的日渐巩固，其重要性渐渐上升，与"建囯观音"阿嵯耶相比肩；元明易代之后，大黑天在阿吒力教僧的推动下流布民间，修法持咒的专业宗教实践也随之走上了经忏化和通俗化的道路，在民众的信仰世界中更多是与平妖驱邪、助战护国的种种神迹混为一体。明清两代的地方官府面对大黑天"其祀遍滇中"的现象，顺势将其纳入王朝祀典，使其从一个来自古印度的战斗神转变为兼具村寨保护职能和社稷土地职能的本地土主神，它凭借此新身份而免于被贴上"淫祀"的标签。在这一过程中，神圣叙事也与地方性的山岳水渎神话及神僧故事出现了交叉，形成了"在庙为本主，在寺为伽蓝，在世为国王"的三分格局。

第六章关注南诏大理国及其后续历史阶段的地方叙事和本土话语中有关"白王"的神话历史与图像叙事，将民间流传的白王故事与地方史志、碑刻谱牒及当代白族的民俗实践进行互勘对照，从文化主体的角度建构"多民族文学史观"。进而探讨以南诏大理国史事为基础衍生而来的白王传说如何作为白族文化记忆的重要组成部分，在 20 世纪 50 年代的民族识别工程成为白族定名的关键依据。

第七章致力于探索南诏大理国终结之后，后人如何通过对地域性神话历史的再书写，对其进行不断的言说和重新定义。对于那些长期流传于民间、形成了分歧迭出形态的地域性神话，如哀牢夷始祖"九隆"的感生神话、南诏大理国开国神话、阿嵯耶观音变现神话等等，本地的滇史书写者如何处理神话、传说、轶闻与史实的杂糅？神话与信史彼此附会，虚构与真实在同一文本中交缠难分。本章聚焦于明代贬谪至滇的成都人杨慎的滇史著述，特别是治"南中旧史"的两部著作——《滇载记》与《南诏野史》，探讨其中对于南诏大理国神话历史所分别采取的"荟萃"与"删正"之法，考察以此为代表的"述祖南诏大理"的滇史叙事，是如何将文化持有者对地方性历史事件的集体记忆和多重叙事样态收纳其中，呈现出历史文本的文学维度的。

　　行文至此，笔者已经完成了对本书研究的对象、研究方法和素材的阐述。本书所使用的图像叙事方法，旨在建立一种新的观察地方历史和族群叙事的方法，并通过这样一种观察方法，深描那些根植于南诏大理国思想史与观念史的神话，探讨这些神话如何被表述为某种类型的权力、如何具象化为图像，以历史绘卷和宗教造像等种种媒介延续到我们的时代，加深今天对于边疆民族神话历史、艺术遗产与文化认同之复杂性和多元性的理解。南诏大理国的神话历史叙事谱系是一个具备丰富内涵和多元形态的地方文本系统，其内容包括原发性的西南夷土著神话和植入性的佛教神话与儒家神话，堪称多民族国家内部文化多样性的范本。作为重建地方历史的重要话语资源，南诏大理国神话是西南边疆民族淬炼文化身份与族群认同的一部心灵史，揭示了妙香佛国在五百年间整合社会力量并"渐入王化"的宏阔历史进程。由于南诏大理国地处边鄙化外，本地传世史乘文献又大多毁于元初的战火，那些未能跻身王朝正史体系内的细碎真相，普遍以"神话历史"的混沌形态寄居于地方口头叙事与仪式传统之中，其文化资源意义亟待阐释和发掘。文字用所指表征世界，所指的核心是概念，概念是思想形成的基础，这决定了文字更易于表达抽象的概念、属性、规律；图像用能指表征世界，这决定了图像叙事的优长之处在于直观再现，而在精准地传递思想、概念、描绘属性、规律等方面，比起"竹帛之所载粲然"的文字来又显得力所不及。但是若将南诏大理国的图像遗产放置于中国西南边疆地方历史与神话思维的具体情境之中，则会发现图像的叙事能力是借助它与上下文的关系来实现的。作为空间单元的图像所具备的叙事的能力，很大程度上是拜其所置身的情境所赐。在南诏大理国这一特殊情境构成的上下文关系网中，绘卷、雕塑、造像构成的图像世界不只是一套自足的符号体系，更是与地方历史的情境以及对这种情景的表述形成了一种密不可分、水乳交融的关联，构筑起一个互文修辞的空间。

第一章

《南诏图传》与乌蛮开国的神话历史

南诏大理国的重要图像遗产包括两份绘画手卷，其一是 10 世纪的《南诏图传》，其二是 12 世纪的《宋时描工大理国张胜温绘梵像卷》。《南诏图传》现藏于日本京都有邻馆，纸本设色，长 580.2 厘米，宽 31.5 厘米，又称作《南诏中兴二年画卷》《南诏中兴国史画卷》。从绘制时间上来看，该画卷的成画要早于中兴二年（899 年），且在大理国时期有所补绘，因此称作"中兴二年画卷"不妥；若称其为"南诏画卷"，则是把其中的"文字卷"排除在外了。李霖灿提出用"南诏图传"一名来指代这一图文兼备的卷轴，本书即依李氏观点称之为《南诏图传》。这卷宗教故事画蕴藏着大量有关云南中古时期地方佛教政权的宝贵信息，是后人研究南诏大理国史不可多得的资料。《南诏图传》的画面共有九段，遵循着卷轴画的叙事流程展开，回溯了从 7 世纪初期以来，"天竺观音"在南诏境内所行的一系列神迹，是探究南诏时期乌蛮统治者言说地方历史和祖先源头的重要参考资料。

《宋时描工大理国张胜温绘梵像卷》现藏于台北故宫博物院，可能成画于大理国第十八代君主段智兴（在位时间 1173—1200 年）一朝，长卷设色精美，内容丰富，金碧辉煌，全卷长 1 636.5 厘米，成画的时间约在利贞元年至盛德元年之间（1172—1176 年）。根据卷后盛德五年（1180 年）的题跋，此卷为大理国宫廷画工张胜温所绘，但从内容上来看，不同节段的风格并不统一，可能由多位画家合作完成的。画卷内容分三段，第一段十开，绘大理国主及扈从男女，榜题"利贞皇帝㬋信"，利贞皇帝即大理国主段智兴，"㬋信"为六诏古方言，指君主；第二段绘诸佛菩萨天龙八部法会、高僧及供养者；第三段四开，绘天竺十六国王率领王族男女礼佛。全卷内容丰富，使观者如入宗教人物与神灵的画廊之中，有应接不暇之感。清乾隆时，该画卷由如意馆的宫廷画师丁观鹏临摹改绘为《法界源流图》与《蛮王礼佛图》，共计 134 开。《秘殿珠林续编》称"张胜温所绘梵像，自金刚天龙帝释，下及十六应真两大弟子、六祖等众，并维摩诘答药师大愿普门现品，乃至摩醯首罗、药叉龙女波旬，种种备具……南诏尔时，僻在蛮陬，乃于竺乾法会，印证豪端，不第如史册所载萧梁之菩萨画塔，北宋之酴兰画佛，仅擅一长夸绝异域而已。惟是卷中诸佛菩萨之前后位置、应真之名因序列，观音之变相示威，多有倒置。因咨之章嘉国师，悉为正其讹舛，命丁观鹏摹写成图"。[①] 这说明《张胜温梵像卷》的原初面貌很可能是以"梵夹装"或"经摺装"的形态出现的，方便持诵批阅，一如敦煌藏经洞所见唐宋时代的经帙样式。根据原卷所见天顺己卯年（1459 年）残跋，《张胜温梵像卷》在明正统年间曾不幸遭水渍，由慧可寺僧人镜空改装成册，后又于乾隆时代整理错简次序，重新改为长卷。民国时期的学者罗庸认为，从该画的布局设色来看，它与敦煌壁画同属一个系统，堪称中国佛教绘画艺术中的滇地瑰宝。[②]

两份绘卷的风格差异很大。《南诏图传》（见图 1-1）按照线性轨迹延伸，相比起《张胜温梵像卷》那种以静态"偶像"为中心的对称式组合结构来描摹诸佛、菩萨、梵天和国主法相的叙事手法而言，《南诏图传》更侧重于讲故事，叙事性更胜一筹。它以连贯的情节与动态场景铺叙"观音七化"与"南诏开国"的历史，也就是东南亚南天密教观音佛王信仰传入南诏的过程，可算是一卷典型的"故事画"（narrative painting）。在整体上，《南诏图传》所绘每一次"显化"都配以榜题，并在卷末（"文字卷"）附有散文体的对故事内容的集中描述，这使得图像与文字在《南诏图传》中构成了意味深长的对应关系，时而如双声部合唱一般彼此呼应，时而各循其轨、单独展开，是探究视觉文本的符号体系、表意功能与叙事特征的极佳材料，也为我们提供了洞察图像绘制者和赞助人意图、心态、文化身份的独特视角。

目前学界对《南诏图传》的研究集中在以下几个方面：

（1）年代与版本。美国学者卓海伦依据《南诏图传》"图像卷"上的观音

① 李霖灿：《南诏大理国新资料的综合研究》，台北故宫博物院，1982 年，第 16—17 页。
② 罗庸：《张胜温梵画薈论》，《方国瑜文集》第 2 册，昆明：云南教育出版社，2001 年，第 618 页。

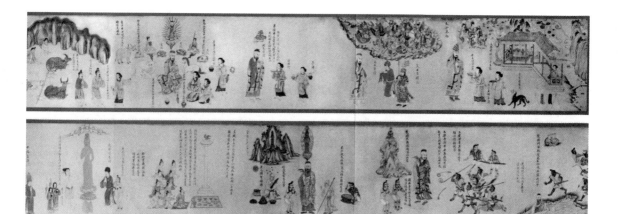

图 1-1 京都有邻馆藏《南诏图传》

形象，推断其为 12 至 13 世纪的作品；李霖灿则认为《南诏图传》当是大理国皇帝段思英文经元年（945 年）的一个摹本，甚至可能是摹本的"再摹本"；[1]向达以"画上文字全无唐人笔意"为据，推断该卷的时间上限是大理国时代；[2]汪宁生则认为《南诏图传》祖本作于南诏中兴二年（898 年），"文武皇帝礼佛图"一段则是补绘于郑买嗣时代（902—909 年），今日所见者可能是大理国初期的摹本。[3]

（2）《南诏图传》"文字卷"研究。《南诏图传》的文字部分一向不受重视，不少学者以"虚幻之神话"视之，卓海伦、向达、徐嘉瑞、汪宁生等先生对"文字卷"均无论列。1967 年李霖灿在台湾出版《南诏大理国新资料的综合研究》一书，将"文字卷"用作考证南诏早期佛教史的重要资料，继而有张增祺以"文字卷"内容来推算南诏纪年之年号干支、[4]李惠铨等以之探究洱海周边的"祭天"习俗、[5]罗炤以之对应隋唐的僧伽神异故事等，[6]极大地拓展了南诏史研

---

① 李霖灿：《南诏大理国新资料的综合研究》，台北故宫博物院，1982 年，第 49 页。
② 向达：《南诏史略论》，《历史研究》1954 年第 1 期，第 1—29 页。
③ 汪宁生：《〈南诏中兴二年画卷〉考释》，《中国历史博物馆馆刊》1980 年第 2 期，第 136—148 页。
④ 张增祺：《中兴图传文字卷所见南诏纪年考》，《思想战线》1984 年第 2 期，第 58—62 页。
⑤ 李惠铨、王军：《南诏图传文字卷初探》，《云南社会科学》1984 年第 6 期，第 96—105 页。
⑥ 罗炤：《隋唐"神僧"与〈南诏图传〉的梵僧》，赵怀仁等编：《大理民族文化研究论丛》第三辑，北京：民族出版社，2006 年。

究的材料来源与学术内涵。

前人论著或着眼于画卷本身，或着眼于文献辅证，各具学术价值，但是还有一些值得探讨的地方尚待处理。南诏大理国的文献史料与图像材料分别代表了认识世界和再现观念的两种方式。二者之间不单纯是"以图证史"或"以史证图"的关系，而是各自具有独立性，又相互依存，合力建构起一套视觉语言符号学。在笔者看来，"图像证史"的思路强调了一种"史料化"的读图方式，即用《南诏图传》来补充典籍文献的阙失，或佐证已知的史实。这一思路的局限性（也是饱受诟病之处）在于图像材料很难在严谨的定义之下被用作"史料"，其所证之史不免捕风捉影，而求证的过程也给人以"沙上筑塔"的印象。我们不如换一个角度，先搁置对于历史真实性的纠缠，转而以这样的问题为起点：《南诏图传》的绘画部分如何对乌蛮开国和滇中佛教史迹进行"再现式"的历史叙事？这种叙事与"文学叙事"的区别又在哪里？图像与文字的内在关系是什么？

图文关系是图像叙事互文性理论中的一个重要命题，其中图像是具备意指作用的符号系统，无可避免地渗入了语词成分，某些视觉再现甚至以相当直接的方式融入了文本性，这使得图像带上某种"类语言"的特征；[①] 此外，视觉符号的意义又可以被复制为语言信息而得到证实，尤其是当这些语言信息被书写、印刷或制作成"可视"的形式时。后形式主义、图像学和符号学都将艺术的核心问题阐释为"语言与图像"的问题，对于形象研究而言，一个绕不过去的任务就是对语词与图像的关系进行清理。从图像与文字的互文性修辞角度来看，二者在形式上体现为两种关系：其一是内在关系——文字以其内容作用于图像，使得图像成为语词所指的具象呈现；其二，图文关系也体现为一种外在的关系——文字以具体的物质书写形态（榜题、落款、题词等）出现在图像文本之中。在图文构成的表意空间中，图像与文字的弹性关系又导致了三种产生

---

① ［法］诺曼·布列逊：《语词与图像：旧王朝时期的法国绘画》，王之光译，杭州：浙江摄影出版社，2001年。

意义的方式：首先，文本／语词支配图像，令图像附属于文本，二者之间有着清晰的主次从属关系；其次，图像挣脱文本的捆绑，凭借独立于语言之外的视觉特征来制造意义，与文本呈现出彼此分离的态势；最后，语词和图像彼此阐述，互济相生，文本为图像进行描写、叙述、解释、标记，图像则为文本提供示例，在从一种符号体系转换为另一种符号体系的过程中，二者建立起互文表述的符号空间。

图像与文字的互文性在范畴上又有狭义和广义之分。前者指的是在单一文本的界限之内，图像和文字构成的多种对应，例如中国古代民族图谱基本上是一帧之内左图右史的布局，明清绣像小说则有"上图下文"的形式，其中的图像与文字借助对内容的选择形成互为补充或彼此背离的关系。广义的图文关系则不以单一文本为边界，而是与社会文化共同构成一个复杂的互文网络，以《南诏图卷》为代表的宗教绘卷以讲述祖先历史来源、神圣王权缘起为核心内容，这与官修史书、志乘、笔记稗史中相关条目存在转抄、引用、回应关系，不仅是乡邦文献收载内容的视觉再现，还是中国西南边疆文本世界的有机部分，使得古代中国的"华夷观"获得了一种直观具象的呈现。更重要的是，从在长时段的地方历史进程中来看，图像起到了形塑族群认同与文化身份的能动作用。

本章尝试从"图文互现"的角度出发，考察《南诏图传》中图像与文字共同构成的意义语句，以及这种图文关系如何对南诏大理国佛教传说与王权观念进行历史叙事。在技术思路上，本章遵循"内史为先，内外史有机结合"[①]的艺术史研究原则，将图像艺术视觉语言的"内部逻辑"与产生这种视觉语言的"外部背景"进行有效勾连，一方面以形式分析为工具，从《南诏图传》的图像文本中，剥离出构图的内在"语法"和图像的叙事策略；另一方面，将《南诏图传》文本放置在特定的文化环境和历史时空之下，从云南地方历史构成的

---

① 黄厚明：《图像与观念：艺术考古前沿问题研究》，《民族艺术》2008年第4期，第20—27+79页。

社会事实入手，以外部的角度切入图像文本与南诏大理国时期的云南佛教、王权政治构成的复杂关系。

第一节 "奇王祥瑞"的图像叙事

据成书于初唐的《道宣律师感通录》和《法苑珠林》所载，唐麟德元年（664 年）之前，西洱河地区就已有佛寺佛像，这说明佛教在蒙舍诏第二代王逻盛时期（674—712 年）就已传入滇中。南诏王室崇奉的是南印度密教金刚顶派（vajrayāna）不空罥索观音佛王，[①] 在金刚顶派的观想法中，转轮王（帝王）与佛（或菩萨）同体，神我合一，帝王以观世音佛王的面貌治世并自称。这样的治国意识形态在《南诏图传》中具化为一系列观音显化的神迹，它包含"观音七化"和"祭柱禅位"两个情节单元，主要讲述阿嵯耶观音七次神通变现，摄授蒙氏，并巡游洱海地区降服外道的历史。

《南诏图传》的文字内容由卷首题记款识、卷中榜题和卷末"文字卷"三部分组成。画卷前是清人张照于雍正五年（1727 年）书写的长篇题记，画卷后部又有"嘉庆二十五年岁在庚辰九月二十二日成亲王观"，榜题文字则是讹夺颇多，相比起来，"文字卷"通顺准确，较少错讹、累赘和重复之处，故而现今学界一般将"文字卷"断定为图像绘制的底本，认为榜题是后来增补上去的。整幅画卷中，信息最为丰富的是"文字卷"，它包括对观音"第一化"至"第七化"进行描写的分段式散体文、说明绘图始末的《中兴皇帝敕书》与骈散结合的《画师赞颂》。《南诏图传》中"观音七化"的内容与史籍文献中的相关记载存在一种对应关系。白族史籍《白古通纪》"什九载佛教神僧灵迹"，[②] 逐

---

① 古正美：《从天王传统到佛王传统：中国中世纪佛教治国意识形态研究》，台北：商周出版社，2003 年，第 428 页。

② （明）谢肇淛：《滇略》卷四"俗略"，方国瑜主编：《云南史料丛刊》第 6 册，昆明：云南大学出版社，2000 年，第 700 页。

字抄录《南诏图传》七化内容；万历《云南通志》卷十七《杂志·大理府·怪异》亦载"观音七化"条；康熙年间，大理圣元寺住持寂裕刊刻《白国因由》一书，将"七化"敷衍为"十八化"，始于唐初而止于段思平得国，观音不仅除魔、伏罗刹、授记细奴逻得白国，而且救护段思平，为其进兵大理指路。寂裕命人在寺中隔扇上以图绘之，到同治十二年（1873 年），云南巡抚岑毓英又将门扇上的版画改为浮雕；逮至清末，圣元寺碑文中出现了"第十九化"和"二十化"（"示梦岑宫保绘图擒贼第十九""默佑杨总戎捣穴擒渠第二十"）。[1]

《南诏图传》是一帧横卷式手卷，这类绘画通常以横向排列的形式（即按照视线的前进方向）安排故事情节。不过，当我们展开《南诏图传》的卷轴时，却发现画面对"七化"故事的铺叙，并未遵循自右向左的延伸路径，而是出现了不少场景的中断、倒置和跳脱。图文配置上的不连贯现象，揭示出绘画与文学在叙事上的根本性差异。画面将"文字卷"中观音显化的不同场面做出了重新排列与组合，以连续式构图"转译"（而非单纯地复述）了文学叙事的时间顺序。

为了更好地说明这个问题，接下来笔者将围绕观音的显化变相，分析《南诏图传》中图像与文字对于同一场景的不同表述。笔者将每一"化"切分为几个次级场景拼接组成的单位，用阿拉伯数字标明场景的序号。

画面的"中断"特征主要体现在第一化"奇王祥瑞"和第二化"再廻施食"（见图 1-2）：

　　1.1　家中祥瑞、婆媳施食：南诏开国皇帝蒙细奴逻（奇王）和儿子逻盛（兴宗王）家中的祥瑞故事。图绘梵僧戴赤莲冠，捧钵而立，二女奉食供养梵僧。空中天仙奏乐，回廊两侧橙花开放，凤鸟翔集【榜题：奇王妇浔弥脚，兴宗王妇梦讳，奇王家龙犬、凤鸟，天乐时供养奇王家】。

---

[1]　侯冲：《白族心史：〈白古通纪〉研究》，昆明：云南民族出版社，2002 年，第 221 页；杨天孙：《重塑圣源圣像并修殿阁廊庑募引》，杨世钰主编：《大理丛书·金石篇》第 10 册，北京：中国社会科学出版社，1993 年，第 245 页。

图 1-2 《南诏图传》第一化"奇王祥瑞"～"天兵来助"～第二化"再廻施食"

1.2 天兵来助、二臣礼佛：梵僧捧钵，与二人相对。一人戴冠，冠上插羽，身披铠甲，手持仗【榜题：武士名（各）群矣】；另一人红袍宽袖，手捧卷轴【榜题：文士逻傍】。二人对托钵僧合掌膜拜。空中祥云，上绘执兵器者多人，乘马驰骋【榜题：天兵来助】。

2.1 再廻施食：浔弥脚捧食，梦讳挑篮持瓶，面向梵僧作供奉状【榜题：廻乞食时】，梵僧托钵而立，原来头戴的赤莲冠现已脱置石上。

在两化之间，画面出现了一个明显的中断，即"天兵来助"的场景。相较于图画，文字对这一段内容的叙述则较为连贯，以下罗列的三个不同时期的文本，对于第一化、第二化的描述都以"三次供食"为重心，也就是婆媳二人"家中供食"～"中道供食"～"巍山供食"的全过程：

（1）《南诏图传》"文字卷"："浔弥脚梦讳等二人欲送耕饭。其时梵僧在奇王家内留住不去，浔弥脚等送饭至路中，梵僧已在前延乞食矣……其时浔弥脚等所将耕饭，再亦延施。"[1]

（2）《白古通纪》："观音幻化梵僧，三次化缘乞食，均得到细奴逻家

① 李霖灿：《南诏大理国新资料的综合研究》，台北故宫博物院，1982 年，第 45 页。

造饭，僧曰：'今日得汝家斋多矣，不必再饭。我此一来，为救民除罗刹，请汝为王。'细奴逻惊惧，僧乃取刀砍犁耙已，数有十三痕。僧曰：'受记汝也，汝其勉哉。'僧遂去。"

（3）《南诏野史》卷上"细奴逻"条："时奴逻与子逻盛炎方耕巍山之下。其姑与妇将往盍，见僧乞食，遂食之。再炊往盍，僧坐不去，姑妇持饷中道，僧已在彼，复乞食，姑妇又食之。返而复炊，及持盍至巍山，则见僧坐磐石上……姑妇惊喜，复以所饷供之。"①

相较于文字，画面在三次施食的连续场景之间突然插入几十年之后的"二臣礼佛""天兵来助"主题，绘文士逻傍、武士各群矣接受梵僧赐书，扶助细奴逻之子逻盛（兴宗王）开疆辟土。那么，图像的绘制者为什么要在"婆媳三次供食"的叙事中制造一种中断的效果？

这是由于此段图像的重心并不在于"施食"，而在于"祥瑞"，换言之，家中供食～中道供食～巍山供食这三个彼此承接的世俗场面，其叙事功效仅在于提供故事发生的"背景"，图像的真正焦点是种种祥瑞在半空构成的神圣场面，其构图用意非常明显，即凸显奇王家族的"王权佛授"。南诏王室崇拜阿嵯耶观音的方式，是将观音信仰纳入"祖先崇拜"之中，②故而在追溯皇族祖先时，需要特别强调王权神圣力量的"源头"所在。因此，尽管这段绘画的"视觉焦点"居于图卷的中下部分（即"婆媳家中施食"），但其"叙事焦点"却位于上半部分（仙乐、天兵、橙花、凤凰构成的祥瑞），二者之间存在一个明显的背离。

这样一来，我们就可以解释在第一化和第二化的图像之间出现的逻辑中断——"供养梵僧"仅仅是奇王家中出现瑞兆的原因，并不是图像叙事的主线。当我们在第一化和第二化之间做出切分之后，就可以顺理成章地把第二化（再廻施食）与第三化的第一个场景（巍山施食）连缀起来。"文字卷"的叙事

---

① （明）倪辂辑：《南诏野史会证》，王崧校理、胡蔚增订、木芹会证，昆明：云南人民出版社，1990年，第36页。

② 连瑞枝：《王权、系谱与婚姻——从云南地区佛教传说的结构谈名家的形成》，林超民主编：《南诏大理历史文化国际学术讨论会论文集》，北京：民族出版社，2006年，第412页。

重心在于"婆媳前后三次施食",不惜笔墨地反复渲染,而图像的叙事重心则偏离了"施食"主题,转移到了梵僧显化和祥瑞圣迹之上,这才是画像意义的核心部分。在这一段图像中,我们看到观音化身为"梵僧"三次出现,这是一种典型的"序列式"(sequential)或"首尾相继式"(cyclic)的叙事模式。[1] 同一角色在图像的不同部分重复出现,组成一系列连贯的结构,因此我们不妨说,第一化与第二化之间在构图形式上体现的是一种断裂中的延续性。

第二节 "观音授记"的图像叙事

画面的"倒置"现象则是集中出现在第三化"观音授记"上。第三化的主要情节有二:其一是远道而来的"圣人"在巍山授记蒙氏细奴逻;其二是细奴逻及其家眷在"圣人"的带领下共观圣踪。

3.1 巍山授记。这一段图像承接"第一化"的内容,描述浔弥脚和梦讳在中道施食之后,第二次备耕食,来到巍山山顶。梵僧于石上半跏趺坐,左手于腹前平托施食钵盂,浔弥脚与梦讳跪拜于其下【榜题:浔弥脚梦讳等施食了更授记】。《南诏图传》"文字卷"载授记的内容:"僧授记云:鸟飞三月之限,树叶如针之峰,奕叶相承,为汝臣属。"即预言了二人的夫君将次第为南诏国主。梵僧头顶上方,一僧结跏趺坐于祥云之上,双手托钵,周绕光焰;梵僧左卧一朱鬃白马,右卧一白象,立一青沙牛;上端云中有二侍童,一执铁杖,一把方金镜。

3.2 共观圣踪。梵僧授记之后,梦讳去找来正在山中耕田的父子二人【榜题:于时梦讳急呼奇王等至耕田也(地)】。图绘跣足高髻男子二

---

① Kurt Weitzmann, *Illustrations in Roll and Codex, A Study of the Origin and Method of Text Illusion*, Princeton University Press, 1947, p. 17, 转引自巫鸿:《礼仪中的美术》(下),郑岩等译,北京:三联书店,2005 年,第 354 页。

人，拱手肃立，作聆听状，梦讳左手指梵僧"授记"场景，似乎正在对二人讲述刚刚发生的奇迹【榜题：奇王蒙细奴逻，兴宗王蒙逻盛等相随往看圣化】。然而他们只看到了"圣踪"而不见梵僧、青牛、白马和白象【榜题：诸馀化尽，并见地上有一青牛馀无所在】。

按"文字卷"的记载，婆媳二人受记之后，梦讳立刻起身去田中找寻父子，共回巍山，指引他们观看圣迹。然而随着卷轴的延展，先出现的是梦讳指引二人观看圣迹的图像，之后才是父子躬耕田中的场景。这里的顺序似乎弄反了。这一"倒置"的原因，在笔者看来，是为了更有效地利用画面空间达成"聚焦"，将叙事的重点内容——以梵僧为中心的"圣迹"——尽可能紧凑地安排在有限的视幅之内。在第三化这段图像中，视点聚焦之处正是梵僧、白象、白马以及半空横向布列的"圣踪"（见图1-3）。跪拜受记的婆媳、肃立观看的父子，分别从左右两侧对梵僧圣踪构成了环绕的格局。作为辅助性背景说明的"父子躬耕"则是次要的情节，与中心场景的关系不大，被安排在最外一层。从构图上看，巍山山脉环拱于左侧，也强化了梵僧圣踪的向心式视觉效果。试想一下，如果画家严格按照"文字卷"对故事情节的叙述来绘制这一场景，则"梵僧圣踪"的视觉中心势必要出现两次，才能完成对"巍山授记"（3.1）和"共观圣踪"（3.2）两个场景的说明，而将"父子躬耕"的内容插于其间，必然冲淡对视觉中心的聚焦。从叙事学的角度来看，正是叙事的可逆性创造出了故事的完整性，对一个故事的完整感知，很大程度上取决于对故事的"逆向阅

031

图1-3 《南诏图传》第三化"观音授记"

读"。在第三化的图像中，我们看到，为了更好地表现时间的线性流逝，画面体现出空间性的叙事媒介对文学叙事顺序的改造，这是故事画的典型特征。

第三节　"梵僧巡游"的图像叙事

在图像绘制的 9 世纪，南诏官方对"建国圣源"的表述包含了一正一反两方面的内容，即否定"唐僧玄奘建国"，确定"梵僧建国"。当时在云南行教的僧侣不少，既有从唐朝属地前来的"汉僧"，也有经吐蕃"泥婆罗道"和"蜀身毒道"北上的"梵僧"，根据《南诏图传》"文字卷"的记载，"建国圣源"是来自"南开郡西澜沧江外"（第四化），明确指出这位圣人的方位是在南诏国的西南方，"帝乃欲遍求圣化，询谋太史，托君占奏云：圣化合在西南，但能得其风，南面逢于真化"（第七化），并借西域和尚菩立陁诃之口，点明了这位"建国圣人"是"西域莲花部尊阿嵯耶观音"所显化的梵僧，以此来驳斥当时流行的"汉僧建国"的说法：

> 云南自有圣人入国授记……遂兴王业，称为国焉。我唐家或称是玄奘授记，此乃非也……保和二年乙己岁，有西域和尚菩立陁诃来至我京都云：吾西域莲花部尊阿嵯耶观音从蕃国中行化至汝大封民国。[1]

《南诏图传》的"图像卷"呈现出上下两层的空间构图，图卷下列是构图的重心，人物密度相对较高，人物之间有明显的肢体语言作为贯穿情节的要素，场面富于动态的戏剧性。相较之下，图卷上列的构图要素则由天兵、仙女、圣山、祥云、圣迹、青牛、白象组成，单一物象处于静止状态，并未构成连贯叙事。以第四化"伤害梵僧"和第五化"外道慑服"为例：

---

[1] 李霖灿：《南诏大理国新资料的综合研究》，台北故宫博物院，1982 年，第 43 页。

具体来说，第四化"伤害梵僧"由三个场景组成（见图1-4）：

4.1 梵僧手牵白犬、持仗托钵而行，来到兽赕穷石村。三人着白衣，遍身棕黑，椎髻跣足，手持弓弩刀剑，面僧而立【榜题：兽赕穷石村中邑主和明王乐等三十人，偷食梵僧白犬】。

4.2 黑身者六人拖扯梵僧，下绘火一堆【榜题：共王乐等卅人伤害梵僧，初解肢体，以次为三段，后烧火中，骨肉灰盛竹筒，抛于水里】。

4.3 抱筒投江【榜题：此澜沧江也】，一黑身人手抱竹筒，作投之入水状，另一黑身人张手做惊讶状，梵僧半身出于水中。黑身人头顶上方绘石上遗靴【榜题：梵僧所留靴变为石，今现在穷石村中】。

图1-4 《南诏图传》第四化"伤害梵僧"

同样以顺时针结构安排图像内容的，还有第五化"外道慑服"（见图1-5）：

5.1 黑身者二人骑青牛白马，二人徒步，弯弓射箭追赶梵僧，梵僧

图1-5 《南诏图传》第五化 "外道慑服"

左手持瓶，右手执柳叶，回首微笑，追者所射箭簇落地，兵器尖端皆现莲花【榜题：王乐等骑牛乘马急赶梵僧，数里之间，梵僧缓步，追之不及】，此四人上方，绘有二人跨刀观看，彼此惊讶交谈，一人合掌作膜拜状【榜题：王乐部等莫能进，始乃归心稽颡伏罪】。

5.2 梵僧前行方向，二人高髻跣足赤身，拱手迎谒【榜题：开南普苴诺苴大首领张宁健等幸蒙顶礼】，二人头顶绘一山，山上有梵僧幻像【榜题：梵僧乃出开南嵯浮山顶】。

第四化和第五化是全卷中最具戏剧性的两个场面，《滇释记》对这两个场景有完整的描述：

持锡老僧，未识名，亦不知从何而至。乃持锡捧钵，牵一白犬，乞食于开南郡。穷石村素为盗，惯杀人，僧犬为其盗食，僧谓众曰：汝邨盗吾犬。村众詈僧为诬，僧乃呼犬，犬遂噪于众人腹中。众谓妖，执而杀之，解其肢体，须史复生，谓众曰：人不可杀，死必有生，终为仇对。众乃斩之，仍复生，又杀之，焚其骨为灰，盛以截竹，弃于江心，须史，僧复裂竹而出，形体如旧，执柳瓶，著履向山而去。村主王乐等乃走马追之，亦不能及，以箭射之皆落下，悉变莲花，始稽首服罪，村众自是悉弃刀弓，乃务农业。①

很明显，民间文学对于"外道慑服"的叙事遵循的是直线式的表述顺序，而在《南诏图传》第四化、第五化的视觉空间中，时间性的叙事形式转化为空间性的叙事形式，图卷的水平分层结构将视线顺时针地牵引至画卷上方，聚集在圣踪、祥瑞和观音金像上，梵僧巡游各地收服外道的世俗场面最终以阿嵯耶观音化身的神圣场面为终点。

诚如前文所论，图像与文字分属于不同的符号系统和表意系统，前者是一种空间性的构图艺术，而后者采用的则是时间性的认读逻辑。卷轴式的绘画表现形式是从右向左、分段流动取景，这在很大程度上决定了中国传统绘画的叙事方式，这种叙事方式的最大特点就是包含了一个动态的叙事过程，具备了一种时间特征。② 尽管《南诏图传》以图像和文字两重媒介来讲述"观音七化"的故事，但就某一具体情节而言，图像与文字并不同步。《南诏图传》"文字卷"的段落顺序在"第一化"到"第七化"之间做出"以化分段"的切割；"图像卷"的画面则借由画面的"转译"，打开了一个新的连续性构图空间，使得"观音七化"的故事在文字与图像上呈现出不同的叙事样貌。这似乎是画家有意为之的结果，它打破了相邻场景之间的藩篱，增加了图卷叙事的流畅性。从以上的分析来看，场景的中断、倒置和图卷空间分布的层级性特征，都揭示出图像叙事拥有独立的修辞和"语法"，我们甚至可以说，《南诏图传》的画面逻辑是绘画式的，而非文学性的，它将文字叙述的线性秩序整合为立体的空间结构。因此，在对《南诏图传》这类卷轴式绘画阐释解读的时候，应按照画面

035

① 国家民委"民族问题五种丛书"云南省编辑组编：《云南地方志佛教资料琐编》，昆明：云南民族出版社，1986年，第249页。
② 黄厚明：《艺术史与图像：〈图像的意义〉读后》，《美术研究》2010年第1期，第73—76页。

本身的叙事线索进行分段，为视线的移动标出基于视觉节奏的"句读"，而不是按照文字的认知逻辑来"以文训图"。

艺术史家高居翰在《中国绘画史方法论》中指出，对绘画艺术的分析，一方面要关注作品本身（包括材质、题材、风格等），另一方面更应关注作品的意义与功能。[①] 这个思路引导我们进一步追问《南诏图传》在其所属的历史时代扮演的角色。据"文字卷·画师赞颂"记载，宫廷画师奉南诏君主旨意绘成画卷之后，南诏国君在每年二月十八日（即细奴逻家中出现祥瑞之日）"施麦饭而表丹诚，奉玄彩而彰至敬"，虔心供养画卷，以求消灾致福。这一记载透露了有关《南诏图传》功能的关键信息——它很可能是一卷讲述南诏佛教史迹的变相绘画。[②]5 世纪到 12 世纪的佛教变相艺术存世不多，虽然画史文献屡有记载，但实物仅见于敦煌石窟造像和藏经洞出土绘卷。《南诏图传》则提供了来自西南边疆的变相绘画实物。它在形制上与敦煌卷子有相通之处，都是图文兼备的叙事性宗教美术作品，并属同一时代的产物。

若是从佛教美术的角度来定义《南诏图传》，会牵连出诸多有待进一步考察的问题，譬如说，《南诏图传》如果是一种变相绘画，它是否也用于南诏时期普通信众的瞻仰礼拜？是否与变文讲唱彼此配合，构成"俗讲"仪轨的一部分？它对于开国神话的主位叙事是否在文本的流传过程中接受了云南民间口头文学的渗透？要对这些问题做出系统的回答，还需更多旁证材料的加入。我们若将《南诏图传》、《张胜温梵像卷》、剑川石钟山石窟、巍山南诏故城遗址出土佛教造像、丽江白沙壁画等西南边疆地区的佛教绘画艺术，与广受关注的敦煌美术作品进行比对式的研究，考察它们在多大程度上构成对话、承袭和延续，这或许能从区域间文化交流的角度来丰富中国宗教艺术研究的向度。

---

① 高居翰：《中国绘画史方法论》，载曹意强：《艺术史的视野》，北京：中国美术学院出版社，2007 年，第 477 页。

② 学界对"变相"的概念历来存在诸多不同的看法，此处谨从孙楷第先生在《读变文（二则）》中的定义，即认为"变相"是以图像形态表现的神变和变现之事，例如释道二家绘仙佛像及经中变异之场景、形象、情节。孙氏文章收入周绍良、白化文主编：《敦煌变文论文录》（上），上海：上海古籍出版社，1982 年，第 239 页。

第二章

《祭柱图》与禅让的神话历史

《南诏图传》的画面共有九段，遵循着卷轴画的叙事流程展开，第一段至第六段讲述观音幻化、蒙氏开国的故事，第七段为祭铁柱故事，第八、九两段为文武皇帝礼佛图。当我们的视线从右到左扫过画面时，会突然遭遇一种令人费解的中断感，《南诏图传》在观音六化、授记蒙氏开国的佛教故事之后，突然插入一则"祭柱"的世俗场景，它跳脱出观音显化的叙事流程，另行讲述蒙氏家族因张氏禅位而得国之事，显得十分突兀。这是画师不经意为之，还是后来在流传过程中"改装成帙"的结果？

　　对照图文的叙述顺序，也可以看到这种明显的中断。"文字卷"与"图像卷"出现了令人费解的差异："文字卷"将"祭铁柱"的情节放在观音第一化之前，而"图像卷"则是将"祭铁柱"的画面放置在第六化之后。首先来看"图画卷"。它排列画面的原则是按照时代的先后，从奇王细奴逻时代（第一化）到南诏第十二世王隆舜时代（第六化），再到南诏灭国之后的"文武皇帝"郑买嗣时代（"众帝礼佛图"）：梵僧乞食图（第一化、第二化）～巍山授记细奴逻图（第三化）～兽赕穷石村化导顽夷图（第四化）～梵僧出开南嵯浮山顶图（第五化）～忙道首领李忙灵归化图、老人铸像图（第六化）～祭铁柱图～隆舜帝礼佛图（第七化）～中兴皇帝礼佛图～文武皇帝礼佛图～西洱河图。

　　然而从整体构图上来看，这帧《祭柱图》在全卷中的位置又相当关键，上承观音开国的六次变现，下启南诏历代帝王礼佛图，在图像的叙事流程上，它既是隔断，也是过渡。这令人不禁要问：为什么这卷佛教画中会嵌入一个看似毫不相关的世俗图景？图像的绘制者是否意在借助这种幽微隐蔽的手段，来讲述一个有关文化选择和政治立场的故事？

　　来自图像、典籍、考古实物和口传文本的多方面证据，为探究《祭柱图》的隐意提供了线索。《祭柱图》可以被视作一个由三层结构搭建起来的图像叙事空间，其表层是深深扎根于儒家传统的禅让故事，叙述南诏国开国之君细奴逻接受一位"张氏白王"的逊位,上承天命、合理合法地开启了南诏王统。位于禅让结构之下的是中国南方民族当中广为流传的汉臣立柱神话、武侯神话等"开化英雄"主题,以"祭柱"的图像语汇表现出来。位于最底层则是云南上古社祭传统中的"用牲于社"的传统。换言之,图像材料所见的"祭铁柱"并非孤起之事,云南上古社祭传统中的"用牲于社"是其所本,但在这个底层结构之上层层涂抹了带有浓厚儒家色彩的"禅位"故事。

第一节 "张蒙禅让"的图像叙事

《祭柱图》描绘的是一段有关"禅让"的历史故事:白国的国君张乐进求率领部下,在铁柱前举行祭祀仪式,突然一只金鸟从天而降,落在蒙氏细奴罗肩上,张乐进求遂依天命所示,禅让王位,细奴逻就是后来南诏的开国君主。画面以一立柱为中心,柱下有三层台基,柱顶有莲花形雕饰,上立一金鸟。柱前方案上供设壶、盂和食物祭品,案前跪有九人,面柱跪坐,为首一人跪于毡上,其余八人分跪两行(见图 2-1)。榜题【按《张氏国史》云,云南大将军张乐进求、西洱河右将军杨牟栋、左将军张矣牟栋、巍峰刺史蒙逻盛、勋公部落主段宇栋、赵览宗、施栋望、李史口、顶主青细异等九人共祭铁柱时】,其中一人右肩上立一金鸟,是为"主鸟天降",此人即为《南诏图传》中提到的兴宗王逻盛,他在《南诏野史》中被称为细奴逻。这帧图画从右至左共有三组榜题:

(1)其铁主(柱)盖帽变为石,于今现在广化群,今号银生。兽睒穷石村中铁柱高九尺七寸。

(2)按《张氏国史》云,云南大将军张乐进求、西洱河右将军杨牟栋、左将军张矣牟栋、巍峰刺史蒙逻盛、勋公部落主段宇栋、赵览宗、施栋望、李史口、顶主青细异等九人共祭铁柱时。

(3)都知云南国诏西,二河侯前拜大首领将军张乐进求。

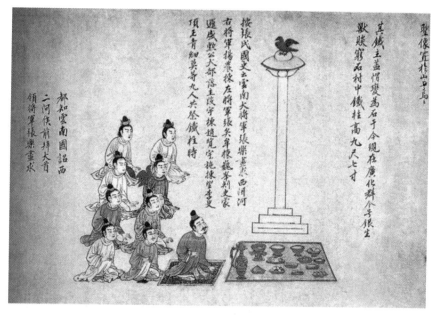

图 2-1 《祭柱图》

与这帧图像匹配的文字在"文字卷"中总共出现了两次，一次是在"文字卷"的开篇："《铁柱记》云，初，三赕白大首领将军张乐尽求并兴宗王等九人，共祭天于铁柱侧，主鸟从铁柱上飞憩兴宗王之臂上焉。张乐尽求自此已后，益加惊讶，兴宗王乃忆：此吾家之主鸟也，始自欣悦。"这段话在第六化之后、第七化之前又重复出现。

从《南诏图传》的整体画面来看，"祭铁柱"一段好像是刻意打断了叙事的进程，在视觉上造成了一种断裂感。传世《南诏图传》为后世摹本（甚至是再摹本），因此很有可能受到后世补绘者和摹绘者的剪切拼装，致使出现了错简和颠倒。从图像与文字的关系入手，我们在此可以初步解析出两种"改装成帙"的可能性。

1. 可能性之一：卷首"祭柱"

第一种可能性是"祭铁柱"原图位于卷首，即在"奇王祥瑞"（1.1）之前，后被裁截，移至现在的位置，也就是"李忙灵归化礼佛图"（6.1）和"帝王礼佛图"之间。这一推断的证据是："文字卷"的叙事即依循这一顺序展开，它在第一化之前，先引佚书《铁柱记》《张氏国史》和《巍山起因记》，叙述"鸟降"场景：

> 《铁柱记》云：初，三赕白大首领、将军张乐尽求并兴宗王等九人，共祭天于铁柱侧，主鸟从铁柱上飞憩兴宗王之臂上焉。张乐尽求自此已后，益加惊讶，<u>兴宗王乃忆：此吾家之主鸟也</u>，始自欣悦。此鸟憩于兴宗王家，经于一十一月后乃化矣【引者按：此即第一化】。又有一犬，白首黑身（号为龙犬），生于奇王之家也。瑞花两树，生于舍隅，四时常发（俗云橙花），其二鸟每栖息此树焉。[①]

这段铺叙好似一个回放镜头：祭柱之时，主鸟突然落在兴宗王的手臂上，令他回忆起当年主鸟降临自己家中的场景。文字至此笔锋一转，回到奇王细奴逻的时代，"第二化：浔弥脚梦讳等二人欲送耕饭……"，倒叙种种"家中祥瑞"（橙花、龙犬、空中仙乐）。可以看到，"文字卷"的叙事者打断了"祭铁柱"在故事时间上的连续性，以一种"叙事时间"介入这一场景之中，对自在发生的故事时间造成干扰和侵犯，并且最终导致了叙事的流程从当下的祭祀仪式扭转到一个过去的瞬间，也就是兴宗王家中突然出现的种种神迹。

"卷首说"能否成立，取决于我们对图画和文字"孰先孰后"的判断。根据《南诏图传·中兴皇帝敕文》的记载，"文字卷"收录了当时在洱海地区流行的七化故事，画师据此绘成画卷，也就是说，图画部分以"文字卷"为创作底本，在段落顺序上理应与之保持一致。如果这一记载确乎可信，那么《祭柱图》位于祖本卷首的可能性是很大的。

2. 可能性之二：卷中"祭柱"

不过，若是依画卷本身的叙事逻辑，而不是依据"文字卷"的逻辑来看，

---

① 李霖灿：《南诏大理国新资料的综合研究》，台北故宫博物院，1982年，第45页。底线与着重号为引者加。

则会出现第二种改装成帙的可能性。《祭柱图》也许位于图卷祖本的"卷中",即第三化之后,紧接"巍山授记"和"共观圣踪",与"授记"形成一个连贯的"君权佛授"主题。

这样一来,图卷的顺序就应该是:梵僧化斋、巍山授记细奴逻～祭铁柱图～西洱河图～梵僧在兽赕穷石村化导顽夷图～梵僧出开南嵯浮山顶图～忙道首领李忙灵归化图、老人铸像图～隆舜帝礼佛图～中兴皇帝礼佛图～文武皇帝礼佛图。[①]

事实上,这样的顺序在逻辑上更为通畅,与观看者的心理预期也更为贴合:梵僧授记之后,紧接着就是张乐进求的"祭柱"与"禅让蒙氏",作为对观音预言的应验。明代成书的《南诏野史》收录洱海地区的观音故事,其中的"禅让"情节就从侧面证明了"卷中说"的合理性。它在第三化"共观圣踪"之后,立刻插入一段补叙,证明细奴逻"素有祥异",当年的"鸟降"就是其一,所以如今被观音拣选摄受,就不是一个偶然事件了:

> 及(梦讳)趣奴逻等至,则但见一人持钵,坐五色云中,而盘石上惟余衣痕及牛象马之迹耳。奴逻素有祥异,会唐封首领大将军建宁国王张乐进求,以诸葛武侯所立白崖铁柱,岁久剥蚀重铸之。因社会祭柱,柱顶故有金镂鸟,忽能飞,集奴逻左肩,相诫勿动,八日乃去。众骇异,谓天意有属。进求遂妻以女,举国逊之。于唐太宗己酉,贞观二十三年即位,年三十二岁,建号大蒙国,称奇嘉王,据南诏。[②]

这又引出了一连串的问题——如果我们对两种改绘可能性的推测是可靠的,那么改绘者的动机是什么?是否因为"祭铁柱"的内容相当关键,才使得补绘者和摹绘者反复调整"祭铁柱"这一段图画的位置?

---

① 侯冲:《白族心史:〈白古通纪〉研究》,昆明:云南民族出版社,2002年,第216页。
② (明)倪辂辑:《南诏野史会证》,王崧校理、胡蔚增订、木芹会证,昆明:云南人民出版社,1990年,第36页。

这些问题最终指向一个聚焦点，即"祭铁柱"在全卷中的核心位置。虽然它与"观音七化"的关系不大，但"祭铁柱"打破了"文字卷"的时间性叙事轨迹，将时空拉回到南诏立国之前，讲述南诏"前史"，即白子国张氏"逊位"于蒙氏之事，这段故事是南诏官方国家历史中非常重要的一段。

榜题中的"云南国诏"和"文字卷"的"三赕白"均是指南诏兴起之前洱海白崖地区的一个大部落联盟，又称为白国、白子国、建宁国、昆弥国，国主为西爨白蛮张氏，始祖传为汉初的张仁果。汉武帝经略西南，遣张骞"通西南夷"之后在此地设郡立县，册封张氏为滇之主，根据《汉书》的记载："滇王常羌问使者曰：汉孰与我大？使者还报，天子怒其出言不逊。时天竺国白饭王之裔仁果为众所推，乃册为滇王，（庄）乔世乃绝。"明万历《云南通志》收入《白国记》，也记载了张仁果为"滇王"之事："白国传至仁果，以慈信治国，国人戴之。汉元狩间，常羌治滇地，仁果治白崖，两国角立。帝嘉仁果而恶常羌，册仁果为滇王。仁果子孙不尚采染，不杀生命，仍号白国。"蜀汉时期，南中大姓与夷帅豪酋纷纷据地自雄，建兴三年（225 年），诸葛亮南征"封白子国王仁果十五世孙龙佑那为酋长，赐姓张氏"，[①] 代替雍闿统领诸部落。唐麟德元年前后，西洱河地区增设羁縻州县，地方酋帅授为牧宰，龙佑那的第十七世孙张乐进求也在其中，受唐封为大将军云南王。白国从西汉初年至唐初，立国将近五百年，笔者将在本书第六章详细叙述白国与"白王神话"对后世洱海白人认同的影响，此处仅围绕《祭柱图》谈谈图像对"禅让"旧事的表现。

从族群归属上来看，张氏为西爨白蛮，蒙氏为东爨乌蛮，二者族属不相类，但按照《南诏图传》的说法，蒙氏南诏国却是在张氏白子国的基础上崛起的。祭柱禅让是三赕白蛮与蒙舍赕乌蛮结盟的重大历史事件，这在本地乡邦文献《铁柱记》《张氏国史》等早期史料中有所记载，结盟的时间当是在兴宗王蒙逻盛的时期，即公元 674 至 712 年。[②] 元代以后，张蒙禅让之事逐渐滋生出

---

① （明）杨慎：《南诏野史》，李春龙点校本，昆明：云南人民出版社，2002 年，第 475 页。

② 温玉成：《〈南诏图传·文字卷〉考释：南诏国宗教史上的几个问题》，《世界宗教研究》2001 年第 2 期，第 1—10+149 页。

新的情节，元明时期洱海碑文谱牒就提到，张氏逊位之后将公主嫁给细奴罗为妻，例如五华楼出土的《张长老墓碑》称："长老姓张，讳明，释号道真，乃蒙国舅张乐进宁之□……云南王因命祈晴祷雨，莫不立应，累赐赏赍。"[1]后世洱海一带的张姓者也多有自称"国舅"者。

事实上，"张蒙禅让"的说法，粉饰美化的成分远胜于历史真实。贞观十九年（645年）奉朝廷之命征讨西洱河的唐人梁建方，对此地政治生态的描绘是"有数十百部落，大者五六百户，小者二三百户，无大君长。有数十姓，以杨、李、赵、董为名家，各擅一州，不相统摄"，白国张氏是其中之一，在蒙舍诏崛起之前称雄弥渡、巍山一带。关于张氏和蒙氏政权的关系，元人李京《云南志略》载"张乐进求为蒙氏所灭"；《云南国记》说张乐进求"闻观音命细奴逻为国王，其心不怿"，后来张氏因对姚安、祥云的叛乱治理不力，在唐朝的干预下被迫"避位于逻"；明《天启滇志》卷16"张大王庙"也提到"张敬佐观音平罗刹之害，观音命细奴罗为王，张大王争功，诉之观音，命王于宾居日享三百余祀"。[2]这些历史材料都或隐或显地提醒我们，张蒙二氏的权力交接很可能并非《滇考》和《南诏野史》等晚期文献所载的"禅让"，而是充满了争端甚至是战争的血腥。

由此我们或可推测，《祭柱图》着力凸显"鸟降"与"神选"主题，借图像程序来赋予政权嬗递以合法与神圣的意味，淡化政权更替的动荡历史；后来的补绘者又更进一步调整了《祭柱图》的位置，因此我们在《南诏图传》上看到，紧接"主鸟天降"的祭铁柱场景，出现的是舜化贞之后补绘的"众帝礼佛图"（见图2-2）。画面中央绘阿嵯耶观音立像，高髻双辫，髻中藏化佛，右手结说法印，左手施安慰印，佩臂钏，袒上身，下着裙裳，裙饰阴刻U型纹，跣足立莲台座，座底侧置一铜鼓。立像左右按照世系排列帝王图像，其中一人形象最

---

[1] 云南省大理市文化丛书编辑委员会编：《大理市古碑存文录》，昆明：云南民族出版社，1996年，第40页。

[2] （明）刘文征：《天启滇志》卷16祀典"张大王庙"条，古永继点校，昆明：云南教育出版社，1991年，第550页。

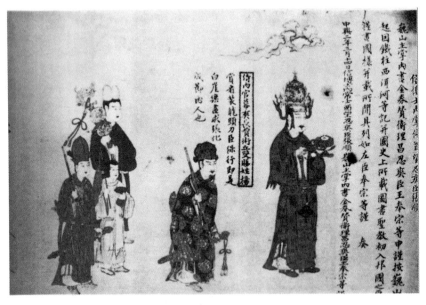

图 2-2 《南诏图传》第七化"帝王礼佛"

为高大华贵，双手持炉瞻礼，榜题【文武皇帝圣真】。此人一说为颠覆南诏的篡位者、清平官郑买嗣，另一说为大理国的开国皇帝段思平（938—944年）①。

学界对"文武皇帝"的身份未有定论，在此姑且存疑。从构图上来看，这两段图像的前后衔接是颇具意味的。《礼佛图》的补绘时间可早至文武皇帝郑买嗣时期（902—909年），而不晚于大理国段思英文经元年（945年），这恰好是一段政权频繁更迭的过渡时期。公元902年，南诏末代帝王舜化贞早夭，郑买嗣杀蒙氏王族八百人于五华楼之下，颠覆南诏，立大长和国，历三代而有赵善政的大天兴国（928—930年）、杨干贞的大义宁国（930—938年），三姓共历三十五年，方为段思平所灭，建立大理国（938—1254年），三十五年之内共有郑氏、赵氏和杨氏次第立国。对于新朝的建立者而言，南诏开国之初的"禅让史"喻指着当下的权力转移是天命所归，与阿嵯耶观音当初扶助蒙氏取代张氏一样，现在观音开始庇佑新的政权。《礼佛图》传达的信息很明确——统治

---

① 汪宁生：《〈南诏中兴二年画卷〉考释》，《中国历史博物馆馆刊》1980年第2期，第136—148页。

者的宗教身份与观音有着共同的历史基础，这位"文武皇帝"在阿嵯耶观音的庇护之下，也像当年的奇王（或兴宗王）受梵僧拣选一样，将禅让出去的王权再合理合法地拿回来。

总结起来，传世《南诏图传》画面在视觉上造成的断裂感可以用两种改装成帧的可能性来加以解释，而断裂感本身也有助于我们蠡测图像艺术背后隐藏的观念史、心态史和区域社会的身份认同。正如艺术史家巫鸿所建议的那样："我们应当设想画家对画面有一个总体的构思，然后根据这一构思填充细节，而不应假定画家是被动地按照文字顺序，从第一个情节到最后一个情节来描绘故事。"①《祭柱图》的位置正体现了绘画者的总体构思——建立"佛选君王—君王礼佛—佛佑君王"的延续体，以此来为政权嬗递的合法性提供再现与注解。因此，《祭柱图》在《礼佛图》之前出现，扮演了类似于序曲和开场白的角色，上承"观音七化"，下启"众帝礼佛"，画面组合成一个整体性的"图像综合体结构"（pictorial complex），②将"王权佛授"的历史观隐藏于"观音开国"的图像故事之中。

第二节　武侯神话与立柱传说

张氏与蒙氏举行祭柱禅让仪式中的这根铁柱，到底是谁立的？牵涉到这个问题的诸多细节尤其值得我们注意。目前有关云南铁柱的最早记载，出自唐人刘肃的《大唐新语》，其铁柱原型被归于率军攻打吐蕃的御史唐九征：

> 唐九征为御史，监灵武诸军。时吐蕃入寇蜀汉，九征率兵出永昌郡千余里讨之，累战皆捷。时吐蕃以铁索跨漾水、濞水为桥，以通西洱河，蛮

---

① 巫鸿：《何为变相？》，《礼仪中的美术》（下），郑岩等译，北京：三联书店，2005年，第382页。

② Wu Hung, *The Wuliang Shrine: The Ideology of Early Chinese Pictorial Art*, Stanford, 1989. pp. 3-70.

筑城以镇之。九征尽刊其城磊，焚其二桥，命管记阎丘均勒石于剑川，建
铁［柱］于滇池，以纪功焉。①

　　时代稍晚一些的云南地方文献则指出，铁柱最初是三国时期诸葛亮南征时
留下的"镇蛮柱"，后为张氏白子国所效仿，亦立有一柱。元人张道宗《纪古
滇说集》："诸葛亮回兵白崖，立铁柱以纪南征，以张仁果十七世孙张龙佑那领
之。"明天顺五年（1461年）的《故安人车氏墓铭》称："赵州白崖铁柱邑，金
牌杨氏，自蜀汉武侯建铁柱，张氏为酋长，以杨氏为武将，宰守斯土。"②明万历
年间，邑人李元阳《嘉靖大理府志》古迹"赵州孔明铁柱"条称："（柱）在州
南百里白崖，武侯既擒孟获，回白崖立铁柱纪功……柱久剥泐，至唐懿宗咸通
间，龙佑那十五世孙张乐进求思武侯之功，重铸铁柱。"清人冯苏《滇考》"南
诏始兴"条也称："细奴罗数有神异，孳牧繁息，部众日盛。时张乐进求为云南
大首领，因祭铁柱。铁柱者，诸葛武侯所立，岁岁剥泐，重铸之。既成，合酋
长九人祭天于柱，细奴罗与焉。有鸟五色，集于柱上，久之，飞憩于细奴罗左
肩，众以为异，戒勿惊，寝食惟谨，十八日鸟乃去。于是众心归细奴罗，进求
逊位焉。"清人黄元治《康熙大理府志》卷27"铁柱观"条称："治南一百里，
弥渡市西。武侯南征，次白崖立铁柱，后剥叶，衍文白国，乐进求重铸之。"

　　武侯立柱的神话散见于元明以来的各类史料当中，分布地域更是遍及滇
黔粤桂地区。考诸史实，不难发现"武侯立柱"的说法实际上是站不住脚的。
诸葛亮于蜀汉建兴三年春发兵南征，从成都出发至僰道之后，分为越嶲、牂
牁、益州三路，攻下越嶲追击孟获，经会无（今四川会理）渡金沙江进入滇东
北堂狼县（今巧家、会泽县），在曲靖盘江地区与李恢等部会合，进军至滇池
县（今晋宁），三军会师，之后由滇东班师，十一月回到汉阳（今四川庆符），
十二月回到成都。③也就是说，诸葛亮根本没有到达滇西、滇南，更没有经过

① （唐）刘肃：《大唐新语》卷11"褒赐第二十四"，北京：中华书局，1984年。
② 杨延福：《南诏大理白族史论集》，昆明：云南民族出版社，2004年，第56页。
③ 马曜：《诸葛亮南征路线考》，《马曜学术论著自选集》，昆明：云南人民出版社，1998年，第367—382页。

弥渡白崖地区，因此所谓武侯在此地立柱、镇蛮勒功，完全是后人的附会。

仔细梳理"武侯立柱"故事的来历，可以发现它属于中国典范历史书写中的"英雄徙边记"模式化叙事。王明珂在《英雄祖先与弟兄民族》中，比较了"太伯奔吴""庄蹻王滇""无弋爰剑奔西羌"和"箕子王朝鲜"这四则"英雄徙边"故事，指出这些文本具有一种共同结构：一个英雄流落到边疆或异国，成为土著的开化者和统治者，其后裔在此地代代为王。这类历史叙事中的史实含量并不重要，更为关键的是这种叙事所体现出来的结构与心态。几乎所有的主人公都来自华夏历史的核心地带，都是所谓发达文明的内部成员，且几乎都带有某种悲剧性色彩（身被冤屈、失意而死），来到文明边缘地带之后，又无一例外地承担了"开化边胞"的历史使命。[①] 中国西南边疆地区同样存在着这样的汉臣徙边、南征平蛮的历史叙事，如"五月渡泸"的诸葛亮、平定交趾的汉伏波将军马援、三征麓川的明将王骥等。其中最著名的主人公当属诸葛亮。

《新唐书·地理志》云："昔诸葛征永昌，于此筑城，今江西山上有废城，遗迹及古碑尤存，亦有神祠庙存焉。"唐人樊绰《蛮书》记载永昌城内"有诸葛武侯城，城中有神庙，土俗咸兴敬畏，祷祝不阙。蛮夷骑马遥望庙即下马趋走"。明代天启《滇志》"诸葛祠"条云："蒲人敬诸葛公特甚，祠之于其营，僭谥之曰'神武有征灵通昭帝'。"[②] 从明代《景泰图经》开始，直到民国时代的各类云南地方志中，有关孔明神异的记载有很多，如苗人有世代为武侯服孝、截发祭报之事，"苗祀神，多书'孔明天子'之位"，[③] "家家供祀武侯像"；[④] 滇西腾越龙陵沿边的"开钦人"奉"孔明老爹"为凌驾一切鬼魂的最高神祇，举行

① 王明珂：《英雄祖先与弟兄民族》，北京：中华书局，2009年，第83页；王明珂：《华夏边缘——历史记忆与族群认同》（增订本），杭州：浙江人民出版社，2013年，第15—16页。

② （明）刘文征：《滇志》卷32"补群祀·诸葛祠"条，古永继校注本，昆明：云南教育出版社，1991年，第1055页。

③ （清）陆次云：《峒溪纤志》中卷"孔明天子"条，中国西南文献丛书编委会：《西南民俗文献》第4卷，兰州：兰州大学出版社，2003年，第388页。

④ （清）谢圣纶：《滇黔志略》卷27贵州轶事"蜀汉"条引《述异录》，古永继点校本，贵阳：贵州人民出版社，2008年，第351页。

任何宗教祭典，必先呼孔明之名，再及所祭之鬼；[①] 滇西"卡瓦人"奉诸葛亮为"阿祖阿公"，对其画像朝夕供养。[②] 从中足见诸葛亮故事对地方族群身份认同形成之作用。

在中国南方民间流传的诸葛亮故事中，也可见到大量与文明教化、制度始创有关的主题。[③]《华阳国志·南中志》称："诸葛亮乃为夷作图谱。先画天地、日月、君长、城府，次画神龙、生夷及牛马羊。后画部主吏乘马、幡盖、巡行安脚。又画牵牛负酒斋金宝诣之象，以赐夷。夷甚重之。许致生口直。又与瑞锦铁券，今皆存。"《滇海虞衡志》"志蛮"一部在提到"白人"立国的始末时，亦从此说，并在末尾加上一句"白人宝之最至"。[④] 人类学的田野调查显示，德昂族的传说里有"孔明老爹"赠给锄头并教以开荒务农之事，云南景洪的基诺族则明确地把族源的起点上推至汉末，自云系武侯南征兵士的后代；[⑤] 水族民间故事称铜鼓是孔明南征时军中造饭所用之器，见水族人喜欢，便举以相赠；[⑥] 傣族人称佛寺屋顶的建筑样式来自孔明帽子的样式。除了赐给耕织工具和种子，许多宗教仪式和社会制度的源头也被归于孔明，如黔东南苗族"云吃牯脏系孔明所教，要永远举行，则子孙才繁衍不绝。诸葛武侯昔日的神威，至今受苗胞的敬奉"。[⑦] 每年农历六月二十四日举行的白族火把节的缘起也常常被附会到诸葛亮身上："武侯南征，于是时擒孟获，侵夜入城，城中父老设庭燎以迎之。"

与诸葛亮南征有关的古迹和地名在滇中数不胜数。根据谢肇淛《滇略》的记载："大理有画卦台、天威径、诸葛城故垒及印篆。临安有诸葛山，永昌有

---

① 江应樑：《诸葛武侯与南蛮》，《西南边疆民族论丛》，珠海：珠海出版社，1948 年，第 255 页。

② 郑名：《滇边土人概说》，《新中华》第 3 卷第 11 期。

③ ［俄］李福清：《汉族及西南少数民族的诸葛亮南征传说》，《民族文学研究》1992 年第 2 期，第 85—94 页；Peng Wenbin, "Ethnic Memory and Space: Legends of Zhuge Liang in Southwest China", in *Inner Asia*, 2011, vol. 13, no. 1.

④ （清）檀萃辑：《滇海虞衡志》志蛮部"白人条"，方国瑜主编：《云南史料丛刊》第 11 册，昆明：云南大学出版社，2001 年，第 238 页。

⑤ 国家民委"民族问题五种丛书"云南省编辑组主编：《基诺族普米族社会历史综合调查》，北京：民族出版社，1990 年，第 3 页。

⑥ 岱年、世杰辑：《水族民间故事》，贵阳：贵州人民出版社，1984 年，第 378 页。

⑦ 陈国钧：《苗族吃牯脏的风俗》，吴泽霖、陈国钧等：《贵州苗夷社会研究》，北京：民族出版社，2004 年，第 193 页。

诸葛营旗台、粮堆、打牛坪诸葛寨、诸葛堰。楚雄有破军山、卧龙冈、汤团箐、武台、茅州营。曲靖有阻夷山、分秦山、八塔双井。澄江有诸葛营。蒙化有巍宝山、玄珠白塔。鹤庆有诸葛寨泉及池。姚安有武侯塔遗垒、土城。武定有故城诸葛营。北胜有祭锋台。陇川有孔明寄箭山。普洱有孔明营垒。车里有孔明碑。其他祠庙，未可胜数。诸夷之人，畏之如天地，受之若祖考。"[①]另外赵州东北九龙池山顶有孔明城池旧迹，邓川州东三十里有孔明寨，虎踞山有诸葛城，云南府有诸葛营，宜良县南小石岭有诸葛峒。[②]

更重要的是，梳理史料中有关孔明故迹的材料，不难看到"铜柱"不仅是汉臣开化边疆的符号，而且还以此为核心衍化出层层簇生的厌胜与谶纬之神异故事，其表层文本之下的结构几乎都是"武侯以金属器镇蛮，凿断山脉以绝其气脉"。譬如《大清一统志》卷481《云南志·顺宁府古迹》"石柱"条记载："石柱在右甸达丙里田畦间。旧《志》：为诸葛亮遗制，以慑服群夷者。宋时有夷人掘得此柱，撼之则微动，欲穷其根，竭千人之力，卒不可拔。"[③]《柳州府志》载："（铜鼓山）旧传诸葛武侯埋铜鼓以压蛮僚，后人得铜鼓于此。"[④]"马湖之彝……春秋僰侯故地，汉为西南彝部，叛服不常。诸葛武侯征抚之，置铜鼓埋镇诸山，稍就贴服。"[⑤]"藏甲岩，在贵阳府城内南隅永祥寺下，俗名鬼王洞。汉王志……从诸葛武侯南征过此，藏盔甲以镇百蛮。"[⑥]《明史·刘显传》提到诸葛南征"板盾蛮"时在山林水泽安放铜鼓，以求镇蛮："相传诸葛亮以鼓镇蛮，鼓失蛮运终矣。"雍正《云南通志》载永昌府孔明塔有"塔倒归流"之谶："雍

① （明）谢肇淛：《滇略》卷五，王崧：《云南备征志》，李春龙点校本，昆明：云南人民出版社，2010年，第241页。
② （明）刘文征：《天启滇志》，古永继点校本，昆明：云南教育出版社，1991年，第141—144页。
③ 方国瑜主编：《云南史料丛刊》第13册，昆明：云南大学出版社，2001年，第617页。
④ （清）谢启昆：《广西通志·金石略十五·郁林州铜鼓三》，台北：商务印书馆，1986年，第5894页。
⑤ （清）谢圣纶：《滇黔志略》卷27贵州轶事"蜀汉"条引《边方记》，贵阳：贵州人民出版社，2008年，第350页。
⑥ （清）谢圣纶：《滇黔志略》卷25"贵州古迹"条，贵阳：贵州人民出版社，2008年，第330页。

正六年，其塔欹向东北，识者以为东北为神京所在，归流当验。七年，逆夷平，果改设流官。"① 又如滇黔粤桂地区流传极广的"蛮为汉奴"之谶，《蛮书》"云南城镇第六"载："（南宁州）州城即诸葛亮战处故城，城中立二碑，背上篆文曰：'此碑如倒，蛮为汉奴。'"② 明正德《云南志》亦云："诸葛碑……其文曰：'碑即仆，蛮为汉奴。'蛮俱，尝以石持之。"③ 周去非《岭外代答》"铜柱条"："闻钦境古森峒与安南抵界，有马援铜柱，安南人每过其下，人以一石培之，遂成丘陵。其说曰，伏波有誓云：'铜柱折（原讹"出"），交趾灭。'培之惧其出也。"④ 在这类神异传说中，金属物品（铜鼓、石碑、铜柱、铜锣、铜鳗）扮演了压胜的主角，它们常常被任意置换，而谶语的基本叙事结构（"武侯镇蛮"）则保持稳定。结合本地的民间信仰传统来看，与其说"武侯立柱"是史实，不如说是诸葛亮崇拜和汉臣神异故事的一个分流。

有关武侯的种种神通变现与民间信仰体系彼此融合，民众或尊诸葛亮为远祖，或奉之如神明，本地族源记忆与历史认同于是和"开边""征蛮"的王朝叙事相勾连。白崖的张氏在蜀汉到唐初的这段时期内，受中央王朝敕封为酋长，这一事实的确是于史有征，但由此孳生出来的"武侯立柱、张氏重铸"之说，则属臆测讹传之语。

第三节　祭柱仪式原型考

在明确了"武侯立柱"并不是《祭柱图》的原型之后，我们需要把视线从华夏外来者和征服者的角度转移到区域社会和族群主位上来。图像所讲述的禅让神话，究竟本于何处？《祭柱图》表层所见的这种对儒家圣王神话的复述，

---

① （清）鄂尔泰、靖道谟：《云南通志》卷 26"古迹"条，昆明：云南人民出版社，2003 年，第 376 页。
② 向达、木芹：《云南志补注》，昆明：云南人民出版社，1995 年，第 81 页。
③ 方国瑜主编：《云南史料丛刊》第 6 册，昆明：云南大学出版社，2000 年，第 447 页。
④ （南宋）周去非：《岭外代答》卷 10"铜柱"条，北京：中华书局，1999 年，第 404 页。

以及对汉文化的认同，其根基之处是否存在一个区域性传统？《祭柱图》展现的张氏等九人共祭铁柱的场景，其实是来自云南古代的社祭，是典籍中"用牲于社"的图像写照。正是这一仪式原型，使得"祭柱"在9世纪的南诏国成为一个与建构王权神话息息相关的政治隐喻。

土地为人们提供了赖以生存的基础，封土为社主，由此产生了社神。上古祭礼所尊奉的神祇当中，社神的地位非众神可比，典籍中有"国中之神，莫贵于社"的记载。黄河中游地区，以"社"为地母的祭仪最迟在夏代就已形成，并一直延续到商周以后，构成了周朝礼乐制度的核心内容。《礼记·郊特牲》孔颖达疏云："天子诸侯之国，祭土神于社。"《公羊传·僖公三十一年》称"天子祭天，诸侯祭土。"何休注："土谓社也。诸侯所祭，莫重于社。"大凡天子践位，分封诸侯、出征、凯旋、献俘、田猎等，或是遇日食、大水、大火等灾异事件，抑或祈年、求雨、止涝，都需举行社祭。[①] 盘庚迁殷之后，社祭用牲之法日渐繁缛，名目琐细，可细分为春祈、秋报、冬祭等类别，甚至不同祭法在祀典中同时并用。

柱之所在，即是社之所在。与中原地区的社祭相类，春秋至两汉时期，云南的社祭也是在社柱前以人牲祭祀，并举行椎牛刑马、屠猪杀羊的仪式。这一场景集中体现在晋宁石寨山出土的青铜贮贝器造像中。石寨山1号墓出土的贮贝器M1：57器盖上，铸有人物五十余人，猪、犬各一，器盖中央立一圆柱，两条蟠蛇缠绕，柱顶立一虎。器盖两侧边缘各置一面铜鼓。柱右侧有一碑，上缚一女裸人，柱前又有一女裸人左足锁枷，一人跪地，双臂反绑，此三人是祭祀所用的人牲。四名椎髻男子抬一乘肩舆，舆中坐一女，通体鎏金，后背拖着沉重的银锭式大髻，正在俯首向右观看跪于地上的女裸人。鎏金肩舆左右两侧的数列人物中，有荷铜犁者，有执杖者，有负囊者，有顶筐者，筐中是新收获的农作物（见图2-3、图2-4、图2-5、图2-6）。[②]

---

① 王慎行：《古文字与殷周文明》，西安：陕西人民教育出版社，1992年，第204页。
② 云南省博物馆：《云南晋宁石寨山古墓群发掘报告》，北京：文物出版社，1959年，第75—79页。

图 2-3 石寨山 M1∶57 杀人祭　　图 2-4 石寨山 M1∶57 杀人祭铜柱贮贝器（细部）
　　　　铜柱贮贝器

图 2-5　石寨山 M1∶57 贮贝器　　　图 2-6　石寨山 M1∶57 贮贝器
　　　　器身所见盘蛇柱　　　　　　　　　　器身所见石碑裸人

　　根据殷墟甲骨文记载，殷人以"羌俘"为牺牲献祭社神，用燎、俎、伐等方式行血祭之仪，这一传统约略始于春秋时期，《左传·昭公七年》云："献俘，始用人于亳社。"《礼记月令》"磔牲以攘于四方之神"，即是以人祭、燎牲等方式来祓除疫疾与不祥。社柱旁安置铜鼓，意在取人牲或兽牲之血来衅祭重器。衅鼓是上古血祭传统的一个分支，《礼记·杂记下》载："凡宗庙之器，其名者成，则衅之猳豚。"《周礼·大司马》云："若大师……帅执事莅衅主及军器。"郑注："军器，鼓钟之属，杀牲以血涂之军器，皆神之。"《左传·僖公三十三年》云："孟明稽首曰，君之惠，不以累臣衅鼓，使归就戮于秦。"杜预注云："杀人以血涂鼓，谓之衅鼓。"石寨山 M20∶1 贮贝器器盖造像（见图 2-7、图 2-8）展现的

图 2-7、图 2-8　石寨山 M20：1 贮贝器器身造像

正是这一血祭被社的场面。时至近代，社祭在中国南方地区犹有遗存，民国年间刘锡藩《岭表纪蛮》卷八"社主"条就记载："蛮人之祀社神，犹本古之遗意，亦以仲春仲秋二月为祀社报祈之期。是日，同社长老，必沐浴易新衣，咸集于社前，屠牛刑豕，祷告社神，祝丰年，祈福佑，通商讨论全社应兴革之事宜。"①

　　社祭是《祭柱图》的仪式原型。对于这一判断，这帧《祭柱图》柱顶的金乌为我们提供了更为确凿的证据。如前文所言，《祭柱图》共绘两只金乌，一只立于柱顶，一只落在细奴逻肩上，在共时性的视觉空间中叙述了一个从"主鸟天降"到"君权神授"的历时事件。《南诏图传》第一化也出现了"金乌"的符号，在画面中，细奴逻家的女眷闲坐于游廊上，游廊后面有三株树，树梢上立有三只鸟，榜题"凤鸟"，它与细奴逻家的龙犬、屋后盛开的橙花，以及半空中涌现的天兵和仙女一起构成了"奇王祥瑞"的主要内容（见图 2-9）。有趣的是，彝文典籍《西南彝志·作洛举》也从族群主位和口头叙事的角度提供了"主鸟天降"拣选细奴逻为王的重要信息，与《南诏图传》所见图像构成了意味深长的呼应关系：

　　　　幺房细奴罗，
　　　　住在苦姆洪。

055

---

① （清）刘锡藩：《岭表纪蛮》，台北：南天书局，1987 年，第 87 页。

后来有一天，
耿纪的玄鸟，
从姆娄节上，
飞向细奴罗。
在他的头上，
赐给掌权法。
署府的青蛇，
从米呢赤里，
哗哗地梭来，
盘在他脚上，
赐给守境术。①

图 2-9 《南诏图传》第一化"主鸟天降"

金色凤鸟立于树梢，这是上古文献中"鸟降于社"的直观呈现。《左传·襄公三十年》云："嘻嘻出出，鸟鸣于亳社。"张华《博物志》载："子路与子贡过神社，社树有鸟，子路搏鸟，社神牵攀子路，子贡语之，乃止。"《太平御览》卷 83 引《神异经》记载昆仑铜柱柱顶有大鸟一只："昆仑有铜柱焉，其高入天，所谓天柱也。围三千里，圆周如削，下有回屋，仙人九府治。上有大鸟，名曰希有，南向，张左翼覆东王公，右翼覆西王母。背上小处无羽，方九千里。"鸟降于社的记载也得到了来自考古材料的证据支持，如广汉三星堆二号祭祀坑出土的青铜社木（K2②：94）就是较为典型的一例，社木共三层九枝，主干上分别有三圈火焰纹圆盘，每个枝头果托上的火焰纹花环中都站立着一只神鸟（见图 2-10）；新津宝子山东汉崖墓 2 号石棺上刻有一株若木，两只短喙长尾的凤鸟相对而立，一只头饰反卷的羽冠，一只衔着半开的花朵（见图 2-11），同样的图式也见于成都出土的赤乌衔谷画像砖（见图 2-12）。

① 尤中：《僰古通纪浅述校注》，昆明：云南人民出版社，1989 年，第 178 页。

图 2-11　新津宝子山东汉崖墓 2 号石
棺画像凤栖神树画像砖

图 2-10　广汉三星堆二号祭祀坑
出土青铜神树

图 2-12　成都市出土赤乌衔谷画像砖

　　大理崇圣寺三塔主塔的塔顶也铸有金鹏鸟（见图 2-14），塔顶的四角有二根固定"大鹏金翅鸟"的铁棍，铸成爪形，其外包有铜皮，是为原大鹏金翅鸟的双腿，大鹏金翅鸟为南诏世隆时所建，1925 年地震时塔刹震落，[①]《新纂云南通志》卷 88 记载："按塔顶铜器如盂，围五尺许，高二尺，厚五分，累层置重

---

① 李朝真：《南诏大理的古塔》，云南省文物管理委员会编：《南诏大理文物》，北京：文物出版
　　社，1992 年，第 123 页。

图 2-13　《祭柱图》柱顶的金鸟　　　图 2-14　大理崇圣寺三塔主塔的塔顶
　　　　　　　　　　　　　　　　　　　　　　　银鎏金嵌珠金翅鸟立像①

器于其中，旁出旌旗如翅，塔下仰望不辨为何器，相传为大鹏鸟，李元阳《云南通志》十三寺观志所谓：错金为顶，顶有金鹏，世传龙性敬塔而畏鹏，大理旧为龙泽，故以此镇之云云，即此物也。"②根据方国瑜 1926 年的观察，"两旁出旌旗如展翅"，③ 从塔顶四角铸金鹏鸟的样式来看，可能与大理古代为泽国、金鹏镇龙的传说有关。

在古代中国的象征体系中，天降之鸟既是符瑞，也是信使，《周书·王会》称："凤鸟者，戴仁抱义，据信方扬。"这一思路衍生出"凤鸣岐山""玄鸟生商"的神话母题和"赤乌衔谷"等等以鸟为主题的装饰艺术（见图 2-12）④。《史记·周本纪》正义引《尚书帝命验》："季秋之月甲子，赤爵（雀）衔丹书入于丰，止于昌户。"《吕氏春秋·有始贤应同篇》称周文王受命之际，"天先

---

① 李昆声：《云南古代艺术珍品集》，昆明：云南大学出版社，1999 年，第 60 页。
② 云南省文物工作队：《大理崇圣寺三塔主塔的实测和清理》，李光荣等主编：《20 世纪大理考古文集》，昆明：云南民族出版社，2003 年，第 478 页。
③ 方国瑜：《大理崇圣寺塔考说》，《思想战线》1978 年第 6 期，第 51—57 页。
④ 叶舒宪：《西周神话"凤鸣岐山"及其图像叙事》，《民族艺术》2010 年第 4 期，第 86—96 页。

见火，赤乌衔丹书集于周社"。《墨子·非攻下》："赤乌衔珪降周之岐社，曰：天命周文王伐殷有国。"周武王在进军牧野时亦有赤乌之瑞，克商之后又有上帝赐武王"黄鸟之旗"。[①]董仲舒在《春秋繁露·同类相动》中引《尚书传》，称"赤乌衔谷"是周武王受命于天的标志："周将兴之时，有大赤乌衔谷之种而集王屋之上者。武王喜，诸大夫皆喜，周公曰：茂哉，茂哉，天之见此以劝之也。恐恃之。"《太平御览》卷917"白雉"条引《春秋感精符》所云："王者旁（德）流四表，则白雉见。"[②]凤鸟有德而知天时，为神使，自春秋战国以来就成为王权合法性的明证和国祚绵长的象征。

这样看来，《祭柱图》所绘金乌，显然并非纯为装饰，而是别有深意。《祭柱图》依据的是一个古代社祭的场面，在南诏君主的授意下，宫廷画师复原了"鸟降于社"的古老政治神话，同时又以佛教元素对其进行了创造性改写——在观音六次显化之后，传达天命的金乌在社祭仪式举行的当口，突然落在柱顶，这一图像传达出两个关键信息：其一，蒙氏为天命所钟；其二，这个天命来自天竺观音。蒙氏细奴逻建立的南诏国由此被纳入天竺佛教的庇护之下，新的神性权威被创造出来，自然而然地引出接下来的几段"礼佛图"，整幅图卷于是呈现出一个清晰、通畅的叙事逻辑。

第四节 从祭柱的政治隐意看
南诏末年的文化认同

当我们将《祭柱图》还置于唐宋时期"南方佛国"的历史情境之中，并进行各类材料的横向比照，可以发现，这帧图像不仅有一个神话仪式上的原型，还有一个真实的原型，它是以南诏第十一代君主世隆在白崖树立的

---

① 王晖：《论周文化中朱鸟赤凤崇拜的原型、蕴义及演化》，《人文杂志》1994年第5期，第78—85页。

② 《文渊阁四库全书·子部207》类书类，第901册，台北：商务印书馆，1983年。

天尊柱为蓝本的。

天尊柱位于云南省弥渡县西六公里处的太花公社蔡庄大队铁柱庙内，此地在南诏时期属于白崖赕，该铁柱因此又被称作"南诏铁柱"（见图2-15）。柱高3.3米，圆周1.05米，直列题识一行，阳文正书"维建极十三年岁次壬辰四月庚子朔十四日癸丑建立"22字（见图2-16）。由铭文可知，该铁柱为建极十三年4月14日所立，建极是南诏第十一代君主景庄王世隆（860—877年）的年号，建极十三年也即唐懿宗咸通十三年（872年）。今人所见对于"南诏铁柱"最早的记载是元代郭松年的《大理行记》：

图2-15 弥渡县南诏铁柱（天尊柱）①

图2-16 铁柱铭文

---

① 张永康、陈浩：《佛国遗珍——南诏大理国的佛陀世界》，昆明：云南民族出版社，2008年，第14—15页。

（白崖）甸西南有古庙，中有铁柱，高七尺五寸，径二尺八寸，乃昔时蒙氏第十一主景庄王所造。题曰建极十三年岁次壬辰四月庚子朔十有四日癸丑铸，土人岁岁贴金其上，号天尊柱，四时享祀，有祷必应。

本地乡邦文献对弥渡铁柱的记载中鲜有对立柱动机的解释，多是描述铁柱庙如何在后世成为民间本主神的祭场，如元代《混一方舆胜览》"云南赵州天尊柱"条称："蒙世隆铸铁柱，在白崖，高八尺余，土人岁岁贴金其上。"清人蒋旭《康熙蒙化府志》古迹"铁柱庙"条对其的描述是："铁柱庙，在郡东箐口北一里……土人建庙覆之，贴金其上，祭祖灵验，后肖男女二像，挂幡书号，称之驰灵景帝大黑天神。"桂馥《滇游续笔》"铁柱"条称："铁柱在弥渡之西……土人建庙，塑男女二像，号称驰灵景帝大黑天神。"

立铁柱的世隆皇帝与主持绘制《南诏图传》的隆舜黄帝为父子关系，从年代上来看，立柱与绘图，只间隔了一代人的时间，这令人不禁要猜测，"天尊柱"会不会就是《南诏图传》中这帧《祭柱图》的原型？从图像材料提供的直观信息来看，《南诏图传》中的铁柱柱顶有仰莲状雕饰（见图2-13），上立金乌，柱基为三层台，而弥勒天尊柱既无台基，也无顶端雕饰。不过，当地文物工作者在编写《弥渡县文物志》时采访村民，不少人记得天尊柱柱头上原来有三个"凤头"；清道光年间弥勒邑人李菊村所撰长联中也提到柱顶的立鸟："芦笙赛祖，毡帽踏歌，当年柱号天尊，金缕环翔遗旧垒；盟石淹埋，诏碑苔蚀，几字文留唐文物，彩云深处有荒祠。"弥勒铁柱柱顶极有可能原本有金乌，只是如今剥渺不存。

天尊柱究竟与《祭柱图》原型有着什么样的关系，还需要从世隆立柱的动机上来考索答案。历代文献中对天尊柱的记载大抵渲染世隆的慕化之心，称立柱是为了效法初唐时率部"征蛮"至此的唐朝将领唐九征，南诏仿唐九征勒功立柱，是为了表示对中原汉制的仰慕。事实上，这种阐释并未揭示出世隆立柱的本意，虽然言之凿凿，与事实相去甚远。如果我们站在"南诏中心"的角度看待这一事件，则会得出完全不同的结论。唐朝经略西南边疆始自贞元年间，此时南诏受唐封号，过从甚密，而唐大中元年以后，双方则多有兵争。从 8 世纪中叶的天宝战争开始，南诏就与唐朝屡分屡合，摇摆于"唐—南诏—吐蕃"的三角政治关系之间，以求取自身利益的最大化。9 世纪中叶，南诏结盟吐蕃，与中央王朝争胜，尤以世隆一朝的对唐战争屡见于正史记载，云南民间更有不少有关于世隆"通番打汉"的故事流传。《新唐书·南诏传》称："初，酋龙（按即世隆）遣清平官董成等十九人造诣成都节度使李福，将廷见之，成辞曰：'皇帝（即世隆）奉天命改正朔，请以敌国礼见。'福不许。"在世隆在位的十七年中，这位处处谋求与中央王朝分庭抗礼的南诏君主，当然不可能去重演一百多年前敌国将领"立柱勒功"的旧事。

由于世隆名犯太宗、玄宗之讳，唐朝不对其行册封礼，这种礼仪之争致使两国关系破裂，"绝朝贡"长达数十年。唐咸通元年（860 年），世隆改元建极，自号大礼国，寓意"礼"不在唐而在南诏。他在位时期，意欲借助中南半岛的宗教力量来抵抗中原汉地的文明辐射，向东南半岛延伸势力；又数次联合吐蕃引兵入蜀，掠夺唐人子女工匠无数，在咸通二年九月、五年一月、六年四月，世隆几次进兵巂州；咸通十年十二月、十四年十二月，又进兵黎州，逼近成都，唐朝遣宗室女与南诏和亲。白崖天尊柱的铸造时间正逢南诏军队"寇扰西川"之际。

接下来的问题是，世隆为何要把铁柱立在距离政治中心百余里之外的弥渡白崖？当时南诏定都羊苴咩城，即今天的大理，而弥渡白崖城则远在红崖平原，即今天的凤仪。弥渡在白语中称作"棉朵"，是张氏白子国的旧都，《大理府志》卷 23 古迹"彩云城"条称白崖城是"白国张龙佑那筑"。弥渡也是汉代云南郡的治府，今天的弥渡白崖城还保留有古城村、白王城、白王山等地名。[①]世隆在前朝故地上树立天尊柱，并非要效法汉臣立柱，以示慕化，而是为了重现早在南诏建国之初就广为流传的王权嬗递神话，以期唤起对蒙氏有德、张氏避位的历史记忆，并借助复原"南诏前史"宣示南诏之于唐朝的政治独立性。

---

① 方国瑜：《西南历史地理考释》，北京：中华书局，2012 年，第 446 页。

这正是世隆在白崖立柱的潜台词：南诏为天命所钟，所以当今的李唐王朝也应该像五百年前的白国张氏那样，把天下让出来。不过，这一层幽微的政治隐意，在南诏宫廷画师的笔下，依旧是以儒家正统之"禅让"语汇表现出来的，由此也可以看到中原汉文化对南诏高层的影响，可谓是无远弗届。

回到《祭柱图》的三重结构上来，隆舜即位后组织宫廷画师绘制《南诏图传》，将其父立柱的事迹转换成直观可见的图像，从这个角度来看，《祭柱图》毫无疑问是南诏晚期皇室意图的外化表现。在画卷的整体布局上，《祭柱图》上承观音七化、授命蒙氏的建国神话，下启南诏帝王顶礼观音的"礼佛图"，这一谋篇布局揭示出南诏晚期官方意识形态中并行的两条线索：其一是南天密宗佛教的信仰体系，其二是张氏白国的政治遗产。对于后者，我们还有一些材料可资旁证，例如《新唐书·南诏传》"酋隆死，子法（隆舜）立，自号大封人"，张道宗《纪古滇说集》"隆舜立，改国号曰大封民国"。"封"字古音读作"帮"，"僰国""封民国"即"白民国"也。从族属上来看，南诏王室为东爨乌蛮，怎么会突然别立新号，用西爨白蛮的名称来称呼自己？事实上，隆舜改国号一事，与其父自号"大礼国"一样，都绝非事出偶然，而是折射出南诏晚期"乌蛮的白蛮化"这一大趋势。白蛮主要分布在洱海以西和以南的楚雄、石城（今曲靖）、昆川（今昆明）、曲轭（今马龙）、晋宁、喻献（今玉溪、江川、通海）和安宁一带，包括诸多部族，如"东西洱河蛮""云南国诏""渠敛诏""弄栋蛮""青蛉蛮"等。蒙氏取代张氏立国之后亟待解决的问题之一，就是如何在政治精英阶层（乌蛮）和主体居民（白蛮）之间维持一种微妙的平衡。历代南诏君主均重用白蛮大姓，诸如清平官、大军将、六曹长等重要官职，几乎都是由赵、李、董、尹、段等白蛮大姓世袭；"十睑"区的形成，又使得乌蛮与白蛮之间的联络得以加强。逮至南诏晚期，最终加快了"乌蛮的白蛮化"的势头，[1]隆舜改国号为"封民（白民）"，正是这一趋势的体现。

---

[1] 尤中：《云南民族史》，昆明：云南大学出版社，1994年，第166页。

忽必烈南渡金沙江，平定大理国，为存世五百余年的西南地方政权划上了句号。不过，自元明代以来，与弥渡铁柱相关的节日民俗一直遵循着固定的周期举行，又被层层涂抹上道教的色彩，[①]使得南诏大理国的王权神话在民间获得了一种绵延不断、受众广泛强大的生命力。乾隆《赵州志》卷一称："元宵多于飞来寺烧香，弥渡则聚太平山或铁柱庙或温泉，夜则张灯踏歌为乐。"[②]清代邑人李菊村有对联："欲访六诏遗风，铁柱长栖金缕鸟；每逢二元上日，芦笙不断踏歌人。"至今，弥渡铁柱庙还会在每年农历正月十五举行祭柱仪式，大理州弥渡、巍山、南涧、祥云以及普洱市景东等毗邻地区的彝族，在这一天身着节日盛装，带着食物和芦笙、三弦等乐器，从四面八方聚集到弥渡县城西山脚的铁柱庙，参加祭祀"铁柱老祖"活动，祈求铁柱保佑彝家人畜平安、五谷丰登，[③]仪式中有一个环节：从柱顶取下铁锅，踏歌三日之后，将其送回，以备来年再接。由此可以看到，社祭的古老传统在当代已然演变成为一种民俗景观，而其早期具备的神圣性却在民俗化的转型过程中渐渐淹没不显。

正是"社祭"的仪式原型，使得"祭柱"在9世纪的南诏国成为一个与建构王权神话息息相关的政治隐喻。野心勃勃的世隆帝在张氏白国的故地上树立铁柱，以期重新唤起南诏历史上古老的"禅让叙事"；在其继位者隆舜帝的直接授意之下，这一思路被固定在《祭柱图》的图像语汇中，宣示着一种幽微而富于象征意味的政治意图。立柱和祭柱暗含着一种政治身份上的示威，以及对政治独立性的再次确认。正是在世隆和隆舜的时代，南诏谋求与唐王朝的分庭抗礼逐步升级，古代的社祭仪式被施以创造性的运用，"祭铁柱"的历史记忆

① 这一点可以从"天尊柱"之名得以了解。天尊是道教对所奉天神之首的尊称，有元始天尊、灵宝天尊、道德天尊、玉皇天尊等。结合道教在云南的传播历史，三国两晋时期，五斗米道随南中大姓的迁移而进入云南，与"俗妖巫、征巫鬼、投石结草"的本地风俗相结合，基于本地"社祭"传统的南诏铁柱在后来的历史中被道教收编，这是汉魏六朝以来道教在云南社会中潜移默化改造地域性风俗的结果。参见向达：《南诏史略论》，《唐代长安与西域文明》，重庆：重庆出版社，2009年；梁晓强：《南诏史》，北京：中国社会科学出版社，2013年。

② 赵淳篆、程近仁：《赵州志》，《中国地方志集成·云南府县志》第77辑，南京：凤凰出版社，2009年，第33页。

③ 杨华、赵智霞：《踏歌源头祭柱盛典》，《今日民族》2012年第2期，第33—34页。

被重新编码，成为南方佛国君主宣示其桀骜不驯的最佳手段。这种政治隐意在后世文献和口传文本的表述中几乎完全湮没不显，然而在那些由物质遗存建构起来的"视觉真实"里则是一目了然。

我们很难具体而微地还原 9 世纪"南方佛国"的历史场景，但是从《祭柱图》和与祭柱相关的历史遗迹及民俗活动中，今人得以一窥中古时期南诏大理政权的政治野心，以及借助禅让神话的再讲述来传递对华夏文化的认同。综合考察图像、文物、与民俗有关"祭柱"的信息，能够帮助我们探索南诏史上的一个至关重要的问题，即南诏末代君主如何在佛教大兴、"南方佛国"臻于鼎盛的时代，创造性地化用前朝的政治遗产，如何在中原的禅让神话和天竺的佛教神话之间寻求微妙的平衡。在南诏初年，云南本地并行两套王权神话体系，其一是来自中原汉地的儒家禅让神话，其二是后起的佛教授记神话。到了 9 世纪，源出于古代中国皇权政治话语的禅让神话被新出现的佛教授记神话所覆盖，后者的核心情节是蒙氏在天竺观音的授记和拣选下建立南诏国，而跟早期"鸟降于社"的禅让神话渐行渐远了。在这种话语体系下，南诏王权被认为是由佛教神祇直接授予的，并不是来自中原汉地世俗政权的嬗递，因此更有说服力，也更具合法性。在接下来的四百年里，形形色色相互竞争的政治力量相继使用这种佛教话语来制定社会规范，并形成一种政治行为的固定模式；而南诏大理国对汉文化的认同，也一如既往地摇摆于天竺和本地之间。

第三章

观音图像志与阿嵯耶神话

南诏大理国统辖云南期间，佛教兴盛一时。史籍文献在提到这段历史的时候，大多强调云南地方政权是如何接受中原王朝的泽被，称南诏大理的治国意识形态和政治架构是"略本于汉"。[①]毋庸置疑，7 至 13 世纪的洱海滇池地区受中原汉地显宗佛教的影响相当显著，但宗教图像构成的间接性材料则揭示出它在"略本于汉"之外还具备相对独立、自成体系的脉络。本章将从一尊观音像入手来探讨这个问题。阿嵯耶观音（Acārya Avalokitesvara）是印度南天密教不空羂索观音信仰（Amoghapāsa Buddharāja）的主尊造像，在中国境内，以"阿嵯耶"作观音名不见于华密、藏密和东密，其造像为云南滇池洱海地区所独有。南诏大理国对这尊异域观音的热烈崇奉远远胜过密教五方佛和莲华部的其他观音，在由画卷、雕刻、石窟寺造像和摩崖石刻构成的地域性图像世界里，阿嵯耶及其化身"梵僧"频繁地出现在叙述南诏大理国"开国史"的场景中。自 20 世纪 50 年代以来，治南诏大理国史的学者多有留意云南的宗教艺术传统，学界对阿嵯耶观音的研究集中在考辨造像年代、名称和形制上，[②]对南诏大理国五百年间举国崇奉阿嵯耶的动机，以及由此驱动的神话叙事与文化认同，却一直是论者寥寥，这正是本章将要试图探究的。

---

① （元）郭松年：《大理行记》，王叔武校注本，昆明：云南民族出版社，1986 年，第 20 页。

② 杨德聪：《"阿嵯耶"辨识》，杨世钰、赵寅松主编《大理丛书·考古文物篇》第 10 册，昆明：云南民族出版社，2009 年，第 5033—5036 页；吴棠：《"云南福星"阿嵯耶观音释读》，《大理文化》2010 年第 9 期，第 82—84 页；傅云仙：《阿嵯耶观音》，昆明：云南美术出版社，2006 年；John Guy, "The Avalokitesvara of Yunnan and Some South East Asian Connections" in *South East Asian and China: Art, Interaction and Commerce*, no. 17, ed. by Rosemary Scott and John Guy, University of London, pp. 64–83.

第一节　云南的观音信仰与阿嵯耶图像溯源

　　至迟在公元 1 世纪初叶，云南与东南亚地区的交通就有西部身毒道和南部交趾道两条路线，东汉明帝时天竺传法者摩腾、法兰沿伊洛瓦底江经云南抵达中国，即是循此道而来。[①] 据成书于初唐的《道宣律师感通录》和《法苑珠林》记载，在唐麟德元年（664 年）之前，大理西洱河地区就已有造寺立像之事。蒙氏南诏国和段氏大理国时期，滇中佛法不止于一宗一派，尤以阿吒力教为盛。阿吒力教属于南天密教金刚顶派不空羂索观音信仰，在 8 世纪时由摩揭陀国（Magadha）经缅甸北部沿蜀身毒道北上，流入滇西保山、腾冲和澜沧江、洱海地区，又经百余年，至南诏中晚期始兴盛于叶榆（今大理）。[②] 9 世纪之后，南诏王室与中南半岛佛教国家的关系日渐紧密，南诏后期的几位君主皆有热情的奉佛之举，寻阁劝（808—809 年）修曲靖崇真寺；劝龙晟（809—816 年）铸造佛像三尊，重修崇圣寺；劝丰佑（823—859 年）于太和元年（827 年）用银五千两铸佛一堂，皇妃国母出家为尼，自王室至民间，均虔敬三宝、供佛诵经。[③] 大理国承南诏遗绪，以制度化的佛教政策为立国之本，开国的文武皇帝段思平因在战争中得观音大士襄助，发愿若得大位，必然以全国供养三宝，遍建伽蓝，以佛为国教。据《大理古佚书钞》"大理国崇佛"条的记载：段思平"修崇圣三塔，建大石庵、华严寺、弘法寺、紫竹苑、法相寺、莲花庵、荡山寺八大伽蓝山。并谕除三十七部，臣民皆信佛，户户供养观音。初一、十五，君臣万民素食，诸邑甸皆建小寺，烧香拜佛，国不朝政，户户净水香烟。诸寺大比丘，率众绕佛毕，法师坐禅床讲经。已时众始归。除放牧者，臣民皆不劳

---

① ［法］伯希和：《交广印度两道考》，冯承钧译，北京：中华书局 2003 年，第 189—190 页。

② 古正美：《从天王传统到佛王传统：中国中世佛教治国意识形态研究》，台北：商周出版社，2003 年，第 428 页。

③ （明）杨慎：《南诏野史》，王崧：《云南备征志》第八卷"故实八"，李春龙点校本，昆明：云南人民出版社，2010 年，第 483 页。

作"。[1] 在制度建设上，大理国开科取士悉重僧侣，僧官执掌国家政务的决策与施行，段氏传国二十二代，竟有十位帝王避位为僧。13 世纪末巡行云南的郭松年在《大理行记》中记述了自己在苍洱一带的见闻，称"此邦之人，西出天竺为近，其俗善浮屠，家无贫富，皆有佛堂，人不以老壮手不释念珠。一岁之间斋戒几半，绝不茹荤、饮酒，至斋毕乃已。沿山寺宇极多，不可殚纪"。[2] 同时代的述律杰在至正四年（1344 年）的《重修大胜寺碑铭》中也称："居氓慕善斋洁，茹苦食淡，手捻菩提珠，口诵阿弥陀者，比比皆然。由其地连西竺，与佛国通，理势然也。"[3] 明宣德四年（1429 年），张通崇《宝山正觉禅寺记》云："滇国两邻乾竺，好善者众。"[4] 以白文写成的南中地方志史料也是"什九皆载佛教神僧灵迹"，[5] 足见当时之风尚。

大理素有"妙香佛国"的美誉，这一称谓来自东南亚佛教传统中的"乾陀罗"（Kandahar、Gandhāra），从地理位置上来看，乾陀罗是位于阿育王摩揭陀国北部的国家，即今天阿富汗境内的库尔纳河与今巴基斯坦的印度河之间，在文献中又写作健驮逻、犍陀罗、干陀卫，意译为"香风""香气遍行"等。《翻译名义集》卷二云"健陀罗，隋曰香行国"；据慧琳《一切经音义》卷22"乾陀罗"条记载"乾陀罗在中印度北，北印度南，二界中间……乾陀是香罗，谓陀罗曰遍也。言遍此国内多生香气之花，故名香遍国"，[6] 即言乾陀罗是一个以香味闻名的国度。根据东南亚地区的史料记载，11 世纪的阿那律陀（Anôyatā）王曾经遣使至乾陀罗（Kandahar）求佛牙，哈维（G. Harvey）《缅甸史》称

071

① 大理州文联编：《大理古佚书钞》"大理国崇佛"条，昆明：云南人民出版社，2002 年，第 125 页。
② （元）郭松年、李京：《大理行记校注·云南志辑校》，王叔武校注本，昆明：云南民族出版社，1986 年，第 26 页。
③ （元）述律杰：《重修大胜寺碑铭并序》，《新纂云南通志》第 94 卷金石考十四，昆明：云南人民出版社 2007 年，第 278 页。
④ 国家民委民族问题五种丛书云南省编辑组：《云南地方志佛教资料琐编》，昆明：云南民族出版社，1986 年，第 5 页。
⑤ （明）谢肇淛：《滇略》，载方国瑜主编《云南史料丛刊》第 6 册，昆明：云南人民出版社，2000 年，第 695 页。
⑥ 方国瑜：《中国西南历史地理考释》（上），北京：中华书局，1987 年，第 435 页。

"阿那律陀遣使至南诏国都大理";①《马可·波罗行纪》第122章则将"大理"直接称作"哈剌章"（Kandahal），②可见南诏所辖的大理地区约定俗成地被称为"乾陀罗""妙香国""鹤拓"，是用梵语自名其国，即假借印度"乾陀罗"之名与意。③伯希和在《郑和下西洋考·交广印度两道考》中解释这一命名现象，认为中南半岛的民族普遍有一种以印度地名称呼本地的习俗，"将印度地名移置于其国内，有时将本地之名梵化，有时竟以印度之名名之。云南处越南半岛之北，与乾陀罗在印度之北相似"。④

地方史料《白国因由》称"妙香城"为佛国，视大理为古印度，诸佛菩萨在此修行说法，有崇圣五代祖，董、尹、杨、赵等十七人精通瑜伽教法。随着《白国因由》在后世被相继转抄进入地方志，洱海周边的山川景观皆被吸附，成为"妙香佛国"的灵迹构成元素。清代乾隆年间历任寻甸州知州和丽江府知府的江苏人吴大勋，在《滇南闻见录》上卷"佛国"条中写道："大理府为天竺阿育王所封妙香国，盖佛国也。山川幽秀，风景清和。观音大士跣跗点苍山，化其地结庐焉。雪峰有盘石径丈，为释迦苦行地，草木皆作旃檀香。又于洱海证如来位，于灵鹫山说《法华经》。迦叶尊者住耆阇崛，后入鸡足。色相不留，佛光常耀，故其地寺庙之多，如苍山向有五百寺，芒涌溪有三十八庵，鸡足山大小庵刹无虑千计。大理塔基有数百处，皆阿育王所建旧址也。"⑤

公元8世纪前后，在云南洱海地区流传已久的"圣人入国，授记蒙氏"佛教传说逐渐形成了固定的叙事结构，即"观音七化建国"的故事。来自"天竺

---

① ［英］尼古拉斯·塔林：《剑桥东南亚史》（上），贺圣达等译，昆明：云南人民出版社，2004年，第134—136页。

② ［意］马可·波罗：《马可·波罗行纪》，冯承钧译，党宝海注，石家庄：河北人民出版社，1999年，第433页。

③ 出于同样的理由，大理苍洱之间的许多佛教圣地都借用梵名，例如点苍山被认为是印度圣山灵鹫山（Gṛdhrakûta）的分支，事实上灵鹫山在阿育王统治的摩揭陀国，名为耆阇崛山，汉文文献译作鹫峰、灵鹫山，相传释迦牟尼在此居住。

④ ［法］伯希和：《郑和下西洋考·交广印度两道考》"云南之梵名"，冯承钧译，北京：中华书局，2003年，第197—198页。

⑤ （清）吴大勋：《滇南闻见录》，方国瑜主编：《云南史料丛刊》第12册，昆明：云南大学出版社，2001年，第7页。

佛国"的观音巡游洱海周边，降服外道、摄授蒙氏、襄助建国，共有七次神通变现。"观音化身"是佛教神话的母题之一，根据鸠摩罗什译《法华经》卷七"观世音菩萨普门品"的描述，观音共有三十三种应化身形，南诏大理国的"七化"故事显然是出自这一脉络。随着时代推移，洱海地区的观音七化故事呈现出层累叠加的痕迹，逮至晚清，又将汉籍佛教经文中的阿育王（Aśoka）传说、本地土著"哀牢夷"的沙壹九隆神话逐一吸附收纳，观音感应化身的次数也增加到了二十次。①

在显密二教的诸多观音当中，南诏大理国又尤为崇奉阿嵯耶观音。"阿嵯耶"是梵语 acārya 的汉语对音，其译音无定字，在云南志乘史籍、石刻图绘中也作阿遮利耶、阿左梨、阿阇梨、阿拶哩、阿吒力，据慧琳《续一切经音义》卷四言"此云规范师，谓以规则仪范，依法教授弟子"。②

观音是南诏大理国图像遗产中十分重要的组成部分。较早将阿嵯耶观音"七化建国"故事形诸笔墨的是成画于 9 世纪的宗教绘画《南诏图传》，《宋时大理国描工张胜温画梵像卷》所见观音图像计有二十二开，占全卷图像的七分之一。③剑川石钟山石窟 6 处造像和摩崖石刻中，以观音为主尊的就有 5 处之多；崇圣寺千寻塔出土的 76 尊菩萨像中，观音像多达 58 尊；④在大理国时期的写经、元明火葬墓碑铭和近代志乘史籍中，阿嵯耶观音的种种神迹更是处处有之。总体来看，阿嵯耶观音进入两爨部族的祖源神话谱系之中，赋予了社会群体一个与"妙香佛国"紧紧相关的神圣起点。⑤君主或是以观音的本貌出现，或是率众礼佛护法、通过南天密教的灌顶仪式化身为阿嵯耶，即"国王观音"，

① （清）杨天孙：《重塑圣源圣像并修殿阁廊庑募引》，杨世钰主编：《大理丛书·金石篇》第 10 册，北京：中国社会科学出版社，1993 年，第 245 页。
② 方国瑜：《云南佛教之阿吒力派二三事》，《滇史论丛》（1），上海：上海人民出版社，1982 年，第 218 页。
③ 李玉珉：《张胜温"梵像卷"之观音研究》，《东吴大学中国艺术史集刊》第 15 卷，1987 年 2 月，第 227—264 页。
④ 邱宣充：《南诏大理的塔藏文物》，张楠主编：《南诏大理文物》，北京：文物出版社，1992 年，第 130 页。
⑤ 连瑞枝：《隐藏的祖先：妙香国的传说与社会》，北京：三联书店，2007 年，第 59 页。

这尊观音也成为南诏大理国时期最为显著的王权象征符号。

粗略统计，国内外各大博物馆所藏同一造型的阿嵯耶观音像共计 24 尊，[①] 通常被视作标准器的是现藏于美国圣地亚哥博物馆的"易长观世音"（见图 3-1）。这尊红漆鎏金观音立像于 1941 年从 Jan Kleijkamp 手中购买入藏，立像背后镌刻造像记铭文四十三字："皇帝票信段政兴。资为太子段易长生。段易长兴等造记。原禄弄尘沙为喻。保庆千春云孙嗣。天地标机。相承万世。"这段铭文非常重要，点明了铸像者的身份和年代：大理国国主段政兴（1147—1172 年），相当于南宋高宗和孝宗时代，这尊观音立像是段政兴为其子求福所铸。

图 3-1　美国圣地亚哥博物馆的"易长观世音"

与圣地亚哥观音沿用同一形制的还有大理崇圣寺千寻塔塔刹出土的阿嵯耶观音金像（见图 3-2）、云南省博物馆馆藏阿嵯耶金身立像（见图 3-3）、1978 年大理崇圣寺千寻塔塔刹出土的檀木观音像（见图 3-4）。[②] 值得注意的是这些观音像的名号，与圣地亚哥观音一样，千寻塔所出檀木观音像像身正面，也有朱书"易长真身"四字。"易长"是段政兴的名字，《南诏野史》称"（段）正兴又名易长，伪谥景宗正康皇帝"，《僰古通纪浅述校注》"蒙氏世家谱"记载隆舜皇帝伐益州（成都）时，得易长观音像一尊，归国后遂设立观音道场。[③] 在《张胜温梵像卷》第 100 开，段政兴本人也以"易长观世音菩萨"的面貌出现，其法身手印更是与圣地亚哥观音像极为接近。这种命名观音的方式与南诏

① 田怀清：《略论南诏、大理国时期对阿嵯耶观音的信仰》，赵寅松主编：《白族文化研究》，北京：民族出版社，2007 年，第 406—408 页。

② 云南省文物工作队：《大理崇圣寺三塔主塔的实测和清理》，《考古学报》1982 年第 2 期，图版 15-9。

③ 尤中：《僰古通纪浅述校注》，昆明：云南人民出版社，1989 年，第 79 页。

图 3-2　大理崇圣寺千寻塔塔刹
出土的阿嵯耶观音　　图 3-3　云南省博物馆馆藏
阿嵯耶金身立像　　图 3-4　大理崇圣寺千寻塔塔
刹出土的檀木观音像

大理国王室的尊号体系有关，君主多借用佛号或观音名号自称，表示自己为观音化身，这在占婆（Champa）和柬埔寨的宗教艺术传统中十分常见，也正是南天密教金刚顶派"神我合一"信仰结构的直观体现。①

　　除了这类单体小型立像之外，阿嵯耶观音还出现在石窟寺造像和南诏大理国时期的绘画艺术中。剑川石钟山石窟沙登箐区 2 号窟有阿嵯耶观音立像（见图 3-5），通高 60.5 厘米，螺髻藏阿弥陀化佛，髻侧束发扎带垂落及肩，面像长圆扁平，方额阔唇，耳珰沉重，颈饰云莲纹项圈。观音宽肩细腰，袒上身，腹部束革带，下着贴体长裙，裙腰外翻，腰带打结后自腹部沿双腿间向下垂坠。披巾横于腹下一道后于腰两侧打结，再沿身侧曳地。双臂佩戴联珠臂钏，左手

① Helen B. Chapin, "Yünnanese Image of Avalokitesvara", in *Harvard Journal of Asian Studies*, 1944, vol. 8, no. 2, pp. 131–183，［美］巴克斯：《南诏国与唐代的西南边疆》，林超民译，昆明：云南人民出版社，1998 年。

屈身前结与愿印，右手上举结妙音天印，跣足立三层方座之上，后有莲花瓣叶式背屏，边雕缠枝纹饰，背屏左侧榜题"圣□四年壬寅岁"，右侧榜题"南无琉璃光仏"，龛外缘左侧书刻"奉为造像施主药师祥妇观音等敬彫"一行十四字。[1] 在展现南诏开国历史的《南诏图传》中，阿嵯耶观音像出现了两次，分别是在第五化"外道慑服"（见图3-6）和第七化"帝王礼佛"中。与剑川石窟的阿嵯耶立像相似，《南诏图传》所绘观音也是螺髻双辫，髻中藏化佛，头顶祥云护绕，右手结说法印，左手施安慰摄取印，佩臂钏，袒上身，躯干扁平，跣足立莲台座，下着裙裳，裙饰阴刻U型纹，如湿衣出水，有火焰纹背光。另外，《张胜温梵像卷》中也有两处出现阿嵯耶观音的图像，其一是第86开"建圀观世音菩萨"头顶所现金像，其二是第99开"真身观世音菩萨"（见图3-7），此开图像左下方有"白衣老人铸阿嵯耶金像"的场景，其中的观音像与《南诏

图3-5　剑川石钟山石窟沙登箐区2号窟有阿嵯耶观音立像

图3-6　《南诏图传》第五化"外道慑服"观音立像

图3-7　《张胜温梵像卷》第99开"真身观世音菩萨"

① 北京大学考古学系、云南大学历史系"剑川石窟考古研究课题组"：《剑川石窟——1999年考古调查简报》，《文物》2000年第7期，第341—342页。

图传》第六化所见观音像相似度非常高，可知不论是"真身观世音"还是"建
囵观世音"，虽命名有异，但造像形制的来源相当一致。

那么，阿嵯耶观音的形制究竟来源于何处？在中原地区的佛教造像传统
中，观音大多作为阿弥陀佛的左胁侍出现，身躯微微扭动，呈 S 型弧度。而阿
嵯耶观音在南诏大理国却被奉为独立主尊，且正面造型板直挺立，这在中国石
窟观音造像中为仅见的孤例，充分说明云南佛教艺术具备一种"混血"特征。[①]
这种造像形制很可能是沿袭了印度东北部的波罗王朝（Pāla dynasty，约公元
750—1159 年）和南部婆罗（Pellava）的造像传统，并吸收苏门答腊室利佛逝
（Srîvijaya）的艺术经验。[②] 如果结合南诏时代面向中南半岛的军事行动和经济
往来，阿嵯耶观音形制的南方来源则可以有更确凿的依据。位于南诏之南、唐
安南都护府南方的林邑国在交州以南千余里，是占婆王国的后继者；林邑国以
西有真腊国，真腊以西则为骠人建立的骠国，地理位置在今天缅甸腹地的伊洛
瓦底江中下游地区，据《旧唐书》卷 197 记载，骠国雄踞中南半岛西部，有属
国十八、部落二百九十八，都城为卑谬，[③] 而南诏控制的则是伊洛瓦底江上游地
区，两国山水相连，有密切联系。《旧唐书》"骠国传"提到，唐贞元年间"其
王闻南诏异牟寻归附，心慕之，八年乃遣其弟悉利移因南诏重译来朝"。南诏
建立起以骠国为中心的中南半岛西部国家的广阔关系网，数次用兵征伐，更兼
南诏中晚期曾受到北方唐王朝的经济封锁，因此与南方国家之间的经贸往来就
显得更加重要。沿着"蜀身毒道"展开的商贸活动，将丰饶的物产和包括观音
造像在内的佛教装饰艺术引入云南。

我们从图像细节入手，可以在目前传世的云南阿嵯耶观音形象中梳理出如
下特征：螺髻（jaṭāmukuṭa）藏化佛、佩三角形联珠带臂钏和莲蕾状倒垂耳珰、
正面体型板直窄瘦，裸上身斜戴白璎珞，弧形衣纹紧贴躯干，如湿衣出水，后

---

① Angela F. Howard：《南诏国的鎏金铜观音》，秋石译，《云南文物》1991 年第 29 期。
② John Guy, "The Avalokitesvara of Yünnan and Some South East Asian Connections", in *Connections on Art and Archaeology in Asia*, no. 17, 1994.
③ 哈威：《缅甸史》，姚梓良译，北京：商务印书馆，1973 年，第 36 页。

有舟形火焰纹背光。这些造像要素揭示出它与越南中南部的占婆（Champa）、泰国堕罗钵底（Dvāravatî）和吴哥（Angkor）观音相仿，应属中印度笈多王朝的秣菟罗（Mathura）造像体系（4—5世纪）和波罗王朝的婆罗（Pellava）造像体系（8—12世纪）[1]，皆可视作南诏面向中南半岛拓展势力范围的明证。

第二节　阿嵯耶的神话图像叙事

考察阿嵯耶观音像的艺术形式与东南亚地区的联系，其意义不仅在于揭示出南诏大理国造像艺术与东南亚佛教美术传统之间的文化混血，更重要的是，我们能够从这尊观音在滇中广受崇奉的历史事实出发，进一步探究南诏大理国王室世家的祖源想象如何与地方社会的文化情境发生勾连。位于吐蕃、唐宋王朝和中南半岛夹缝地带的蒙氏、段氏政权为什么会崇奉一位来自异域的观音？在笔者看来，这与其建国意识形态中游离于"中央王国"的倾向是互为表里的。受特殊的地域因素影响，南诏佛教从一开始就接受了多方位的渗透，正如《南诏图传》"文字卷"所言："大封民国圣教兴行，其来有上，或从胡梵而至，或于蕃汉而来，奕代相传，敬仰无异。"所谓"胡梵"，指的是以天竺为代表的东南亚佛教文化圈，"蕃汉"则分别指吐蕃和唐朝。南诏建国初期大量接纳汉地显宗各派的教义与仪轨，许多存世写本经论均为汉文佛典的抄写，现存佛画中的密宗绘像也可以在汉地佛画里找到粉本。[2]南诏仿唐制，在宫禁之内设内道场和内供奉僧，赐僧紫衣、授官阶。这些内容也见载于大理国写经残卷《护国司南抄》卷一的书题部分，[3]这说明在中南半岛的阿嵯耶观音信仰进入蒙舍诏

----

① 李玉珉：《南诏大理佛教雕刻初探》，赵寅松主编：《白族研究百年》（二），北京：民族出版社，2008年，第566页。

② 蓝吉富：《阿咤力教与密教——依现存之大理古代文物所作的考察》，蓝吉富等：《云南大理佛教论文集》，台北：佛光出版社，1991年，第162页。

③ 侯冲：《大理国写经〈护国司南抄〉及其学术价值》，侯冲：《云南与巴蜀佛教研究论稿》，北京：宗教文化出版社，2006年，第72页。

的巍岹图城之前，来自中原地区的佛教元素已然波及此地。[①]

　　尽管西南地区在经济、政治制度和文学艺术等方面都受到中原汉地文明的辐射，但南诏大理国建国意识形态的基调却是由多种文化因素合力奠定的，来自北方的汉地显宗佛教只是其中之一。本地的上层政治精英在五百年间发展出一种双重身份认同，既作为汉文化圈的内部成员而屡受唐封、朝贡于宋，又通过祖先神话和开国历史的建构来宣示自己的独立性。9世纪中叶，南诏第九代君主劝丰佑（823—859年）废道教，兴建崇圣寺，奉天竺摩伽国僧人赞陀掘多为国师；世隆在位期间（859—877年），唐王朝的剑南西川节度使暗弱无力，西面的吐蕃也正逢衰败期，这时的南诏却蒸蒸日上，逐渐显示出掌控东南亚地区的能力。据《新唐书·南蛮传》的记载，骠国（今缅甸曼德勒地区）、弥诺国（今缅甸北部钦敦江流域）、弥臣国（今缅甸南部伊洛瓦底江入海一带）、昆仑国（中印半岛南部）、女王国（今泰国北部南奔府）、真腊国（今柬埔寨）都曾是南诏大军所及之处。世隆改元建极，自号"大礼国"，[②]寓意礼不在唐而在南诏，意欲借助中南半岛的宗教与政治力量抗衡北方汉地文明的辐射力，在文化上摆脱"蛮诹之夷"的从属身份。这一时期南诏建立起以洱海政权为中心的独立朝贡体系，西面的骠国、暹罗（今泰国）、大秦，南面的交趾、真腊、占城、老挝诸国，皆向南诏称臣纳贡、岁进珍奇。9世纪中叶的安南是唐朝北越都护府，世隆与唐朝争夺此地之时，恰逢武宗灭法，中原各地法难酷烈，而此时的密宗佛教却在南诏的庇护下臻于极盛，《僰古通纪》记载世隆征服安南之后，"凯回至国，以所得金银钱粮写《金刚经》一部，易长观音像、铜钟十二，效之而写《金刚经》，设观音道场，观音化梵僧来应供"。[③]传世的阿嵯耶观音像在形制上与越南中南部占婆（Champa）造像艺术的风格最为接近，这绝非一个巧合，而是从侧面说明阿嵯耶观音的形象传入云南很可能就是在世隆占领

---

① 黄德荣执笔，云南省博物馆巍山考古队：《巍山巍岹山南诏遗址91—93年度发掘综述》，《云南文物》，1993年。

② （北宋）宋祁、欧阳修等：《新唐书·南诏传》，王忠笺证本，北京：中华书局，1963年，第83页。

③ 尤中：《僰古通纪浅述校注》，昆明：云南人民出版社，1989年，第79页。

安南期间（862—865 年）。

现存与阿嵯耶观音有关的资料在年代上集中于 9 世纪下半叶，绝大多数与世隆之子隆舜（877—903 年）有关。史载隆舜不避唐王名讳，不拜唐使，不着汉装，却对大宝莲释迦文佛和阿嵯耶观音顶礼膜拜，十分虔诚，《白古通纪》就收录了隆舜登基前与阿嵯耶有关的一则神异故事：

> 主为世子时，好田猎，至巍山，遇一老人，告曰："世子能造观音像否？如造，声名所及，无不臣服。"……乃以兼金铸阿嵯耶观音。远见巍山巅有白气，使李紫奴往，挖得铜钟一，重三百两；阿嵯耶观音一位，自号摩诃罗嵯耶。[1]

这则显化故事与《南诏图传》"文字卷"第六化两相呼应，而后者的描述在情节上更有层次性，也更具戏剧效果：

> 圣僧行化至忙道大首领李忙灵之界焉。其时，人机闇昧，未识圣人，虽有宿缘，未可教化。遂即腾空乘云，化为阿嵯耶像。忙灵惊骇，打更鼓，集村人，村人既集之，髫齓犹见圣像，放大光明。乃于打更鼓之处，化一老人，云：乃吾解镕铸，作此圣容所见之形，毫厘不异。

《南诏图传》第六化所见"老人铸像"之图（见图 3-8）与《张胜温梵像卷》第 99 开"真身观世音菩萨"（见图 3-9），都有李忙灵打鼓集合众人、白衣老人铸金像的内容，存在明显的摹绘痕迹，当是依据同一底本绘成。这则观音故事是南诏晚期官方钦定"国家历史"的重要组成部分。

也正是这位狂热崇奉阿嵯耶观音的隆舜帝在登基后"用金铸观音一百八像，散诸里巷，俾各敬之"，[2] 进一步推进其父确立的"去唐化"的政治目标。不仅

---

[1] 尤中：《僰古通纪浅述校注》，昆明：云南人民出版社，1989 年，第 81 页。

[2] 尤中：《僰古通记浅述校注》，昆明：云南人民出版社，1989 年，第 82 页。

图3-8 《南诏图传》第六化"老人铸像"之图

图3-9 《张胜温梵像卷》第99开"真身观世音菩萨"

081

要崇奉观音，还要成为观音，《南诏图传》第七化"帝王礼佛图"（见图3-10）和《张胜温梵像卷》第55开（见图3-11）就是隆舜化身为"国王观音"的图像证据。"帝王礼佛图"画面中央绘阿嵯耶观音金像一尊，左右按照世系排列南诏历代帝王图像，其中赤身顶礼者即是隆舜。为什么"礼佛图"中的众君臣均衣冠整肃，而唯独隆舜皇帝一人赤身裸体？有一种说法认为，这是因为隆舜是一位喜好美色与田猎的"荒淫主"，将他画成袒露身体的样子应当是画师的微言大义，喻指其不受礼乐教化的恶名。其实，这种看法完全是汉族中心主义的后发之见，与真相不符。隆舜在《张胜温梵像卷》中出现了三次，其身份之重要不言自明；《南诏图传》此段画面上的隆舜赤身礼佛，与诸帝不同，这正是说明了他的特殊之处，且《南诏图传》是奉皇室之命而作，画师怎敢有公然诋毁前代帝王之举？根据历史记载，隆舜于公元886年改年号为"嵯耶"，以转轮王之名"摩诃罗嵯耶"治理属地，彻底向天竺阿嵯耶观音表示政治上的臣服。《南诏图传》"文字卷"对于"礼佛图"的文字说明中，有"嵯耶九年丁巳岁，圣驾

图 3-10 《南诏图传》第七化 "帝王礼佛图"　　　图 3-11 《张胜温梵像卷》第
　　　　　　　　　　　　　　　　　　　　　　　55 开 "隆舜礼佛图"

淋盆" 之句,学界对于 "淋盆" 二字的含义长期存疑,台湾学者古正美根据隆舜身后绘二侍者的手持水瓶、拂尘(当是水灌所需器物)以及隆舜裸身的形象来判断,"礼佛图" 再现的是君王接受水灌仪式、化身成佛的神圣场面。[①]

灌顶(abhisecana、abhiseka)的原型是古代印度帝王即位及立太子之仪轨,国师以四大海之水沃灌太子头顶,表示祝福。这两帧 "礼佛图" 所见 "佛即是王" 的同体结构来自南天密教的天王(Devarāja)和佛王(Buddharāja)信仰。在南印度金刚顶派或金刚乘(Vajrayāna)所奉行的莲华部瑜伽观法中,帝王以佛教神祇的面貌治世,达到修行者与观想神祇的合二为一。这种 "神我同体" 的观想法构成了观音佛王信仰的基础。[②]隆舜自号 "摩诃罗嵯耶",梵语意为 "众王之王"(Mahārājah),展现 "水灌仪式" 的《南诏图传》第七化配有榜题 "摩诃罗嵯土轮王担界谦贱四方请为一家",这里的 "土轮王" 称号来自印度阿育王所奠定的转轮王传统(Cakravartin),明确地揭示出隆舜对南天密教的继承。参考另一份图像材料,即《张胜温梵像卷》第 55 开 "礼佛图" 的榜题,

---

① 古正美:《南诏大理的佛教建国信仰:中国中世佛教治国意识形态研究》,古正美:《从天王传统到佛王传统》,台北:商周出版社,2003 年,第 445—446 页。

② 古正美:《南诏大理的佛教建国信仰:中国中世佛教治国意识形态研究》,古正美:《从天王传统到佛王传统》,台北:商周出版社,2003 年,第 428—429 页。

也写作"摩诃罗嵯",由此可见南诏君主兼具多重身份,既是世俗世界的唯一权威,又是佛法的虔诚修行者,同时也是修行时所观想的神祇本身。在"礼佛图"中,神灵、图像和礼拜者之间存在着一种循环关系。隆舜以"土轮王"的身份瞻礼阿嵯耶之像,受灌顶之后,更是成为推动佛教法轮的"国王观音",位居法界的中心。

　　根据善无畏《苏系地揭罗经》、菩提流支《一字佛顶轮王经》等唐代密宗经典的描述,灌顶受戒仪轨共分七个步骤,最后一个环节为"阿阇梨灌顶"(acāryābhiṣeka)。[①]这一"观想～灌顶～成佛～同体"的仪式细节得到了云南本土经典的支持和佐证,20世纪50年代,大理凤仪县北汤天董氏宗祠中出土了数量可观的南诏晚期写经,明建文三年(1401年)大理赵州五峰寺住持比丘释妙真为法界有情造《金刚大灌顶道场仪》中,尚存"大灌顶仪卷第七""金刚大灌顶道场仪第九""灌顶圣上每年正月十五日早朝略灌顶次第卷十""受金刚大灌顶洁净坛内守护圣上卷十一""圣上受金刚大灌顶五坛仪注次第十三"等部分内容。[②]根据这些内容,每年正月十五日的早朝,"圣上入坛礼拜四拜……成清净法身毗庐那佛,想园明内青色,成千百亿化身释迦牟尼佛",[③]通过立坛、修持、观想和诵咒,君主与观音本尊身意合一,化成"清净法身毗庐那佛"。另外,18世纪的碑刻文献《嵯耶庙碑记》也有记载隆舜帝获"法身"之后于各地建庙受享之事:"三十六部各建庙,貌(武宣)肖像以崇祀,步祷明虔诚,用酬大德,庙曰'嵯耶'。"[④]这里的"武宣"是隆舜的谥号,他被三十六部视为阿嵯耶观音在人间的代理者,由此亦可从侧面证明,《南诏图传》第七化所绘"礼佛护法、灌顶成佛"的场面,传达的正是印度南天密教观音佛

① 周一良:《唐代密宗》,钱文忠译,上海:上海远东出版社,2012年,第100—101页。
② 侯冲:《南诏观音佛王信仰的确立及其影响》,《云南与巴蜀佛教研究论稿》,北京:宗教文化出版社,2000年,第20—21页。
③ 大理国写经《大灌顶仪》卷7,"受灌顶了更入根本坛次第",侯冲缮录,云南省图书馆微卷;周泳先:《凤仪县北汤天南诏大理国以来古本经卷整理记》,《大理白族自治州历史文物调查资料》,昆明:云南人民出版社,1958年,第7—21页。
④ 不著撰人:《嵯耶庙碑记》(1705年),杨世钰主编:《大理丛书·金石篇》第10册,北京:中国社会科学出版社,1993年,第156页上、中。

王信仰中最为核心的"国王即天王"的观念。到了隆舜之子、南诏末代君主舜化贞的时代，更是在全国范围内访求阿嵯耶的神迹，正式将这位天竺观音树立为"建国圣源"。

《南诏图传》成画之后，元明时期的汉文典籍将其中"观音显化、去怪建国"的图像内容转化为文字形态，并进行改写、润饰和增补，又更在《南诏图传》第六化"慑服外道"的基础上，敷衍出"观音伏罗刹"的情节，将"外道"具体化为"罗刹"。根据《白古通纪》的记载，洱海地区原本属罗刹国统治，盛行吃人肉、嗜人血之风，观音化身为西天梵僧，牵着一只狗，从古宗、神川、义督、宁北进入洱海平原，来到德源城（今洱源）喜洲的张敬家中。张敬是罗刹国的大臣，他将观音引荐给罗刹国王，观音向国王乞地建庵，罗刹国王一口答应，并令其自裁范围。观音将其袈裟一展，遍盖其国都；又令其狗一跳，占据了罗刹国的东南西北。罗刹此后失去居所，观音在上阳溪边化出一座琼楼，以白玉为阶，黄金为地，并化螺蛳为人眼，化水为酒，化沙为食，将罗刹诱进后，推山塌压之，并以铁链锁住。[①]

"观音伏罗刹"是明清时期云南佛教故事中影响最广的一则，各类史志文献多有记载。尽管在不同的文本中其细节稍有变化，但核心情节与故事梗概却差异无多，均包含"袈裟一披、黄犬一跳"的内容。从类型学上来看，伏罗刹故事当属于丁乃通《中国民间故事类型索引》中编号2400（用牛皮量地）和2400A（用袈裟的影子量地）一类。[②] 就故事主题而言，观音伏罗刹又通常与施恩救难、助战退敌的故事相连，这说明佛教作为外来宗教力量嵌入南诏民间社会之后，对土著信仰的压制与征服、对民间神的吞并，都是漫长而艰苦的过程。[③]

观音显圣的地点遍布滇中，诸葛元声《滇史》云"南止蒙舍，北止施浪，

---

① 不著撰人：《白古通纪》，王叔武辑：《云南古佚书钞》，昆明：云南人民出版社，1979年，第56页。

② ［美］丁乃通：《中国民间故事类型索引》，武汉：华中师范大学出版社，2005年。

③ ［日］镰田茂雄：《南诏国的佛教——中印佛教文化的融合》，载张岱年、汤一介：《文化的冲突与融合——张申府、梁漱溟、汤用彤百年诞辰纪念文集》，北京：北京大学出版社，1997年，第397页。

东止鸡足，西止云龙，皆近苍洱"；《僰古通记浅述》云"当时此地名妙香城，观音菩萨后当来此地去怪建国救民"；刘文征《天启滇志》卷17寺观"观音阁"条提到"观音阁，在府城北上羊溪戮魔石。世传观音既闭罗刹，以此石压之，后人建阁其上"；[①] 杨慎《滇程记》有"观音叫狗山"条，也载观音伏罗刹事；[②] 李元阳《万历云南通志》卷17"杂志·大理府·怪异"在"观音七化"条之前，不惜篇幅，铺叙"观音伏罗刹"始末，并更进一步将滇中广为流传的"神僧治水"故事叠加到降服罗刹的故事之上：

> 邃古之初，苍洱旧为泽国，水居陆之半，为罗刹所据。罗刹，犹言邪龙……好食人目睛，故其地居人鲜少。有张敬者为巫祝，罗刹凭之，有一老人住张敬家，托言欲求片地以藏修，居数日，敬见其德容，以告罗刹。罗刹乃见老人，问所欲，老人身披袈裟，手牵一犬，指曰："他无所求，但欲吾袈裟一展、犬一跳之地，以为栖息之所。"罗刹喏。老人曰："既承许诺，合立符券以示信。"罗刹又喏。遂就洱水答上画券石间。于是老人展袈裟，纵犬一跳，已尽罗刹之地。罗刹彷徨失措，意欲背盟，以老人神力制之，自不敢背，但问："何以处我？"老人曰："别有殊胜之居。"因神化金屋宝所，罗刹喜过望，尽移其属入焉，而山遂闭。今苍山之上羊溪是其地也。于是老人凿河尾，泄水之半，人得平土以居。

这类故事本系传闻，不足以尽信，然而在明代洱海地区墓志铭和碑刻中，观音事迹升格成为言之凿凿的祖先故事，大理国贵族后裔在叙述自己家族来历时，纷纷攀附"天竺观音"和"梵僧"传说，并且以此为基础衍生出更为复杂的情节类型，计有开国、伏魔、传法、治水、禳灾故事种种。明正统三年（1438年）《故宝瓶长老墓志铭》云"唐贞观时，观音自西域建此土，国号

---

① （明）刘文征：《天启滇志》卷17寺观，古永继点校本，昆明：云南教育出版社，1991年，第560—561页。

② （明）杨慎：《滇程记》，方国瑜：《云南史料丛刊》第5册，昆明：云南大学出版社，2000年，第809—811页。

大理，化人为善"；^① 正统二年（1437 年）《故老人段公墓志铭》"唐贞观时，观音大士自西域来建大理，以金仙氏之□化人为善，摩顶蒙氏以主斯土，摄受段陀超等七人为阿叱力灌顶僧，祈祷雨旸，御灾捍患"；^② 明景泰二年（1451 年）《故考大拶哩段公墓志铭》云"观音大士自乾竺来，率领段道超、杨法律等二十五姓之僧伦，开化此方，流传密印，译咒翻经"；^③ 明景泰元年（1450 年）《重理圣元西山碑记》"贞观癸丑，圆通大士开化大理，降服罗刹，凿天桥，瀹洱水，以妥民居，摄授蒙氏为诏之后，重建圣元梵刹以崇报之"。^④

康熙年间本地僧人寂裕主持刊刻《白国因由》（1706 年），更是将肇始于《南诏图传》的观音显化故事敷衍为"观音十八化"：观音初出大理国第一、观音化身显示罗刹第二、观音乞罗刹立券第三、观音诱罗刹盟誓第四、观音展衣得国第五、观音引罗刹入石舍第六、天生细奴罗主白国第七、茉莉羌送子与黄龙第八、波细背幼主移居蒙舍观音授记第九、观音雕像遗爱第十、观音口授《方广经》辞张敬入寂第十一、普哩降观音第十二、观音利人民化普哩第十三、观音化白夷反邪归正第十四、观音以神通化二苍人第十五、观音累世行化救劫第十六、大杨明追段思平观音救护第十七、段思平讨大杨明观音指路第十八。在整体上，观音故事占到了《白国因由》全书的三分之一。与此同时，寂裕还将这十八化故事刻绘在喜洲圣源寺正殿大门的隔扇上，^⑤ 到了同治十二年（1873 年），云南巡抚岑毓英镇压杜文秀起义有功，将战绩归于观音显化庇佑，遂又在圣源寺隔扇上加刻"示梦岑宫保绘图擒贼第十九""默佑杨总戎捣穴擒渠第二十"两扇浮雕。及至 20 世纪，"观音伏罗刹"的主题依旧是洱海周边民众用

---

① （明）杨森：《故宝瓶长老墓志铭》，大理市文化丛书编辑委员会编：《大理市古碑存文录》，昆明：云南民族出版社，1996 年，第 124 页。

② （明）杨森：《故老人段公墓志铭》，赵寅松：《白族文化研究》，北京：民族出版社，2003 年，第 127 页。

③ （明）洪仁：《故考大拶哩段公墓志铭》，石钟：《滇西考古报告》，赵寅松：《白族文化研究》，北京：民族出版社，2003 年，第 104 页。

④ （明）杨森：《重理圣元西山碑记》，大理市文化丛书编辑委员会编：《大理市古碑存文录》，昆明：云南民族出版社，1996 年，第 145 页。

⑤ 杨天孙：《重塑圣源寺圣像并修殿阁廊庑募引》，杨世钰主编：《大理丛书·金石篇》第 10 册，北京：中国社会科学出版社，1993，第 245 页。

以言说本地历史的开端性事件，如1918年《重建圣源寺碑记》就将伏罗刹的故事敷衍为极具地方特色的"观音制邪龙"：

> 今大理郡，古称泽国，转号妙香、叶榆、灵鹫，皆古志也。源自何流？试观五台峰下，龟山之南，虎岭之北，所谓圣源上方者，观音开辟大理之始基，六诏人民统归大化之本源也。……盖创始者谁？奇王蒙氏也。当其前，邪龙为祟，害虐蒸民，有甚于鳄鱼之患。幸隋末唐初，感得大士现长者身于此地。维时大鹿白象，显异瑞光。五百神王。证护佛法。大士渐大显圆通，制邪龙而安百姓，授地与蒙氏。辞众西旋，大众攀留不已。自雕圣像。以慰众心。①

从《南诏图传》的"观音七化"图像，到民间故事中的"观音十八化"故事，再到圣源寺"观音二十化"的隔扇浮雕，"图像～文字～图像"的转变过程揭示的是艺术传统与社会传统之间存在的一种微妙而曲折的对话关系。图像与文字并不是两个截然对立、不可拆解的板块，相反，图像被编织进复杂的历史上下文，与地域神话构成一种广义的互文关系。在这样的框架之下，《南诏图传》有关"观音七化"的图像内容不是作为文字的配图或解说词出现，而是为后世的民间文学提供了一个持续生长的原点。

第三节　"梵僧观音"图像与南诏大理国的天竺想象

《南诏图传》展现乌蛮蒙氏开国的画面中，金身立莲台的阿嵯耶观音与身着长袍周游洱海的"梵僧"是摄受蒙氏细奴逻的主角，二者都被描述为"建国

---

① 佚名：《重建圣源寺碑记》，云南民族调查组白族组：《古碑文抄录底稿》，内部刊印本，第5—6页。

圣源"。在《南诏图传》所附的"文字卷""画师赞颂"中，阿嵯耶观音被直呼为"建国圣源阿嵯耶观音"，《张胜温梵像卷》第 58 开所绘梵僧像，榜题也是"建囯观世音菩萨"，意在强调其开启南诏政权数百年合法性的"建国"特性。这位梵僧也被称为"梵僧观音"，通常认为这是阿嵯耶的显化之身，二者是"二而一"的关系。根据《南诏图传》"文字卷"的记载，南诏君主劝丰祐（823—859 年）当政之际，境内突然频频出现与佛教有关的"圣踪"，虔信佛教的国君劝丰祐因年幼，不知道这些圣踪是谁遗留下的，遍询境内的"儒释耆老之辈，通古辩今之流"，却都语焉不详。于是劝丰祐下令在全国范围内搜求"圣踪"的主人（"帝乃欲遍求圣化"），宫廷画师"谨画图样，并载所闻"，上呈帝王，才有了《南诏图传》（事见《南诏图传》"文字卷"收录的《中兴二年敕文》）。由于当时流行一种观点，认为这些"圣踪"的主人，也就是那位"入国授记"的西域莲华部阿嵯耶观音有着"化身三十二"的本领，于是宫廷画师王奉宗和张顺根据《巍山起因》《张氏国史》和《西洱河记》等古代文献，以《南诏图卷》铺叙"观音化身为梵僧"、摄受蒙氏开国的故事。画卷中梵僧"圣踪"出现了四次，分别是巍山授记细奴罗父子（《南诏图传》第一至第三化）、兽贱穷石村化导村民（第四化、第五化）、石门邑主李忙灵界内行化（第六化）、化为山中金像（第六化）。

在诸多"观音显化梵僧"的图像中，最为生动直观的当属《南诏图传》第三化。这帧图像讲述的是阿嵯耶观音化身为一位神秘的巡游僧人，襄助南诏第一代君主细奴罗建立国家的神圣历史。画面由两部分内容组成，第一部分是"巍山授记"，描述细奴罗的妻子浔弥脚和儿媳梦讳在巍山山顶上聆听梵僧预言之事，画面中的梵僧在一块大石上半跏趺坐，左手于腹前平托施食钵盂，头顶上方有一僧结跏趺坐于祥云之上，双手托钵，周绕光焰；梵僧左侧卧一朱鬃白马，右侧卧一白象，立一青沙牛；上端云中有二侍童，一执铁杖，一执方金镜。浔弥脚与梦讳跪拜于其下（榜题"浔弥脚梦讳等施食了更授记"）。对于这段图像的内容，《南诏图传》"文字卷"称为"梵僧授记"，"鸟飞三月之限，树叶如针之峰，奕叶相承，为汝臣属"，即是预言二人的夫君将次第成为南诏国主。

　　沿着图卷打开的方向向左延展，在"梵僧授记"之后出现的是"共观圣踪"的图景：梦讳听闻夫君将为南诏国主，急忙去山里寻找正在耕田的细奴罗父子，三人一同观看梵僧留下的"圣踪"（榜题"于时梦讳急呼奇王等至耕田也"）。两位跣足高髻的男子拱手肃立，作聆听状，梦讳左手遥指刚才梵僧"授记"的地方（榜题"奇王蒙细奴逻，兴宗王蒙逻盛等相随往看圣化"）。

　　接下来的问题是，这位神通广大的天竺梵僧仅仅是一个传说，还是真有其人？南诏大理国时期来此弘化佛教的天竺僧人不止一位，其姓名难考其详，法术各有差别（见表 3-1）。明景泰二年（1451 年）的《段生碑》称，最早在大理传布密教的梵僧（"观音大士"）是在唐贞观三年（629 年）由天竺国北上而来的，[①] 在元明以降的各类文献中，这位天竺梵僧又被称为胡僧、西僧、天竺僧、莲冠老僧、阿咤力、阿阇梨、阿左梨、阿拶哩，其常用法术如祈晴祷雨、驯龙息患、遣鬼驱邪可远溯至古印度婆罗门的瑜伽密宗传统，这类怪乱诡谲的神迹是构成中古时期云南佛教故事的主要成分。

表 3-1　文献所见"梵僧"化身变现事迹

姓　名	事　　迹	文　献　出　处
胡　僧	咸通四年正月六日寅时，有一胡僧，裸形，手持一杖，束白绢，进退为步，在安南罗城南面	《蛮书》卷 10
菩立陀诃	保和二年乙巳岁，有西域和尚菩立陀诃来至我都云："吾西域莲花部尊阿嵯耶观音从蕃国中行化至我大封民国，而今安在？"	《南诏图传》；《万历云南通志》卷 17 "杂志"
赞陀崛多	1. 赞陀崛多神僧，蒙氏保和十六年自西域摩加（陀）国来，为蒙氏崇信，于鹤庆东峰顶山，结第入定，慧通而神。至天启二年，僧悯郡地大半为湖，即下山以锡杖穿象眼山麓石穴十余空泄之，湖水遂消，民始获耕种之利；	《万历云南通志》卷 13 "鹤庆军民府"、《南诏野史》《滇释记》《徐霞客游记·滇游日记六》

────────────────

① 石钟健：《石钟健民族研究论文集》，北京：民族出版社，1996 年，第 40 页。

姓　名	事　迹	文 献 出 处
赞陀崛多	2. 佑女至崇圣寺进香，回至城西，为一乘白马人摄去，寻之不得，佑告于西僧赞陀崛多，多日此山神也，乃设灯照之，果在苍山下，多怒，欲行法移山于河，山神熠，献一宝珠供佛，佑乃已； 3. 赞陀崛多尊者，又云室利达多，西域人……游化诸国，至鹤庆，又于腾越州，住宝峰山、花洞山二处，阐瑜伽法，传阿咤力教； 4. 土人云昔有神僧倔多尊者，修道东山峰顶，以鹤川一带，俱水汇成海，乃发愿携锡杖念珠下山，意欲通之	
白胡师／白须师	1. 唐龙纪间（按南诏隆舜时），南诏大旱三年，人民饥馑，求雨不应，诏闻西天竺有白胡师者，有祈雨法，乃沐浴斋戒，焚疏请之，白胡师应感而至，国人感悦，设坛请祈，但见阴云密布，欲雨不雨者数日，而白胡师以竹竿刺云，雨滴随杆下； 2. 白须师，西竺人，居赵州之阳曲村，时多蝇蛙，以咒驱之	《万历云南通志》卷13"大理府仙释志"、《万历赵州志》
摩伽陀	1. 摩伽陀，天竺人，蒙氏时卓锡于腾冲长洞山，阐瑜伽教，演秘密法，祈祷必应。至今云南土僧阿咤力者皆服其教； 2. 大唐己丑，大摩伽陀始从中印土至苍洱之中，传此五密秘，名为教外别传，即蒙氏第七世异蒙习之代也； 3. 蒙盛罗时，天竺人摩伽陀，阐瑜伽教，传大理阿左梨辈，而赵氏与焉	《万历云南通志》卷13"大理府仙释志"、《大师陈公寿藏铭》《龙关赵氏族谱》
韩陀僧	阁陂和尚及凤妃白氏行妖术，展帕拍手而笑，韩陀僧用钵法，以故唐兵再败	《南诏野史》
李成眉	吾师李成眉贤者，中天竺人也……长庆间游化至大理，大弘祖道	《滇考》卷11
南诏七师	杨法律、董奖匹、蒙阁皮、段道超、张子辰、罗逻奇、李畔富（按即阁陂和尚），皆西天竺人，先后为南诏蒙氏礼致，教其国人，号曰七师，常讽诏尊唐，诏于其言，或用或不用，然知其无他，益信遇不衰	《万历云南通志》卷13"大理府仙释志"

考察南诏大理国时期在洱海地区活动的僧侣，地方文献中出现频率最高的当属赞陀崛多（Candragupta）。关于赞陀崛多其人，《僰古通记》、胡蔚本《南诏野史》等均记载其来自北印度的摩伽国（Magadha），一路行化至吐蕃圣峰寺修行，在保和十六年（839 年）南下至南诏境内，以瑜伽密法行神迹，并于鹤庆东峰顶山结第入定，南诏劝丰佑奉其为国师，并将皇妹越英公主嫁予其为妻，属民"皆服其教"。[①]《张胜温梵像卷》第 56 开绘有赞陀崛多坐像（见图 3-12），一位深目高鼻的梵僧结跏趺坐，座下蹲坐一犬，这一"梵僧带犬"的造型与《南诏图传》第四化、剑川石窟狮子关区 10 号窟的梵僧形象可谓是同出一源。不过，佛教正统典藏对于赞陀崛多的来历却言之不详，倒是多有提及另一位来自摩伽陀国的僧侣"阇那崛多"。道宣《续高僧传》提及六朝时"阇

图 3-12 《张胜温梵像卷》赞陀崛多

---

① 王叔武：《云南古佚书钞》，昆明：云南人民出版社，1996 年，第 68 页。

那崛多"来华传法；法云《翻译名义集·梵语第一》云"阇那崛多，此言至德，北印度人，刹帝利种……周武帝时，译普门在颂"；河北房山县藏经洞的石经刻石中有隋朝刻石《大法炬陀罗尼经》，经名下书刻"隋阇那崛多等译"；《大正新修大藏经》收录此经也称译者为阇那崛多。那么，云南地方文献中反复出现的"摩伽陀神僧赞陀掘多"会不会是段氏大理国时期的阿吒力僧伪托"阇那崛多"的结果？[1] 另外，罗炤的研究指出，对照《宋高僧传·僧伽传》的记载，也不排除《南诏图传》第六化中"梵僧腾空乘云，化为阿嵯耶像"的记载是从僧伽（628—710 年）"现十一面观音形"的神迹故事中衍生所致的可能性，[2] 这种看法是颇有见地的。总之，由于材料所限，赞陀崛多的身份谜团在现阶段只能存疑，还需要更多史料的加入才可能得出更为确凿的结论。

作为观音应化之身的"梵僧"在段氏大理国时期成为祖源表述和诠释的主角，这与"在家僧"制度的建立是分不开的。南诏皮罗阁时期（？—751 年）官方下令"仿乾竺婆罗僧，求佛而在家者"，设置类似印度的"在家僧制"，这一制度在段氏大理国时期臻于成熟，其僧以咒法行教，主要修行方式是南天金刚顶派的"瞻礼圣容"。[3] 师僧和释儒多出自贵族世家，身兼僧职与行政职务，既修习梵僧所传密法，又拥有清平官、布燮、坦绰等俗世官衔，入朝参与国家政务。[4] 僧侣阶层对于祖先来源的表述大抵攀附阿嵯耶观音的故事，以示其观想、持咒、修法的种种仪轨皆是来自天竺观音的亲授，于是就有了"观音化身梵僧"之说广为流布。

阿嵯耶感应故事和梵僧神异故事在南诏大理国的传播，促成了热烈的造像活动。王室和洱海一带的名家大姓营建佛教造像龛、摩崖龛的历史绵延数百年

---

① 杨延福：《对〈张胜温画卷〉的浅见》，赵怀仁等编《大理民族文化研究论丛》（第三辑），北京：民族出版社，2006 年，第 180 页。

② 罗炤：《隋唐"神僧"与〈南诏图传〉的梵僧》，赵怀仁等编：《大理民族文化研究论丛》（第三辑），北京：民族出版社，2006 年，第 90 页。

③ 《大师陈公寿藏铭》（1493 年），杨世钰主编《大理丛书·金石篇》第 10 册，北京：中国社会科学出版社，1993 年，第 69 页上。

④ 张锡禄：《大理白族佛教密宗》，昆明：云南民族出版社，1999 年。

之久，在北起剑川、西达保山、东至昆明、南抵四川凉山的区域里，分布有剑川石钟山石窟、安宁法华寺石窟、金华山摩崖石刻、保山卧佛寺石刻、晋宁摩崖石刻、凉山博什瓦黑石刻等多处石窟寺造像遗迹。南诏大理国的石窟寺造像囊括了王室成员、诸佛菩萨和供养人群体，形制兼具汉地显宗佛教系统与西藏密宗佛教系统，是研究南诏大理国历史、宗教、社会风俗、族群关系和文化认同等问题的资料库。

剑川石宝山石窟是我国最南端的一处石窟寺造像群，在其开窟造像的鼎盛期，中国北方的石窟寺艺术已走向式微，独有滇西一枝独秀。石宝山位处云南西北部连接川、滇、藏的咽喉要地，既是战略上的交通孔道，又是两爨部族对抗吐蕃势力的前线，其宗教造像体系大量接受了来自康藏地区密宗佛教因素的渗透，除了有汉地佛教石刻艺术的特征之外，也出现了不少密宗造像和藏文题记。

剑川石窟狮子关区 10 号窟保留有一躯大理国时期的梵僧立像（见图3-13），造像通高 168 厘米，面朝东南，有圆形头光，头覆二层方形赤莲冠，额际有白毫，眉呈弯月，两眼细长。鼻宽且塌，颧骨突出，两耳垂肩，双肩宽平。内着交领衫，外披袒右式袈裟，右肩有弧形偏衫衣角。躯体阴刻衣纹，左臂曲至胸前，手提带盖净瓶，瓶中部有环形饰物；右臂曲伸向上，手结怖魔印。双足分立，着短筒翘头靴。左脚旁雕一犬，颈戴环圈铃铛，弓背回首作反顾状。[①] 浮雕旁有石刻文字"紫石云中。信境兰若。盛德四年。六月七日造像。施主工匠金榜。杨天王秀创"，从"盛德四年"的榜题可以推断该窟开凿于南宋孝宗淳熙六年（1179 年），属大理国段兴智时期的造像。在造型上与这一梵僧像十分相似的是《南诏图传》第五化"外道慑服"（见图 3-14），梵僧左手持净瓶，右手执柳枝，回首微笑，追赶者所射箭簇落地，兵器尖端皆现莲花，很可能 10 号窟的梵僧形象是以《南诏图传》为母本雕凿而成的。

---

① 北京大学考古学系、云南大学历史系"剑川石窟考古研究课题组"：《剑川石窟——1999 年考古调查简报》，《文物》2000 年第 7 期，第 71—854 页；田怀清：《剑川石钟山南诏、大理石窟考察》，国家民委民族问题五种丛书云南省编辑组：《白族社会历史调查》（4），北京：民族出版社，2009 年，第 297 页。

图 3-13　剑川石窟狮子关区 10 号窟"观音幻化梵僧像"　　图 3-14　《南诏图传》第五化"外道慑服"

　　四川凉山彝族自治州昭觉县的博什瓦黑，于 1958 年发现一组刻在巨大光滑岩石上的南诏大理国时代摩崖石刻画像，总面积超过 440 平方米，大型石刻共二十多幅，许多画幅长达十米以上，其中最精彩的"礼佛图"甚至达到了 21 米，内容主要以佛教密宗造像为主，有释迦、观音、四大天王、明王、菩萨、供养人像等等。[1] 多位梵僧的形象就出现在博什瓦黑石刻中。编号 81404 的摩崖石刻上所见梵僧阴线造像，其人光头长须，身着袈裟，有圆形头光，左手执军持于胸前，右手施无畏印，结跏趺坐于莲台之上。梵僧左侧有一犬，犬足践蛇。

　　对照传世绘卷，《张胜温梵像卷》第 56 开梵僧像（见图 3-15）榜题【赞陀掘多】，其人深目高鼻，络腮胡须，结跏趺坐，座下蹲坐一犬；《张胜温梵像

① 陈明芳：《试论博什瓦黑石刻的族属、年代及其特点》，《中山大学学报》1982 年第 2 期，第 49—57 页；凉山博什瓦黑石刻画像调查组（黎家芳执笔）：《凉山博什瓦黑石刻画像调查简报》，《中国历史博物馆馆刊》1982 年第 4 期，第 128—136+141 页。

卷》第58开梵僧像（见图3-16）榜题【梵僧观世音】，其人金面有须，戴赤莲冠，与《南诏图传》第三化所绘梵僧（见图3-17）几乎完全一致；《张胜温梵像卷》第86开"建囵观世音"（见图3-18）又与《南诏图传》第三化持钵梵僧（见图3-19）相近，有明显的摹绘痕迹。总体来看，梵僧造像的面容特征与《旧唐书·西戎天竺传》所载"（天竺）人皆深目长鼻"是一致的，其手持的军持（净瓶）也是天竺僧人典型的随身法器。另外，《张胜温梵像卷》在整体上呈现出多层

图3-15 《张胜温梵像卷》第56开梵僧像

图3-16 《张胜温梵像卷》第58开梵僧像

图3-17 《南诏图传》第三化梵僧像

图 3-18 《张胜温梵像卷》第 86 开"建圀观
世音"　　图 3-19 《南诏图传》第三化持钵梵僧

次的对称结构，以中段"佛会图"为圆心，两侧分列"大理圣教"和"中土禅宗"，[1] 在第 86 开将阿嵯耶观音绘为主尊，与汉地显教普门品诸变相同列一席，在布局结构上显然也是为了凸显大理国所崇奉的密教诸尊是"天竺佛教"的余脉。

梵僧观音信仰不仅广泛存在于南诏大理国的五百年之中，甚至在 13 世纪以降的云南民间艺术中依然有迹可循。1953 年剑川县丁卯城村北本主庙遗址出土一龛"卫国圣母与梵僧观音"石雕（见图 3-20），它是由段氏施主捐资所造，龛高 81 厘米，宽 93.4 厘米，深 10.6 厘米，龛内浮雕造像共计六躯，主像为一男一女，男像头戴帷帽，内衣左衽，外着袒胸衣，左手持钵置于腹前，右手结降魔印曲陈胸侧，半跌坐，一足着僧鞋，座前卧一犬。女像头戴宝冠，项

---

① 罗庸：《张胜温梵画瞽论》，转引自方国瑜《大理国张胜温梵画长卷跋》，《方国瑜文集》第二集，昆明：云南教育出版社，2002 年，第 620 页。

图 3-20　剑川县丁卯城村北本主庙"卫国圣母与梵僧观音"石雕

挂璎珞垂胸，左衽系裙，两手入袖，结跏趺坐于须弥座上。两尊主像之间有三行榜题，左行铭文"大圣威静边尘卫国圣母位"，中行"成化六年岁次庚寅仲秋八月良旦立"，右行"南无建国梵僧观世音菩萨"。

　　石雕采用男女对坐的合龛造像形制，在当地又俗称"观音老爹"和"观音老母"，有"夫妻同坛"之名。[①] 这类"夫妻同坛"的造像是云南本主造像中一种固定的构图程式，又见于剑川石窟狮子关区 11 号窟细奴罗夫妇石像（见图 3-21），以及牟平村本主庙中供奉的明代"赤男灵昭威光景帝"木雕本主像（见图 3-22）。根据丁卯村石雕背后的铭文记载，它是在明成化年间由本地段氏施主捐资所造，两尊主像之间又有三行榜题，左行铭文"大圣威静边尘卫国圣母位"，中行"成化六年岁次庚寅仲秋八月良旦立"，右行"南无建国梵僧观世音菩萨"。据随祭《诰文》所载，这位嫁给梵僧的"卫国圣母"就是邓赕诏王妃"柏洁"，康熙《剑川州志》提到该地有供奉卫国圣母的"土主庙"（又称"灵妃庙"），即是今天剑川县东岭区甸心村、通龙场和神登等村寨供奉"柏洁

---

① 杨政业：《"卫国圣母与梵僧观音"石雕造像辨》，《大理文化》第 4 辑，1993 年，第 56—58 页；李东红：《大理地区男性观音造像的演变》，《思想战线》1992 年第 6 期，第 58—63 页。

图 3-21　剑川石窟狮子关区 11 号窟细奴罗夫妇石像

图 3-22　牟平村本主庙明代"赤男灵昭威光景帝"木雕本主像

圣妃"的本主庙。[①]可见，丁卯村石雕沿用的是一个古老的"僧俗联姻"的象征系统。[②]

人类学的民族志调查显示，古代印欧文明中普遍存在一种"神圣君权来自外部"的政治哲学，围绕它产生的文学母题将部落社会中的国王刻画为一个陌生人，他在被土著接纳之后转变为一地之主。[③]以"梵僧观音"为主角的南诏大理国祖先故事也包含这一文学母题，只不过它的地域特殊性在于，接纳和归化的过程是通过变"梵僧"为"本主"完成的。建立南诏的氐羌系乌蛮部族素有土主信仰（又称"鬼主""本主"），白语称"本主"为"武增"，汉语意为"我们的主人"，在文献中又多有"本境恩主""本境福主""本方之主""本郡之主""众姓之主""大圣甸主"等称谓。[④]滇西地区哀牢夷有始祖神话"九隆感生"，具体起源时间已难考其详，最早见载于东汉永昌郡上计史杨终所著《哀牢传》，该书后佚，仅存"哀牢世系"和"东汉通博南、兰仓"两条，收录于佚名《永昌郡传》之中，范晔《后汉书·南蛮西南夷列传》因抄录《永昌郡传》而保留了对"九隆神话"的完整记录，这一故事又被云南本地文献《白古通纪》所转录。"九隆感生"就与联姻的主题有关——天竺国阿育王第三子"骠苴底"追赶白马来到滇中，娶永昌郡女子"沙壹"为妻，生下九子，支裔蔓衍，是为东爨乌蛮和西爨白蛮之始祖。[⑤]

与口传神话相类，滇中世家大姓在碑铭谱牒中也往往提及本姓先祖的联姻之事，这种有关祖先来源的历史叙事，深刻影响了本地世家大族在后世的身份定位和文化认同。明永乐十八年（1420年）的《大阿捴哩杨嵩碑》称："其先有杨珠、杨珠觉二师，本天竺国婆罗门之种族也。观音定国之初，先建榉榆

---

① 田怀清：《大理白族本主信仰调查之二》，国家民委民族问题五种丛书云南省编辑组：《白族社会历史调查》（2），北京：民族出版社，2009年，第181页。
② 连瑞枝：《王权、系谱与婚姻——从云南洱海地区佛教传说的结构谈名家的形成》，林超民等编：《南诏大理历史文化国际学术讨论会论文集》，北京：民族出版社，2006年，第406—408页。
③ ［英］萨林斯：《历史之岛》，蓝达居、张宏明译，上海：上海人民出版社，2003年，第105页。
④ 杨政业：《白族本主文化》，昆明：云南人民出版社，1994年，第3页。
⑤ （元）张道宗：《纪古滇说集》，王崧：《云南备征志》，李春龙点校本，昆明：云南人民出版社，2010年，第306页。

二城，请二师从西来……其后七世之孙杨名寿……请之以为瑜伽选官，赐以金兰法衣，重以公主妻之。"①南诏大理国的密教师僧能够合法地娶妻生子且世袭宗教头衔，这一传统与滇中流行的天师道信仰不无关联。陇蜀之间的氐羌族系自汉末以来信奉五斗米道，此派在巴汉地区及滇北流传甚广，南诏大理国的两爨部族沿袭氐羌旧习，素有三官信仰。蒙元帝国在云南设行省、倡儒学之前，"云南未知尊孔子，祀王逸少为先师"，天师道书圣王羲之庙遍布滇中。这透露出南诏大理国宗教信仰体系中与密宗佛教长期并存的道教痕迹，由此亦可见滇密阿吒力教的杂糅特征。

　　视觉文本具有的较为直观而迅捷的传播效力，在塑造和巩固身份认同的问题上往往能直指人心。洱海滇池一带存世谱牒和元明时期火葬墓碑刻，可以帮助我们检验大理国时代"其迹遍滇中"的梵僧图像与神话，是如何以一种幽微而深远的方式影响了白蛮大姓对于祖先历史的认知。大理国世家大姓（如杨氏、张氏、董氏和段氏）将先祖世系追溯至天竺佛国，以"天竺梵僧"作为本族世系的起点，自称"婆罗门种""西天梵僧"或"阿育王"后裔，如明永乐十八年（1420 年）的《大阿拶哩杨嵩碑》云："其先有杨珠、杨珠觉二师，本天竺国婆罗门之种族也。观音定国之初，先建搽榆二城，请二师从西来。"②明成化十五年（1479 年）《大师杨公碑》云："窃闻密裔，乃西乾净行婆罗门族，始祖法律。"③成化七年（1471 年）《故大密李公墓志铭》："李氏巨门，乃观音菩萨从西干带来，么伽陀来到大理，建立西苍、东洱、上下两关，小奴罗为白皇，皇乃西干阿育王子孙也。后蒙氏十三皇帝，将李氏始祖为国师。"④

　　至此，我们可以在阿嵯耶观音像和南诏大理国的祖先历史叙事之间建立起

---

① 石钟健：《大理明代墓碑的历史价值——〈大理访碑录〉代序》，《石钟健民族研究文集》，北京：民族出版社，1996 年，第 39 页。

② 石钟健：《大理明代墓碑的历史价值——〈大理访碑录〉代序》，《石钟健民族研究文集》，北京：民族出版社，1996 年，第 39 页。

③ 石钟健：《大理喜洲访碑记》，赵寅松主编：《白族文化研究》，北京：民族出版社，2007 年，第 61 页。

④ 国家民委民族问题五种丛书云南省编辑组：《白族社会历史调查》（4），北京：民族出版社，2009 年，第 238 页。

横向联系。阿嵯耶观音与观音应化的梵僧形象在南诏大理国频频出现，为我们寻求滇中两爨部族对祖源和佛教王权的"自我表述"提供了重要的线索。由图像表达的社会群体的区分，是划分滇文化与北方汉地文化的最明显形式。阿嵯耶观音的造像与绘画揭示出，滇中政权的维持与运转、统治阶层对世系的想象与表述，均以东南亚的文化渊源为指向。天竺的阿嵯耶观音为中古时期云南的佛教王权提供了一个遥远而神圣的开端，这成为在中央帝国直接治理区域秩序的范围之外，重新定义南诏大理国族群身份的关键要素。

对于图像资料的现有研究已经表明，佛教王权应该处于理解南诏大理国文化的核心，尽管西南地区在经济、政治制度和文学艺术等方面都受到中原汉地文明的辐射，但南诏大理国建国意识形态的基调是由多方文化因素合力奠定的，来自北方的汉地显宗佛教只是其中之一。将视线从"唐宋中心"转移到"南诏中心"，从大一统的中原王朝史观转移到族群本位的地域史观，我们就可以对阿嵯耶观音信仰在区域社会中的历史意义有更进一步理解。至迟在南诏晚期，阿嵯耶观音和应化梵僧就已成为洱海地区佛教神话与视觉再现的基本母题之一。南天密教的圣像自上而下地被地方社会挪用移植，经历了一个显著的"云南化"过程，在此过程中，来自远方的神圣祖源被纳入"本境土主"的地方信仰框架下，观音被改造为娶妻生子的"观音老爹"，从天竺神祇变身为区域守护者，逐渐发展出具有民族性特质与风貌，兼具正统与民间的两重身份，并衍生出有关祖先来源的神话历史叙事。换言之，处于吐蕃、中南半岛佛教国家和唐宋政权夹缝中的南诏大理国并不仅仅是汉地文明的被动接受者，而是借助东南亚佛教传统主动散布文化辐射力。在政治精英对于身份和王权合法性的定义、想象与表述中，对天竺阿嵯耶观音的崇奉占据着中心地位。在这个意义上，南诏大理国的地域意识与族群身份与其说是纯粹客观的分类或事实，毋宁说是建立在群体主观认同上的对现实的建构。

这当中尤其值得注意的是，地方社会的阿嵯耶信仰糅合了精英文化和民间文化两种不同的传统，二者既有不同的范型和表现形式，又相互影响和渗透。由此我们可以考察标准化的神明崇拜与民间信仰之间的复杂关系，以及族群内部的知识精英在这种关系中所扮演的角色。

造像绘画的视觉符号令阿嵯耶观音的感应示现故事获得了一种民俗表达形式。来自印度的梵僧观音在南诏大理国被改造为娶妻生子的"观音老爹"，衍生出诸多"本主"故事，这个过程揭示的是一个"正统化神祇"如何自上而下地被地方社会挪用，并继而转变为一个民间神的过程，我们可以由此来考察作为国家意识形态的标准化神明崇拜与民间神信仰之间的关系，以及知识精英在这种关系中扮演的角色。民间在接受大传统宗教的标准化解释的同时，也必然会按照自己的世界观和认知方式来重新定义它。也就是说，民间社会对宗教象征的接收过程，常常也是一个把它改造为民间宗教象征的过程。①

---

① 刘志伟：《神明的正统性与地方化：关于珠江三角洲北帝崇拜的一个解释》，中山大学历史系编：《中山大学史学集刊》（2），广州：广东人民出版社，1994年。

第四章

阿育王神话与层累叠加的祖源叙事

印度佛教故事随着佛典的翻译而大量进入中国，[①] 阿育王故事是其中之一。
阿育王（Aśoka，公元前 268—232 年在位）是中印度摩羯陀国（Magadha）孔
雀王朝（Maurya）的第三世君主，其生平和崇佛弘法事迹主要见载于西晋安
法钦译《阿育王传》、萧梁僧伽婆罗译《阿育王经》、苻秦昙摩难提译《阿育
王息坏目因缘经》、元魏吉迦夜共昙曜译《付法藏因缘传》等教史经典中，多
呈现为传记的文本形态；除此之外，佛教史传和注疏（如法显《佛国记》、玄
奘《大唐西域记》等）也多有提及。在南诏大理国治理云南的五百年间，佛
教盛行一时，阿育王故事借助汉文佛经的播布和僧侣的讲经说法而在民间广
为流传。相较于佛经，南诏大理国的阿育王故事出现了显著的"地方化"变
异，被嫁接到本地始祖神话的体系中，成为解释祖先来源和南诏建国的标准
版本。

　　云南的阿育王神话为中印古代文化交流提供了新证，也为我们研究中国南
方民族与东南亚佛教传统的往来融合、滇中独有的地域认同如何经历"层累叠
加"的过程等问题，提供了来自民间和族群主位的样本。本章对云南阿育王神
话各个组成要素进行剥离，考察特定的地域历史与风俗信仰如何造成了经典的
通俗化变异；同时把阿育王神话还置于其所属的区域脉络中，将这一文学文本
视作一类有关南诏大理国历史叙事的"地方性话语"，由此探讨当地治理精英
与普通民众如何通过讲述阿育王神话，来对云南古史、祖先来源进行表述，这
样的表述又揭示出什么样的地域性集体心态与族群身份的主观认同。

　　根据云南本地史乘方志的记载，阿育王纵神骥至滇，命其三子追赶，三子
滞留云南不归，化为山神，分别成为金马碧鸡神和妙香国之主，后裔蔓延，其

---

① 季羡林：《佛经故事传播与文学影响》，《比较文学与民间文学》，北京：北京大学出版社，
1991 年，第 175 页。

中一支与土著女子沙壹成婚，生"九隆"，为南诏始祖。各本阿育王故事的内容虽有些许差异，但其情节则是大同小异。总的来看，这一故事是由如下核心情节连缀组成的：王子封滇故事、兄弟追白马故事、金马碧鸡山神故事和九隆感生故事。笔者将运用划分情节类型的方法，逐一解析这四个故事的原型、衍生与变异，以及它们出现"层累叠加"的时间和原因，从宏观的角度探讨阿育王故事的叙事形态在其流变过程中如何受制于文本所扎根的语境，又如何反向塑造了语境本身。

第一节 "王子封滇"神话

阿育王早在南诏时期就已是僧众熟知的佛教人物了（见图 4-1），云南的阿吒力教经典和大理国写经残卷对其宣教事迹的叙述很明显受到汉译佛典的影响。除了地方佛教资料之外，滇中方志、史书也多有提及阿育王在苍山洱海修造梵刹塔寺之事："大理塔基有数百处，皆阿育王所建旧址也。"[①] 佛图寺塔"源自无忧王遣使臣张罗造浮屠八万四千，此其一焉"。[②]

阿育王子入滇一事，最早见载于元人张道宗《纪古滇说集》：

（周）宣王时，西天竺亦有国曰摩耶提。乃王也，是净梵王摩耶之后裔也。摩耶提名阿育，生三子，长曰福邦其名也，次曰宏德，季曰至德。三子俱健勇，因父阿育王有神骥一匹，身高八尺，红鬃赤尾，毛有金色，三子共争之。王莫能决……乃命左右曰：将我神骥纵驰而去，有能追获者主之。乃一纵直奔东向而去，三子各领部众相与追逐。其季子至德先

---

① （清）吴大昕：《滇南闻见录》上卷"佛国"条，方国瑜：《云南史料丛刊》第12册，昆明：云南人民出版社，2001年，第7页。

② （明）赵纯一：《重修佛图塔记碑》，大理市文化丛书编辑委员会编：《大理市古碑存文录》，昆明：云南民族出版社，1996年，第379页。

至滇之东山，而获其神骥，就名其东山以为金马山。长子福邦续至滇池之西山，闻季子已获其马，停憩于西山之麓，忽有碧凤呈祥，后误目山曰碧鸡，次子宏德后至滇之北野①。

三子追白马至云南，为哀牢夷所阻，无法返国，阿育王令其舅氏前去援救，不料四人均滞留于此，遂"归滇各主其山"。元代之后各类滇中典籍对"王子封滇"的叙述大致都沿循了《纪古滇说集》所奠定的"三王子追马至滇，封神开国"的内容。

事实上，阿育王子的名号与子嗣继承关系在佛教史上是一个长期悬而未决的谜题。佛典中出现频率较高的王子有两位，其一是摩哂陀（Mahinda），他出生于古印度西北乌阇衍那（Ujayana），在公元前246年前后，任阿育王弘法第九使团之首，率领四位比丘前往楞伽（今斯里兰卡），与锡兰天爱帝须王在弥沙迦山相见，宣讲《象迹喻小经》，王从此皈依佛教，摩哂陀入王宫受供养。② 其二是驹那罗（Kumava），《阿育王传》卷三《驹那罗本缘》记载阿育王派遣其率部出征乾陀罗："时北方有国名乾陀罗，其国有城名得叉尸罗，彼城人民叛逆不顺，王躬欲往讨伐其城，辅相谏言：王不须往，可遣一子征抚而已。王便问子驹那罗言：汝能伐彼得叉尸罗国不？答曰：能伐。"③ 这位王子以得叉尸罗城（Taxila）为其封地，后被挑去双目。驹那罗也被称作"阇劳伽"（Kuṇāla），汉译"法益"，《阿育王息坏目因缘经》云："法益圣王，力气康强，恒以正法，恤化西方。"④ 玄奘《大唐西域记》卷12"瞿萨旦那国"条云："无忧王太子法益在旦叉什罗被掘目已，无忧王怒遣辅佐，迁其豪族出雪山北，居

① （元）张道宗：《纪古滇说集》，王崧：《云南备征志》，李春龙点校本，昆明：云南人民出版社，2011年，第306页。
② （萧齐）僧伽跋陀罗译：《善见律毗婆沙》卷二，宝唱《经律异相》卷十六"摩哂陀化天爱帝须王十一"条，上海：上海古籍出版社，1988年，第87页上、中。
③ （西晋）安法钦译：《阿育王传》，《大正新修大藏经》第50卷，No. 2042，台北：新文丰出版公司，1983年，第108b页。
④ （苻秦）昙摩难提译：《阿育王息坏目因缘经》，《大正新修大藏经》第54卷，No. 2145，台北：新文丰出版公司，1983年，第174c—175a页。

图 4-1 成都万佛寺遗址出土阿育王像

荒谷间，迁人逐物至此西界，推举豪酋，尊立为王。"①

按照古印度孔雀王朝的惯例，王子通常受任为地方总督。印度存世的阿育王石柱第十三柱铭文也记载了当时全国各地遍建伽蓝，阿育王从首都派遣"达摩摩诃马陀罗"到邻国及诸侯国内弘法，②使佛教势力蔓延出恒河流域。弘法使团是否北上至云南境内，现今没有一个令人信服的一致结论。一种意见认为，第六使团以摩诃勒弃多（Mahārakkhita）为首，携带《迦罗罗摩经》前往润那（Yona），第八使团以须那（Sona）和郁多罗（Uttara）为首，前往金地（Suvarnabhumi），即孟加拉和下缅甸地区，有学者考证润那和金地就包括今天云南省的西双版纳。③

我们在佛教典籍中无法找到阿育王纵马至云南或王子入滇为王的相关记载，相较之下，云南本地志乘史书对这两件事却是言之凿凿。大理国时期相国高氏家族的后人高奣映所撰《鸡足山志》卷一引《五灯会元》，叙述僧人优波毱多（Upagupta）偕阿育王渡西洱河，诣鸡足山，二人亲临大理妙香城"乘空敬礼迦叶尊者"，具体时间是在"周宣王三十五年戊申"：

① （唐）玄奘：《大唐西域记》卷十二，北京：中国藏学出版社，2006 年，第 533 页。
② 崔连仲等选译：《古印度帝国时代史料选辑》第十六号道利文本，北京：商务印书馆，1989 年，第 72 页。
③ 韩廷杰：《南传上座部佛教概论》，台北：文津出版社，2001 年，第 263—264 页。另外，据保存在西双版纳勐混总佛寺的《佛教史话》记载，公元 615 年，佛教徒从缅甸的孟族地区来到西双版纳，在景洪建立了第一座佛寺"瓦巴姐寺"。

阿育王，产西海之摩竭陀国。父频头婆罗王。生阿育时，其母得大轻安，故名无忧……其种族曰孔雀，名阿育王，王南阎浮提……《佛国记》纪摩竭提国中有巴连弗邑，是阿育王所治城，王能役使鬼神垒石作墙，人民赖之。巴连弗邑谓即大理府之喜洲。今大理以石垒墙，坚久弗坏，犹感往昔神力之所致。其先有佛大弟子优波瑰多，阿育王礼请为师。闻佛遗言，我当大兴佛事。于是优波毱多谓王曰：昔劫中有法涌菩萨在妙香城，以无上菩提授常提长者，称名观世音，于彼方教化其地，河山秀异，有苍山洱水之奇。王至彼国，可如王所欲。尊者遂大显神力，天龙八部，赞叹围绕。比至妙香国，欲建八万四千浮屠，遍南阎浮提……此盖阿育王至妙香国，为周宣王三十五年戊申事也……优波毱多悉以神变授王乃谓王曰：去此有鸡足山，有佛弟子摩诃迦叶遵奉佛敕，定石窟中，捧衣以待弥勒出世。偕王礼之，王乃西渡洱河，同尊者诣鸡足山，舍岸，临险山，唯石壁绝立。几登其巅，临之目眩。投足无所，王暨尊者运其神力，乘空敬礼，宣通三宝，务令边人识法。礼竟而后依迦叶遗义，取土洗手而去。尊者谓王曰：我当葬母于越析之南，还亦不久示寂。今鹤庆有掬多尊者葬母之古迹存焉。尊者其时又谓王曰：我当还西天竺国，传法提多迦，至五十年后当归，同十七贤人相继示寂于碧鸡山。[①]

清代僧人寂裕刊刻的《白国因由》（1706 年）一书，则在阿育王和王师亲临妙香城的基础上添加了"王子封滇"的内容：

一日，王与师优波毱多点视其塔，至白国阳南村造塔所，乃问师曰："此国山清水秀，有何灵迹？"师曰："此处古称灵鹫山，释迦如来为法勇菩萨时，观音为常提菩萨时在此地修行。常提菩萨求法殷勤，法勇菩萨将

---

① （清）高奣映：《鸡足山志》卷一，芮增瑞校注，昆明：云南人民出版社，2003 年，第 51 页、293 页。

无上菩提心宗在此尽传。后来，观音菩萨当来此处，去怪建国，王可令太子镇此地。"王有三子，遂封孟、季于鄯郸，封仲子骠信苴于白国……骠信苴号神明天子，即五百神王也。[①]

可以初步确定的是，阿育王子与"云南"的关联在很大程度上是由"乾陀罗"这一地名所致。法显《佛国记》云"乾陀罗"正是阿育王子法益（Kuṇāla）所治处，《付法藏因缘传》《阿育王经》《阿育王传》都有关于他在此地活动的详细记载。从元代开始，"王子封滇"之说逐渐定型。通过《纪古滇说集》《白古通纪》[②]和明清时期地方志、文人笔记的反复转抄，这一情节单元的内容愈加丰富，并与云南诸多地方政权的开国神话发生了关联。《鸡足山志》卷六载："王依尊者言，令第三子骠苴低主妙香城，以求材智之人为辅，得一十七姓焉，是谓白国。"[③]白国（白子国）存在于南诏之前，国王张氏称"白王"或"白饭王"，《南诏野史》称其祖为阿育王："白子国之先，有阿育国王，能乘云上天，娶天女，生三子，长、季封于金马、碧鸡，独封仲子于苍洱之间，崇奉佛教，不茹荤，日食白饭，人因称为白饭王……张氏传三十三世，至张乐进求。见细奴罗有异相，遂妻以女，传以位，改为大封民国。"[④]也就是说，张氏白子国的始祖是以"苍洱之地"为封国的阿育王子弘德，数代之后，张氏将王位禅让给女婿细奴罗，遂有南诏。这样一来，南诏史和作为"南诏前史"的白国史在时间坐标上都以阿育王为起点，而细奴罗建立的南诏也就间接地承继了阿育王子封滇所开创的祖先世系。

---

① （清）释寂裕刊刻：《白国因由》，大理州文化局：《南诏大理历史文化丛书》第一辑，成都：巴蜀书社，1998 年，第 1—2 页。

② 《白古通纪》是大理地区的白族以白文（僰文）写成的一部古代史书，不著撰人，现存的云南地方文献（《南诏源流纪要》《滇载记》《白国因由》等）和历代云南地方史志均在不同程度上参录演绎《白古通纪》的内容。此书又名《白古通玄峰年运志》《白古通》《白古记》。因"白""僰"同音异写，又被称作《僰古通记》。

③ 侯冲：《白族心史：〈白古通纪〉研究》，昆明：云南民族出版社，2002 年，第 242—243 页。

④ （明）杨慎《南诏野史》，方国瑜：《云南史料丛刊》第 4 册，昆明：云南大学出版社，2000 年，第 774 页。

《南诏图传》中那位牵犬西来的梵僧观音与追马至滇的天竺王子之间，也存在身份上的相似性——他们是外来者，也是征服者，其身世与世系均模糊难考，进入本地土著社会之后，又有种种神异事件加诸其上。阿育王的三位王子入滇受封的故事以"外来王"的神话母题为基型，通常都与某一族群对其始祖来源的解说有关，而那些源头不详的"外地"事实上代表着本地人群在空间上的一种起源认同。①《华阳国志·南中志》记载的"竹王故事"就是一则典型的外来王神话：

> 有竹王者，兴于遁水，有一女子浣于水滨，有三节大竹流入女子足间，推之不肯去。闻有儿声，取持归破之，得一男儿。长养，有才武，遂雄夷。氏以竹为姓……武帝拜唐蒙为都尉，开牂柯，以重币喻告诸种侯王，侯王服从，因斩竹王，置牂柯郡，以吴霸为太守……后夷濮阻城，咸怨诉竹王非气血所生，求立后嗣，霸表封其三子列侯，死，配食父祠。今竹王三郎神是也。②

阿育王三子入滇故事一方面携带着"外来王"母题的叙述元素，另一方面又融入了中国西南地区古老的"兄弟祖先传说"。人类学的民族志调查显示，氐羌族系居住的甘肃、青海、四川（松潘、茂县、汶川、理县和北川）、重庆、湖广等地，普遍流行着同胞兄弟诞生于竹子或葫芦中，成年后分散四方成为各族始祖的故事。彝族史诗《梅葛》记载葫芦里诞生的九兄弟分别成为汉、藏、傣、彝等族的先祖；③贵州威宁龙街区马街公社马街村自称"青彝"的彝族有"竹王"的始祖传说：古时有耕牧之人在岩脚避雨，见几筒竹子从山洪中飘来，取一筒划开，内有五个孩儿，如数收养为子，五人长大之后，一人务农，子孙

111

---

① 王明珂：《羌在汉藏之间》，北京：中华书局，2008 年，第 197—198 页。
② （晋）常璩：《华阳国志》，刘琳校注，成都：巴蜀书社，1984 年，第 340—343 页。
③ 陶立璠等编：《中国少数民族神话汇编·人类起源篇》，北京：中央民族大学出版社，1984 年，第 112—113 页。

繁衍成为白彝，一人铸铁制桦口，子孙发展而成为红彝，一人编竹器，子孙发展成为青彝。[①] 这些来自田野的民族志材料，印证了《后汉书·南蛮西南夷列传》"夜郎"条和郦道元《水经·温水注》中"帝封三子为侯，及死，配父庙"的文献记载。[②]

　　建立南诏国的蒙氏在族属上属于"东爨乌蛮"，是氐羌族系南迁至滇中的一个分支，这解释了南诏建国故事中的"三兄弟追白马"情节为何与上述古籍和西南地区彝语支人群的口承神话有异曲同工之处。相较于甘南、川北一带的羌族和彝族兄弟故事，南诏乌蛮的开国者被认为是来自南方的天竺而不是北方的河湟地区，这可看作氐羌兄弟始祖故事在云南经历"梵化"的结果。在云南本地文献《白古通纪》中，竹王的三个儿子被替换为阿育王的十位后裔，他们长大以后在此地"种类蔓延，分据溪谷"，为六诏之始。这一祖先叙事在清代《三迤随笔》"洱河世族"条当中又衍生出新的情节：阿育王点化西洱河的一对青年，生下九子，分居八方，历千载演为河蛮九部。[③]

　　至于追白马的情节，则应该是滇中"方物故事"的渗透所致。环滇池地区素产名马，《新唐书·南诏传》载："越赕之西多荐草，产善马，世称越赕骏。"[④]《蛮书》卷七也称："马出越赕川东面一带……尾高，尤善驰骤，日行数百里。本种多骢，故代称越赕骢，近年以白为良。腾充及申赕（今龙陵、潞西北部）亦出马，次赕，滇池尤佳。"[⑤] 汉安帝时，益州郡置万岁苑，在越隽置长利、高望、始昌三苑养马，称为"笮马"，体小而雄峻，尤善山行，后世渐有神骥传说种种，如《华阳国志·南中志》载："章帝时，蜀郡王阜为益州太守，治化尤异，神马四匹出滇池河中，甘露降，白乌现，始兴文学，渐迁其

① 何耀华：《彝族的图腾与宗教的起源》，《思想战线》1981 年第 6 期，第 77—84 页。
② （北魏）郦道元：《水经注》，陈桥驿注释，杭州：浙江古籍出版社，2001 年，第 556 页。
③ 王叔武：《大理古佚书钞》，昆明：云南人民出版社，1979 年，第 18—19 页。
④ （宋）宋祁、欧阳修：《新唐书·南蛮列传上》卷三，王崧：《云南备征志》，李春龙点校，昆明：云南人民出版社，2011 年，第 158 页。
⑤ （唐）樊绰：《蛮书》卷二故实二，王崧：《云南备征志》，李春龙点校，昆明：云南人民出版社，2011 年，第 83 页。

俗。"①《滇略》卷十载："唐蒙氏时，楚雄有野马二，风雨斗于原野，久之化为龙。"②《水经·温水注》载："（滇）池在县西……长老传言，池中有神马，家马交之则生骏驹，日行五百里。晋太元十四年，宁州刺史费统言：晋宁滇池县有两神马，一白一黑，盘戏河水之上。"③滇中许多地点也都因马得名，如"马穴山，汉时有数百匹马出其中……三国时，于此穴又得马数十匹"、④"龙马迹，在州东三里海溪山，传闻滇池产龙驹，昼见于山，夜出于水"、⑤"龙马槽，在（永昌府）州北百五十里江中，有石如槽，旧传南诏时龙马饮于此。龙马窝，在州北十里，人尝见烟雾中有物逐马，走如飞，后村中产骏马，因以名之"。⑥

久而久之，民众在频现祥瑞和灵迹的地点立祠祭祀，《蛮书》卷二载："金马山，在拓东城螺山南二十余里，高百余丈，与碧鸡山东南、西北相对。土俗传云，昔有金马，往往出见，山上亦有神祠。"⑦嘉庆《大清一统志》卷480"山川"云："龙马山在姚州北四十里，叠嶂悬崖，壁立千仞，旧传雨霁时，有神马出没……旧有白马现其上，土人立祠祭祀之，有祷辄应。"天启《滇志》："神马，在县三十里土主庙中。成化间，每夜分有马犯田间禾，乡人以伏弩中之，觅踪至庙，见矢在泥马上，后遂不出。"⑧临安府、永昌府、鹤庆府、姚安府、广南府都有白马庙。云南府有灵应寺，因在金马山下，又名金马

① （晋）常璩：《华阳国志》，刘琳校注，成都：巴蜀书社，1984年，第343页。
② （明）谢肇淛：《滇略》卷十杂略，方国瑜主编《云南史料丛刊》第6册，昆明：云南人民出版社，2000年，第793页。
③ （北魏）郦道元：《水经·温水注》卷三六，陈桥驿注释，杭州：浙江古籍出版社，2001年，第555页。
④ （北魏）郦道元：《水经·沔水注》卷二八，陈桥驿注释，杭州：浙江古籍出版社，2001年，第449页。
⑤ （明）刘文征：《天启滇志》卷三地理志"古迹云南府条"，古永继点校，昆明：云南教育出版社，1991年，第141页。
⑥ （明）刘文征：《天启滇志》卷三地理志"古迹云南府条"，古永继点校，昆明：云南教育出版社，1991年，第146页。
⑦ （唐）樊绰：《蛮书》卷二故实二，王崧：《云南备征志》，李春龙点校，昆明：云南人民出版社，2011年，第83页。
⑧ （明）刘文征：《天启滇志》卷三地理志"古迹澄江府条"，李春龙点校，昆明：云南人民出版社，2011年，第148页。

寺，祭祀阿育王三子景帝至德，"屡著灵异，雨阳疾苦，祈祷辄应"。[1]可见，以金马、白马为核心的这类地域性的圣地故事是民间信仰赖以维持的"底本"。

王子封滇故事中三子争夺白马的情节，我们在佛教经律中找不到任何依据，仅《阿育王传》卷七"阿育王现报因缘第四"中有众妃争夺师子国如意宝珠一事与此稍类，方国瑜认为"追赶白马"很可能就是从"争夺宝珠"蜕化而来。[2]只有将滇中关于方物和佛教圣地的传说纳入考虑，我们才能够理解为何兄弟始祖故事体系中，会横生出一条阿育王三子追白马的线索。

第二节　金马碧鸡神话

金马碧鸡山神是大姚县北境以及盐丰、永仁一带的"土主"，其山神故事在汉晋时期就已广为流传。《汉书·王褒传》提到，汉宣帝时期"方士言益州有金马碧鸡之宝，可祭祀致也。宣帝使褒往祀焉。褒于道病死，上闵惜之"。王褒有《碧鸡颂》传世，云："持节使王褒谨拜南崖，敬移金精神马、缥碧之鸡。处南之荒，深溪回谷，非土之乡。归来归来，汉德无疆。"这是云南金马碧鸡神见诸史载的最早记录。《汉书·地理志》"越嶲郡青蛉县下"注明了金马碧鸡的具体地理位置："禺同山，有金马碧鸡"。《后汉书·西南夷传》也提到"青蛉县禺同山，有碧鸡金马，光景时时出现"。青蛉即今云南大姚、姚安及其附近地区。

东汉以后金马碧鸡之说继续流传。晋时《华阳国志·南中志》"蜻蛉县"条目下称："山有碧鸡金马，光彩倏忽，民多见之。有山神。"《水经注》卷三七、《太平寰宇记·剑南西道》"姚州下"也都提到蜻蛉禺同山中有金马碧鸡

---

① （清）田启光：《重建灵应寺记》，《新纂云南通志》卷164，祠祀考六寺观一"云南府"，昆明：云南人民出版社，2007年，第127页。

② 方国瑜：《云南佛教原始之谬说》，林超民编：《方国瑜文集》（二），昆明：云南教育出版社，2001年，第516页。

之祠。左思《蜀都赋》有句称"金马骋光而绝影，碧鸡倏忽而耀仪"。由此可知晋代以后金马碧鸡已成为滇中广为人知的山神。直至唐代，樊绰《蛮书》卷二中还记录了环滇池一带余风尚存的金马碧鸡崇拜："金马山，在拓东城螺山南二十余里，高百余丈，与碧鸡山东南西北相对。土俗传云：昔有金马，往往出见。山上亦有神祠。碧鸡山在昆池西岸上，与拓东城隔水相对……山势特秀，池水清淡。"[①] 20 世纪昆明城中还有名为"金马""碧鸡"的两座牌坊矗立于街头（见图 4-2）。

图 4-2　法国人方苏雅拍摄的昆明碧鸡坊（1900 年）

金马碧鸡与阿育王子封滇的故事第一次出现交集，是在元人张道宗的《纪古滇说集》中。三位异域王子追赶白马来到滇中，化为山神，屡著灵异，雨阳疾苦祈祷辄应。长子福邦以碧鸡山为封地，谥"伏义山河清邦景帝"，次子宏德封为"灵伏雠夷滇河圣帝"，三子封为"金马名山至德景帝"，舅舅封为"大

---

① 汪宁生：《金马碧鸡之谜》，《汪宁生论著萃编》（上），昆明：云南民族出版社，2001 年，第 722—723 页。

圣外祖神明天子"，各立庙受享。①《纪古滇说集》解释了"金马山"和"碧鸡山"的命名缘由——这是历史人物（阿育王三太子）与"圣地"（本地神山）彼此附会所致。据《水经注》"河水"条和唐人法显《佛国记》载，阿育王所治之城在摩竭提国巴连弗邑，"三子追白马"之事在《后汉书》《华阳国志·南中志》等汉文史籍中均无可考，《纪古滇说集》应是最早在"金马碧鸡"与"天竺阿育王"故事之间建立联系的一部文献。

问题是，既然本地早就有金马碧鸡山神盘踞，为什么阿育王的儿子们还要分封在此，并继续使用土主神的原有封号？官方封神行为的背后隐藏着区域社会历史的变迁：外来的佛教神祇吞并本地"土主神"，夺取其封号，在文学文本层面导致了王子封滇故事与金马碧鸡故事的两相黏附，深层结构则是印度密宗不空羂索观音信仰（Amoghapāsa Buddharāja）在南诏末年和大理国时期广行播布的直接产物。

南诏历史上共有三次针对阿育王子的封神和祭祀行为。总的来看，在金马碧鸡山敕封阿育王子与迁都、改元和征战的关系紧密，正所谓"国之大事，在祀与戎"，通过共享的信仰和仪式实践，南诏统治阶层有效维持了与东南亚佛教文化的统一性。第一次敕封阿育王子为金马碧鸡神，是在南诏第三代君主威成王盛逻皮（712—728 年）统治时期。开元二年（714 年），盛逻皮将国都从细奴罗时代的蒙舍城（今巍山古城村）迁至巄屿图城，册为"天府"；开元九年（722 年）追封阿育王三子一舅，皆谥以帝号；又修建崇圣寺塔、在城中为天竺战神"大黑天"立庙，据《大灵庙记》载："蒙氏威成王尊信大黑天神，始立庙，肖像祀之，其灵赫然。世祖以之，载在祀典。至今滇之人无问远迩，遇水旱疾疫，祷无不应者。"②在盛逻皮一朝，南诏开始系统地接受印度南天密宗佛教。祭祀阿育王三子一舅和崇奉大黑天神是南诏建国意识形态经历"梵

---

① （元）张道宗：《纪古滇说集》，王崧：《云南备征志》，李春龙点校，昆明：云南人民出版社，2010 年，第 312 页。

② （明）王昇《大灵庙记》，龙云、卢汉、周钟岳：《新纂云南通志》卷 94，金石考十四，刘景毛校注，昆明：云南人民出版社，2007 年，第 281 页。

化"的步骤之一。

第二次敕封金马碧鸡神是在第七代君主异牟寻（779—808 年）时期。唐德宗兴元元年（784 年），异牟寻将国都从太和城迁至史城（今大理喜洲），封五岳四渎，为其各立神庙，金马碧鸡神位列其中；贞元十九年（803 年）建妙音寺塔，封福邦为碧鸡景帝，弘德为上匈景帝，至德为金马景帝。[①] 第十三代君主隆舜（877—897 年）即位的第三年（唐僖宗乾符七年，880 年）再一次举行金马碧鸡神的祀典，"（隆舜）幸善阐城，仍为东京，祭阿育王子金马、碧鸡二山景帝及祀神明天子，各立庙，迁都，郊祀山川、社稷二坛于善阐东京城外"。[②] 此庙明代尚存，据天启《滇志》卷 16 载，"府城西碧鸡山麓有碧鸡神庙，祀阿育王长子福邦逐马至此"，府城北虫山之麓则有"天子庙"，祀阿育王次子弘德。[③]

从时间上来看，金马碧鸡神在 9 世纪时正式进入南诏的官方祀典体系。将"有祷辄应"的地方神列入国家祀典，这是政府介入民间宗教生活的重要手段之一。地域性的金马碧鸡信仰升格为一种正统化的意识形态，这一过程在很大程度上是借助本地神对天竺神的攀附来完成的。在世隆和隆舜时期，洱海地区已有定期祭祀阿育王子的风俗，大理城北三十里处的五台峰"有骠信苴神明天子庙，称神都，首奉阿育王第二子及历代五百神王，鸡豚香火甚盛，二月二十四日绕山林会，四方来者数万人，盖为朝拜骠信也"。[④] 这一信仰的背景是南诏晚期佛教及其王权体系中"印度"色彩的日渐加强，这集中体现在统治精英对南天密教阿嵯耶观音的崇奉上。阿嵯耶观音是天竺不空胃索观音信仰的主尊造像，现今文献中对于阿嵯耶观音的记载几乎都与隆舜有关。隆舜为世子时即在巍山掘得阿嵯耶金像；登基后又据"阿嵯耶"之名而改国号为"嵯耶"，

117

[①] （明）刘文征《天启滇志》卷三十一，杂志第十三"金马条"，古永继点校，昆明：云南教育出版社，1991 年，第 1025 页。

[②] （元）张道宗《纪古滇说集》，王崧：《云南备征志》，李春龙点校，昆明：云南人民出版社，2010 年，第 316—317 页。

[③] （明）刘文征《天启滇志》卷 16 "祠祀记"第九"群祀"，古永继点校，昆明：云南教育出版社，1991 年，第 549 页。

[④] 李根源：《胜温集》，赵寅松编：《白族文化研究》，北京：民族出版社，2007 年，第 65 页。

自命"摩诃罗嵯"（Mahārājah），梵语意为"众王之王"，又号"骠信"，为缅甸语之"国王"意。《南诏图传》第七化绘有隆舜接受阿阇梨灌顶仪式、化身成为阿嵯耶观音的场景。该段图像的榜题"摩诃罗嵯土轮王担界谦贱四方请为一家"明确地揭示出隆舜以"轮王"自居。由于阿育王是佛教史上第一位"转轮王"，隆舜以"土轮王"自居并继承转轮王传统（Cakravartin），很可能是取效法阿育王之意。[①] 隆舜之子、南诏末代君主舜化贞更是在全国范围内访求阿嵯耶事迹，正式将这位天竺观音认定为"建国圣源"，[②] 为佛教王权寻求到来自佛国的起点。南诏晚期的阿育王崇拜既是印度佛教信仰走向本地民间的结果，又是区域社会进一步整合到东南亚佛教大传统中的动态过程。在南诏末年建国意识形态的全面梵化之下，滇西北民间的金马碧鸡山神最终与天竺阿育王子合二为一，正式获得了"阿育王子金马、碧鸡二山景帝"的官方封号。

更重要的是，敕封阿育王之子为本地山神，这也揭示出异域的佛教神祇在南诏领土扩张中所扮演的先锋角色。从地域上来看，汉晋时期金马碧鸡山的位置在南诏国都东面的姚州、会理一带，唐麟德元年（664年）姚州始设都督府，府治弄栋城。唐初在此置镇七所，遣蜀兵防守，此地居民以"白蛮"为主（《蛮书》称"弄栋蛮"），除此之外还有"王杨赵李"四姓，为汉族移民和戍边军士的后裔。8世纪初，姚州成为南诏与唐朝拉锯战的主战场之一，阁罗凤（748—779年）即位之后的第三年（天宝九年，750年），南诏完成了对姚州的彻底占领，姚州居民尽被迁出，旧城废毁，阁罗凤在此重新修建弄栋城，据《蛮书》的记载，这一时期整个姚州"悉无汉人，姚州百姓陷蛮者，皆被移隶远处"。[③] 正是在阁罗凤的时代，南诏势力不断东扩，直抵滇东爨氏旧地，与唐王朝产生直接冲突，爆发了历史上著名的天宝战争，并且以南诏取胜而告终。剑川石钟山石窟第二号窟有《阁罗凤议政图》（见图4-3），以多达

---

① 古正美：《南诏大理的佛教建国信仰：中国中世佛教治国意识形态研究》，《从天王传统到佛王传统》，台北：商周出版社，第428—429页、第444页。

② 李霖灿：《南诏大理国新资料的综合研究》，台北故宫博物院，1982年，第43页。

③ （唐）樊绰：《蛮书·云南城镇第六》，王崧：《云南备征志》，李春龙点校，昆明：云南人民出版社，2011年，第100页。

十六人的群像展示了南诏历史上这位极具开拓精神和政治野心的帝王形象，反映出南诏当时鼎盛的国力。

可以看到，随着南诏乌蛮以武力征服姚州白蛮，以阿育王后裔为代表的天竺神祇也完成了对白蛮土主"金马碧鸡神"的吞并，最终将其纳入佛教神谱之中。至迟在 9 世纪中叶，该地自汉代以来流行的金马碧鸡传说就再也不复以独立形态见诸史册，而成为阿育王故事的附属。

图 4-3　剑川石钟山石窟第二号窟《阁罗凤议政图》

119

第三节　九隆感生神话

"金马碧鸡—阿育王传说"的线索在《白古通纪》一书中出现了叙事重点的转移，追赶白马的情节被本地"九隆感生"神话所取代，即阿育王第三子到达永昌之后，娶土著女子"沙壹"为妻，产下十子，最小者九隆为南诏始祖：

> 天竺阿育王第三子骠苴低，子曰低牟苴，一作蒙迦独，分土于永昌之墟。其妻摩梨，羌名沙壹，世居哀牢山下。蒙迦独尝为渔，死池水中，不获其尸。沙壹往哭之，见一木浮触而来，妇坐其上，觉安。明日视之，触身如故。遂时浣絮其上，感而孕，产十子。他日，浣池边，见浮木化为龙，人语曰："为我生子安在？"众子惊走，最小者不能走，陪龙坐，龙因

舐其背而沉焉。沙壹谓背为"九",谓名九隆……厥后种类蔓延,分据溪
谷,是为六诏之始。①

九隆诞生的感生神话本为滇西地区白蛮(西洱河蛮)、乌蛮和昆明夷的始
祖故事,涉及族群包括氐羌、百越和百濮族系的先民,对应的是布朗族、德昂
族、佤族、彝族、白族、傣族等云南地区少数民族,但目前只有白族还保留着
较为完整的九隆神话叙事。②九隆神话进入汉文典籍视野的年代不晚于公元3
世纪初,③最早见载于东汉永昌郡上计史杨终所著《哀牢传》,该书后佚,仅存
"哀牢世系"和"东汉通博南、兰仓"两条,收录于佚名《永昌郡传》之中,
范晔《后汉书·南蛮西南夷列传》因抄录《永昌郡传》而保留了对"九隆神
话"的完整记录,又为《白古通纪》所转录。

据《纪古滇说集》的记载,永昌郡渔夫"蒙迦独"娶本地女子"沙壹"为
妻,定居哀牢山,沙壹在水边触沉木受孕,生下十子,小儿子"习农乐"(又
名"九隆")成年后数有神异,被诸兄推为王,主哀牢。后有梵僧自天竺国游
化至巍山,七次化身变现,授记习农乐,襄助建立南诏国。"习农乐"一名在
其他文献中也作"细奴罗""小奴逻"。继南诏余绪的段氏大理国也有"触沉木
感生"的开国神话,其主角置换成一位名叫"白姐阿妹"的神圣女性,镌刻于
明代景泰元年(1450年)的《三灵庙碑记》对此有详细的记载:

> 院旁有一长者乏嗣,默祷其圃,种一李树,结一大果,坠地现一女
> 子,姿禀非凡,长者爱育,号白姐阿妹。蒙清平官段宝镜聘为夫人,浴
> 濯霞移江,见木一没,(递)流触阿妹足,遂知元祖重光化为龙,感而有
> 孕。将段木培于庭庭之右,吐木莲二枝,生思平、思胄,号(先)帝、

---

① 佚名:《白古通纪》,王叔武:《云南古佚书钞》,昆明:云南人民出版社,1979年,第57—
58页。
② 尤中:《中国西南的古代民族》,昆明:云南人民出版社,1980年,第36页。
③ 王叔武:《〈交广印度两道考〉辨误》,《民族学报》1981年第一辑,第34—55页。

先王。①

《白国因由》则在此基础上补充了一个比“触浮木感生”更详细的神异故事，讲述大理国段氏家族的神圣起点：“夫段思平者，三灵之子也。《白古通》云，梅树结李，渐大如瓜。忽一夜李坠，有娃啼声。怜夫妇起而视之，见一女子，彼因无嗣，乃收而育之。既长，乡人求配弗许。忽有三灵白帝与之偎，生思平、思良。”②

至少在元代以前的文献中，南诏蒙氏世系（蒙伽独—习农乐）与天竺阿育王并未出现交集，也就是说，“王子封滇”的佛教故事和“九隆建国”的感生神话原本是两个平行而不相交叉的叙事体系。自明代开始二者逐渐合流，《南诏野史》将原本黏合在一起的“金马碧鸡”与“阿育王传说”剖开，分别放置在“南诏古迹”和“南诏历代源流”的条目之下，通过引用《后汉书》“哀牢”条提及的“九隆世系”，《南诏野史》参证诸说，并将文献中的“阿育王传说”延伸嫁接到以“沙壹”为母型的地方性传说架构之上，即“阿育王第三子骠苴底”娶“戾蒙亏”为妻，使得“习农乐”（九隆）的父系血缘被植入阿育王世系之中：

三皇之后，西天摩羯国阿育王第三子骠苴底娶戾蒙亏，其妻生低蒙苴，苴生九子，名九龙氏……按《哀牢夷传》，古有妇名沙壹，因捕鱼触一沉木，感而生十子，后木化为龙，九子惊走，一子背坐，名曰九隆……九隆死，子孙繁衍，各居一方，而南诏出焉。③

① 不著撰人：《三灵庙记》（1450年），杨世钰主编：《大理丛书·金石篇》第10册，北京：中国社会科学出版社，1993年，第49页上、中。

② （清）释寂裕：《白国因由》，《南诏大理历史文化丛书》第一辑，成都：巴蜀书社，1998年，第76页。

③ （明）杨慎：《南诏野史》，方国瑜主编：《云南史料丛刊》第4册，昆明：云南人民出版社，2000年，第774页。

　　《白古通纪》则宣称渔夫"蒙迦独"与阿育王之孙"低蒙苴"就是一个人："天竺阿育王第三子骠苴低，子曰低牟苴，一作蒙迦独，土于永昌之墟。"换言之，南诏建国者"九隆"并非永昌渔夫之子，而是变成了阿育王的重孙。导致南诏世系的起点从"本地"转换到"天竺"的原因是多重的。仅从音韵学上来看，印度孔雀王朝列王与汉文文献中罗列的阿育王世系（阿育王—骠苴底—低蒙苴—九隆）十分接近，[①]因此不排除南诏大理国的九隆传说是受到东南亚影响的可能性，我们甚至可以说以本地僰文文献为底本的《白古通纪》关于"九隆为阿育王后裔"的记述并非向壁虚构。当然，这一说法在多大程度上以历史真实为依据，由于史料阙如，今人难有定论，不过可以基本断定的是，至迟在明代，有关南诏蒙氏开国的历史叙事中就已同时具备了九隆和阿育王这两大情节元素。

　　更晚近的文献则是着力凸显"九隆感生"中有关佛教的内容，清代《白国因由》"茉莉羌送子与黄龙第八"铺叙细奴罗的八位长兄被玉帝封为八部龙王之事："八子辞其母……驾起五色祥云望空而去，茉莉羌携子望云中观看，八子皆现龙象。"[②]化龙的情节当是来自佛经，《法华经普门品》称观世音菩萨的十九个化身之一即是"天龙八部身"，指的是天身、龙身、夜叉身、乾闼婆身、阿修罗身、迦楼罗身、紧那罗身、摩侯罗伽身八部众，它们本来是鬼神异类，受归化后成佛教护法神。

　　仅就文学文本而言，阿育王神话延伸叠加到以"沙壹—九隆"为母型的地方性传说架构之上，导致的人物与情节的变异是相当明显的。这并非孤立的文学现象，而是揭示出一个隐藏在文本之下并支撑其生长与演变的宏观社会情境，也就是对天竺祖先认同发生"本地化"的转变。滇西一带的地方社会自上而下接受印度密宗佛教的渗透，被编织进佛教王权网络，云南的阿吒力僧人往

① 方国瑜：《唐代前期洱海区域的部族》，《方国瑜文集》（二），昆明：云南教育出版社，2003年，第72—73页；［法］伯希和：《交广印度两道考》，方国瑜主编：《方国瑜文集》（二），昆明：云南教育出版社，2003年，第203—204页。

② （清）寂裕：《白国因由》"茉莉羌送子与黄龙第八"，方国瑜主编：《云南史料丛刊》第11册，昆明：云南人民出版社，2001年，第163页。

往兼有三种身份:"一为灌顶国师,二与贵族联姻,三则济度众生。"[1]而丁卯村石雕像传达出的正是"僧俗联姻"的象征系统,换言之,王妃"柏洁"嫁给外来的"建国梵僧观世音",使得本地王室血脉与天竺佛教法脉得以沟通连接,南诏大理国世家贵族因此拥有了佛国的直系血缘,源自异域的神圣祖先也由此顺理成章地被移植到本地社会之中。[2]

地域性传说上升为阐释王权正统的开国神话,这直接影响到滇中世家大姓的祖先认同和历史叙事。根据洱海地区明代碑刻谱牒资料的记载,15世纪中叶到16世纪初的白人墓志铭对于"始祖来历"的追溯可分为两类,其一是以"阿育王"或"天竺梵僧"为家族起点,自称"天竺国婆罗门""西天梵僧"或"阿育王"的后代,[3]例如明永乐十八年(1420年)的《大阿拶哩杨嵩碑》云:"其先有杨珠、杨珠觉二师,本天竺国婆罗门之种族也。观音定国之初,先建楪榆二城,请二师从西来。"[4]明成化七年(1471年)《故大密李公墓志铭》:"李氏巨门,乃观音菩萨从西乾带来。么伽陀来到大理,建立西苍、东洱,上下两关,小奴罗为白皇,皇乃西乾阿育子孙也。"[5]明成化十七年(1481年)《处士杨公同室李氏寿藏》碑的阴面刻有《山花一韵》,称杨氏"原是欢喜帝子孙,曾做白王摩曩番",[6]欢喜帝即是指阿育王。

其二是对祖先来历的表述则是直接上溯至本地的九隆,而不是来自异邦的阿育王和梵僧。明正统至正德、嘉靖年间,大理地区的段、杨、董、尹、赵、何、张、李、杜九姓都宣称其祖先系"九隆族之裔",如《处士杨君讳甫墓志》

---

[1] 不著撰人:《杨应碑》(1460年),石钟健《大理访碑记》,赵寅松主编:《白族文化研究》,北京:民族出版社,2002年,第61页。

[2] 连瑞枝:《王权、系谱与婚姻——从云南洱海地区佛教传说的结构谈名家的形成》,林超民主编:《南诏大理历史文化国际学术讨论会论文集》,北京:民族出版社,2006年,第406—408页。

[3] 不著撰人:《大阿拶哩杨嵩墓志铭》(1420年),石钟健:《石钟健民族研究文集》,北京:民族出版社,1996年,第317页。

[4] 石钟健:《大理明代墓碑的历史价值——〈大理访碑录〉代序》,《石钟健民族研究文集》,北京:民族出版社,1996,第39页。

[5] 国家民委民族问题五种丛书云南省编辑组:《白族社会历史调查》(4),北京:民族出版社,2009年,第238页。

[6] 转引自侯冲《白族心史》第151页。

（1483 年）："忆昔始祖讳义宗，乃九隆族子云之后。"① 《故弘圭法主玉泉庵贯公墓志铭》（1492 年）："公讳□，号贯道，姓何氏，九隆族之裔，世居喜洲郡河涘城。"② 在大理之外的其他地区，特别是南诏故地巍山、蒙自一带也有类似说法，乾隆《蒙自县志》卷 5 "杂录" 云此地 "张王李杜段何杨七姓，同祖于九隆"。③ 清嘉靖十五年（1536 年）的《重修巍山清下观碑记》则干脆把 "观音开国" 的世系改写为 "老君开国"，不言观音梵僧神异，而强调开启南诏细奴逻世系的是一位美髯道长："巍山灵峰，传为道祖显化地，南诏发祥，实基于此。按唐贞观时，九隆少子细奴逻字哀牢避蒙舍，娶妇曰蒙欶，耕于山麓。妇往饁，遇美髯老人，戴赤莲冠，被鹤氅……明初，有青衣道士自叶榆来修炼，斯地随冲举焉。"④

以 "层累叠加" 形态呈现出来的九隆感生故事在民间的传承主要集中在保山地区和大理地区。在大理地区，早期文献所见九隆故事经文人整理与传播后回流民间，在由当代学者编纂的《白族神话传说集成》中，九隆神话的主要情节承袭了《纪古滇说集》和《华阳国志·南中志》中的主要情节，包括触浮木感生、绳子九人、沉木化龙、龙舐幼子、九隆为王等要素。大理湾桥镇的本主庙中供奉有一尊头分九龙的圣母像，是为 "九龙圣母"；在喜洲河矣城的洱河神祠里，也供奉有头戴九龙凤冠的 "九龙圣母"。九龙圣母在大理地区的本主信仰中享有较高地位，每年的 "绕三灵" 盛会中都要祭祀，祈求平安清吉。⑤ 可以说，以活态神话和口头神话样本出现的九隆神话，意味着早期哀牢夷感生神话叙事中神性的退却与世俗性的逐步上升。

---

① 不著撰人：《处士杨君讳甫墓志》（1483 年），杨世钰主编：《大理丛书·金石篇》第 10 册，北京：社会科学出版社，1993 年，第 64 页中。
② 不著撰人：《故弘圭法主玉泉庵贯公墓志铭》（1492 年），杨世钰主编：《大理丛书·金石篇》第 10 册，北京：中国社会科学出版社，1993 年，第 60 页下。
③ 王叔武等：《大理县喜洲白族社会经济调查报告》，云南省民族研究所：《云南省白族社会历史调查报告》（一），北京：民族出版社，1963 年，第 5—6 页。
④ 唐立辑录：《明清滇西蒙化碑刻》，东京：东京外国语大学国立亚非语言文化研究所，2015 年，第 71 页。
⑤ 李子贤：《再探神话王国：活形态神话新论》，昆明：云南人民出版社，2016 年，第 381—383 页。

地域社会为建构其文化认同和信仰的世界，都不同程度地从各阶层群体的想象和希望中以某一个或若干个神话、传说形象为核心，并依据现实情况增减神话传说的内容。通过文字或口头叙述的神话传说，人们在记忆中刻画出寄托各种期望并映射其观念的神明，即一种"标志"。将阿育王神话的构成要件还原到各个时期，能够使后人重新构建起一个"区域史"的历史年表。梳理这一神话文本自东汉至明清的动态演变过程，可以看到，氐羌族系的"兄弟祖先"是它生长的主干与基型，在南诏建国之初，因意识形态的全面"梵化"而被对应于天竺阿育王子来滇之事；9世纪中叶，随着南诏国的敕封山神，本地的土主神话"金马碧鸡"进入"王子封滇"的故事体系；约略在明朝初年，"九隆感生"的始祖传说也被横向移植到佛教灵验故事的框架之中，至此形成了阿育王故事的基本结构。明清时期这一故事的内容出现了功能上的分流，与"三兄弟追白马"和"金马碧鸡山神"相关的内容更多地成为滇中佛教圣地故事；而涉及"九隆感生"的情节则在大理国政权覆灭之后，成为洱海地区大姓巨族回溯祖先源头时常常援引的话语资源。

地方社会历史的千溪万壑在民间文学文本中得到汇聚与融合，在这个意义上，与其说云南的阿育王神话是一个文学文本，毋宁称其为一个社会文本。在南诏大理国统治云南的五百年间，阿育王神话为佛教王权提供了一个象征性的起点，成为建国意识形态和祖先认同的重要依据，也推动了佛经文学的大众化和平民化，在"层累叠加"的过程中实现了与地域文化的互动。

民间神话的真实性迄今依然是主导传说研究的主要问题意识之一。清人冯甦在《滇考》之"哀牢国内附"条中，认为"南诏僭窃已久，后务为神异之说，美其祖宗沙壹事，仿佛吞鸟卵、履大人迹。阿育王事，仿佛五帝，皆祖轩辕"。[①]在正统史家看来，在南诏始祖故事与阿育王之间拉上关系，有明显的附会穿凿痕迹。族群历史的主观认同在很大程度上来自对过去的筛选、重组与诠

---

① （清）冯甦：《滇考》"哀牢国内附"条，方国瑜主编：《云南史料丛刊》第11册，昆明：云南人民出版社，2001年，第7页。

释，这一过程固然不乏虚构的色彩，但同时也是以心态史意义上的真实为基础的。追寻地域性传说之产生与流传背景，其目的正是在于探索这样的"心态真实"和"社会真实"。①云南的阿育王故事提供给后人的与其说是"真相"，毋宁说是有关"真相"的一种历史表述，它呈现的是南诏大理国时期治理阶层有关祖先和地域的历史认知。

---

① 赵世瑜：《祖先记忆、家园象征与族群历史》，刘永华主编：《中国社会文化史读本》，北京：北京大学出版社，2011 年，第 346 页。

第五章

大黑天神话与图像的地域性变形

"大黑天"是梵文 Mahākāla 的汉文对音，又作马哈葛剌、麻遏葛剌、马哈剌、嘛哈噶剌、摩诃伽罗、摩睺罗，在南诏大理国时期是滇池洱海地区除"建圀观音"阿嵯耶之外的第一大神。自南诏晚期以至明清，大黑天信仰在云南地区长盛不衰，有关这位婆罗门神的神圣叙事异文繁多。大黑天神话为中印两国的文化交流提供了新证，也为我们研究中国南方民族与东南亚佛教传统的往来融合提供了罕见而珍贵的样本。大黑天信仰也是元史、蒙藏关系史、藏传佛教史研究中一个颇受关注的话题，学者们多从信仰起源与扩张的角度入手，但因研究视角主要侧重于造像系统的分类、信仰源流的梳理、宗教文献的释读，对其传入南诏大理国之后云南民间社会的接纳与改造则涉及甚少。在研究方法上，仅对文本进行"微观聚焦"是远远不够的，更值得追问的是大黑天神话为何会在特定的地域、特定的时间，发生特定的变化。若是将视角从静态的文本分析进入动态的语境分析，把大黑天神话还置于其所属的区域社会大传统之中，可以还原这一印度婆罗门神传入云南后被历代滇中政权改造的动态过程，揭示近世云南的大黑天信仰是如何与正统社神祀典产生融合的。

第一节　古印度神话所见大黑天

在藏密系统中，大黑天为观音化身的护法神，内怀彻骨大悲，外现无比威猛相，为各宗派所礼敬，其化身多达七十五种；[1]在唐代密宗体系中则是大日如来为了降伏邪魔所示现的四个忿怒药叉形天神之一，《一切经音义》卷十称其

---

[1] ［奥］沃杰科维茨：《西藏的神灵和鬼怪》，谢继胜译，拉萨：西藏人民出版社，1993 年，第 43 页。

以饿鬼头鬘和骷髅幢为执物，以毒蛇贯穿骷髅以为璎珞，"虎牙上出，作大愤怒形，雷电烟火以为威光"。①

大黑天本是古印度庞大神灵体系中的一员，以吠陀经中的楼陀罗神为原型，进入密乘佛教系统后被改造成护法。楼陀罗（Rudra）是婆罗门经典《梨俱吠陀》（Rigveda）、《夜柔吠陀》（Yajurveda）中"风暴神"的通称，②梵文Rudra一词意为"咆哮"，汉译佛典又通译为涝达罗、禄陀罗、噜捺罗、湿伐罗。③据《梨俱吠陀》的描述，楼陀罗神全身褐色，以金为饰，披散发辫，手持弓箭；《阿闼婆吠陀》（Atharvaveda）谓其腹黑背赤，有千眼，主刑杀；《夜柔吠陀》谓其颈项呈青色，居山中，发怒时以霹雳伤害人畜，损毁草木，但又以千种药草为人畜治疾；④《往世书》（Purānas）称楼陀罗形像有十一种，大黑天是其中之一，⑤其"通体青黑"的标志性特征和神格属性即是直接取自这位暴烈的刑杀之神。

大黑天为什么以"黑"为特征？吠陀经里的"搅乳海"神话（Samudra manthan）提供了解释。据《摩诃婆罗多》《罗摩衍那》和诸本《往世书》的记载，洪荒时期，众天神与群魔阿修罗（Asura）鏖战不息。经梵天（Brahma）调解，众神协力搅动乳海（Samudra），以求获得可保永生的甘露："把婆苏吉龙王做成搅绳，又把曼多罗山做成搅棍，神力无量的人把大海搅动。"⑥充当搅绳的龙王难忍剧痛，毒汁从口中涌出，汇成江河海洋，诸神惊恐，梵天率众神向伟大的湿婆神求助，湿婆为拯救世界，仰头将毒汁（kālakuta）吞入腹中，

---

① 慧琳：《一切经音义》，《大正新修大藏经》第54册，No. 2128，台北：新文丰出版公司，1983年，第366-b页。

② 魏庆征：《古代印度神话》，太原：北岳文艺出版社，1999年，第738页。

③ ［英］艾恩斯：《印度神话》，孙士海、王镛译，北京：经济日报出版社，2001年，第58页。

④ ［日］高楠顺次郎、木村泰贤：《印度哲学宗教史》，高观庐译，上海：商务印书馆，1935年，第82页。

⑤ Kalpika Mukherjee: Vajrayoginī and Mahākāla: Two Most Fearful Deities in the Buddhist Tantric Pantheon, in *Tantric Buddhism: Centennial Tribute to Dr. Benoytosh Bhattachartyya, N. Bhattacharyya* ed., New Delhi, Manohar Publishers, 1999, pp. 208–214.

⑥ ［印］蚁垤：《罗摩衍那》（一），季羡林译，北京：外语教学与研究出版社，2010年，第270—273页。

以至烧伤咽喉，在颈部留下青痕，因此得名"黑群光"（nilānjanacaya），意即"青颈"。① 这一印度外道故事被辑入《贤愚经》《佛本行集经》和《摩诃僧祇律》中，中国西北和西南地区的民间文学中还保存着许多地域性变种，如敦煌变文有"钻乳海得甘露"和"搅长河为酥酪"的句子；② 藏医名著《四部医典》中的"毒药"和《四部医典唐卡》描绘了从乳海搅出毒药的图像；③ 内蒙古东部的民间史诗艺人在演唱"蟒古思故事"的开篇中，通常都会铺叙"搅拌乳海，提取日月，创造宇宙光明"的主题；④ 洱海周边流传的搅乳海神话保留了婆罗门原典的基本情节，只是将最高神"梵天"置换为"玉帝"，据赵橹和傅光宇采集的口头叙事样本来看，大理喜洲、金圭寺、湾桥、城外庄等地的大黑天故事几乎都为道教系统所收编。⑤

　　大黑天的"外道邪神"身份在早期的汉译密教经典中历历可见，不空金刚译《仁王护国般若波罗蜜多经》卷下《护国品第五》就收录一则外道引诱"斑足国王"以一千人头"祀冢间大黑天大黑天神"的故事。从年代上来看，不空金刚所据《仁王经》底本的年代约略是在隋末唐初之际，可知大黑天此时尚是一位带有浓重巫术气质的"冢间神"，善幻术，喜血祭，主掌尸林，常于夜间游行，为外道邪魔所崇奉，又以幻药与人贸易，"若嚮祀者，唯人血肉也"。⑥

　　除了"冢间神"的神格属性，大黑天在印度还曾被僧众奉为厨神。与不空金刚同时代的唐释义净在那烂陀寺驻学的十年间，曾亲见大黑天的木雕神像竖立于各大寺院的厨房廊侧和门前："西方诸大寺处，咸于食厨柱侧，或在大库

131

① 金克木：《梵语文学史》，北京：人民文学出版社，1964 年，第 204—205 页；黄宝生：《印度古代文学》，北京：知识出版社，1988 年，第 64 页。

② 陈明：《"搅长河为酥酪"释义——敦煌文献中的印度神话札记之一》，《多维视野中的印度文学文化——刘安武先生八十华诞纪念文集》，银川：阳光出版社，2010 年，第 179—187 页。

③ 桑结嘉措：《四部医典系列挂图全集》第五十三图"配毒、中毒、毒物及其来历"，拉萨：西藏人民出版社，1986 年，第 27、337—341 页。

④ 陈岗龙：《蒙古民间文学比较研究》，北京：北京大学出版社，2001 年，第 17 页。

⑤ 云南省民间文学集成办公室编：《白族神话传说集成》，北京：中国民间文艺出版社，1986 年，第 145—147 页。

⑥（唐）神恺：《大黑天神法》，《大正新修大藏经》第 21 册，No. 1287，台北：新文丰出版公司，1983 年，第 356-a 页。

门前，雕木表形。或二尺三尺，为神王状，坐抱金囊，却踞小床，一脚垂地。每将油拭，黑色为形，号曰莫诃哥罗，即大黑神也……但至食时，厨家每荐香火，所有饮食随列于前。"[1]至迟在 8 世纪，中国江南地区的寺院已循天竺之制，将大黑天供奉于食堂之中，以求食物丰足："江南多有置处，求者效验，神道非虚。"[2]

作为"冢间神"与"厨神"的大黑天被纳入佛教正统的时间始自 7 世纪，《大毗卢遮那成佛经疏》在解释"荼吉尼真言"缘起时就称其为毗卢遮那化身："于世人所说大极，属大黑天，所谓大黑神也。毗卢遮那以降伏三世法门，欲除彼故化作大黑神，过于彼无量示现。"[3]自此之后，大黑天在《大日经》系统的胎藏界曼荼罗中占据一席之地，[4]其神职亦逐渐出现侧重和偏移，在唐代官方钦定的密乘佛教神谱中位列斗战神之首，主用兵之事，身兼镇国助战、解厄消之职。相比之下，作为厨房神和福德神的特征至今仅在日本民俗文化中留有遗存，而与血祭有关的"冢间神"身份则不再为正统密乘所容，在汉传佛教地区逐渐湮灭无痕。

第二节　南诏大理国的大黑天神话与图像

随着印度佛教的一支取道云南传入中国，大黑天神话与信仰也以南诏为基地，渐次扎根中国。根据现今可考的资料，大黑天祠庙至迟在南诏威成王盛逻皮时期（712—728 年）就已在滇东地区出现，这一时期南诏在乌蛮蒙氏家族的

---

① （唐）义净：《南海寄归内法传》"受斋轨则"条，《大正新修大藏经》第 54 册，No. 2125，台北：新文丰出版有限公司，1983 年，第 209-b 页。
② （唐）义净：《南海寄归内法传》"受斋轨则"条，《大正新修大藏经》第 54 册，No. 2125，台北：新文丰出版有限公司，1983 年，第 209-c 页。
③ （唐）一行：《大毗卢遮那成佛经疏》，《大正新修大藏经》第 39 册，No. 1796，台北：新文丰出版公司，1983 年，第 687-b、c 页。
④ 薛克翘：《摩诃迦罗考》，《南亚研究》2013 年第 3 期，第 146—159 页。

带领下开始系统接受印度密乘佛教，包括南天不空罥索观音信仰在内的学说由天竺僧（"梵僧"）带来滇地，开启了"梵化"的历程，摩揭陀国的阿育王、天竺观音阿嵯耶和大黑天皆以其神奇灵验受到蒙氏政权的封赐。根据元人张道宗《纪古滇说集》的记载，南诏崇奉大黑天的缘由始于滇中僧人杨道清修习佛法，感现观音大士，威成王盛逻皮"册杨道清为显密圆通大义法师，始塑大灵土主天神圣像，曰大黑天"，并为其塑像立庙以镇城池，之后"于是大灵赫赫，以保黎民，风调雨顺，干戈偃息。"①《纪古滇说集》对威成王崇奉大黑天的记载十分详细：

> 时有僧人杨道清者，殉道忘躯，日课经典，感现观音大士……蒙氏威成王闻知，乃亲幸于滇，册杨道清为显密圆通大义法师，始塑大灵土主天神圣像，曰大黑天，筑滇之城，以龙其形，江索之蛇，其相取义易之既济。王慕清净法身，以大黑天神像立庙以镇城上。五年，龙城完，庙隅有神匠曰罗都道太，自蜀中来，塑像将成，又有菩提巴坡者自天竺至，以密咒丹书神位为种子，创庙城中而奉之……于是大灵赫赫，以保黎民，风调雨顺，干戈偃息。②

元至正年间，昆明人王昇撰写的《大灵庙碑记》提道："蒙氏威成王尊信大黑天大黑天神，始立庙，肖像祀之，其灵赫然。"③关于大黑天为"战斗神"的神格属性，唐代佛教典藏多有言及，神恺《大黑天神法》称"彼有大力，即加护人，所作勇猛斗战等法，皆得胜也，故大黑天即斗战神也"。④不过，唐代

---

① 张道宗：《纪古滇说集》，王崧：《云南备征志》，李春龙点校，昆明：云南人民出版社，2010年，第311—312页。
② （元）张道宗：《纪古滇说集》，王崧：《云南备征志》，李春龙点校，昆明：云南人民出版社，2010年，第311—312页。
③ （元）王昇：《大灵庙碑记》，方国瑜主编：《云南史料丛刊》第三卷，昆明：云南人民出版社，1998年，第344—345页。
④ 神恺：《大黑天神法》，《大正新修大藏经》第21册，No. 1287，台北：新文丰出版公司，1983年，第356-a页。

佛教典藏并未特别强调其"战斗神"的特殊属性，而南诏则将大黑天保国护境的事功发扬光大，并通过不断的立庙赐封，将"护国助战"确定为一种压倒性的神格特征。从空间上来看，南诏地处汉藏文明的夹缝地带，西有吐蕃，北邻唐朝，三大政治势力频频发生领土争端。大黑天的族群归属以及"天竺战神"神格的最终确立，一定程度上也是族群冲突的直接反映。

8 至 13 世纪云南境内大黑天立庙受享的地点集中在滇东地区，尤以姚安、寻甸和宜良为中心，滇西洱海周边的南诏十睑则多奉祀"建圀观音"阿嵯耶。① 之所以会出现这一空间分布上的差异，是因为南诏与唐朝对滇东爨氏故地的争夺。滇东诸地自汉末魏晋以来为南中大姓爨氏所据，② 入唐之后，朝廷在此地设南宁州都督府，下辖七州，爨氏日渐衰微。及至唐天宝年间，南诏国的乌蛮蒙氏与唐朝势力相继渗入滇东爨地，引发了一系列影响深远的战争。天宝四年（745 年），剑南节度使在安宁筑城，企图通过垄断安宁盐场来辖制滇东的爨氏势力。诸爨反抗致使唐兵难以招架，南诏王皮罗阁出兵讨伐爨部，由此引发了三方混战。至天宝七年（748 年），皮罗阁之子阁罗凤受唐封为"云南王"，获得了对滇东爨地名义上的控制权。唐将何履光次年取道安南，进兵伐南诏，意在收复安宁城，与南诏争夺爨部旧地。天宝十三年（754 年）四月，唐将李宓的军队在龙尾关城下被南诏军击败，李宓沉江，唐军覆没，至此南诏完成了对滇东爨地的正式占领。在天宝十三年的这场赢取爨地的战争中，南诏军中有天竺僧持咒行法，襄助阁罗凤以瑜伽秘术大破唐军："是役乃白妃妖术，展帕拍手而笑，韩陀僧用钵法，王师乃溃。"③ 战争结束后，一代雄主阁罗凤命长子凤伽异率兵进驻滇池沿岸的昆川，新筑拓东城以纪念开拓滇东的功勋，城中特别

---

① 这种分布格局直至 20 世纪末仍可与云南地区大黑天祠寺的分布相对应，只是近世滇东的大黑天信仰多与滇东地区的土主信仰合二为一，据 1982 年的云南文物普查数据，大黑天神大量出现在本主庙中，滇池周围一百三十二座本主庙中，供奉大黑天者高达一百三十座，或为主神，或受配享，其盛况正如《大清一统志·云南府》所云："虽十户之邑，亦必祀之。"

② （清）檀萃辑：《滇海虞衡志》，宋文熙、李东平校注，昆明：云南人民出版社，1990 年，第 312—313 页。

③ （明）阮元声：《南诏野史》"大蒙国"条，王崧：《云南备征志》，李春龙点校，昆明：云南人民出版社，2010 年，第 479 页。

供奉有助战灵验之功的天竺战神大黑天，并以"二诏"（副王）的名义镇守环滇池地区。拓东城又称善阐，即今之昆明，曾为南诏六个节度府之一，《南诏德化碑》云："（天宝）十四年春，命长男凤伽异于昆川置拓东城，居二诏佐镇抚。"[①]直至清代，拓东城中尚存祭祀大黑天的大灵庙。

南诏的历次封神活动，都与改元、迁都和战争这类"国之大事"紧密相关。天宝战争之前的滇东姚州居民以白蛮为主（《蛮书》称"弄栋蛮"），除此之外，还有"王杨赵李"四姓，他们是汉族移民和戍边唐军的后裔，相较之下，以南诏王室贵族为代表的乌蛮势力在滇东地区并不占上风。南诏王阁罗凤占领滇东爨地之后，乌蛮完成了对姚州、善阐的控制，白蛮尽被迁出，据樊绰《蛮书》的记载，8世纪晚期此地"悉无汉人，姚州百姓陷蛮者，皆被移隶远处"。[②]在新征服的滇东为战神大黑天建祠奉祀、以封神活动来慑服离心力较强的爨氏故地，这并非是单纯的酬神行为，而是具有多重政治意涵的统治手段。此时南诏立国未久，亟须借助与唐王朝分庭抗礼的军事和仪式行为确立统治的合法性，巩固和积累乌蛮蒙氏家族的地方威望。在短短几十年间，蒙氏政权先后三次在滇东行"封神"大事——敕封印度阿育王三子一舅、迎奉天竺战神大黑天为都邑守护神、加封天竺阿嵯耶观音为"建圀观音"，为其建庙兴寺，开窟造像。这些带有浓重"天竺"色彩的信仰、神灵和仪式，是南诏确立政权正统性、保持与南亚佛教传统一致性的重要步骤。

总体来看，南诏大理国时期，滇中大黑天神话可分为两大类型：其一，对于修行者而言，修求大黑天密法、熟知大黑天神话是一种通过念诵经咒和操持仪轨来达至成佛的手段；其二，对于普通民众而言，大黑天神话更多是与护国助战、荡妖平魔、禳灾息患的实际功能联系在一起的。

第一种类型是作为宗教实践底本的大黑天神话，核心要素有二，其一是"应化"，其二是"助战"，皆延续了古印度婆罗门教——佛教系统中大黑天神话

---

① 杨世钰、赵寅松：《大理丛书·金石篇》卷一，昆明：云南民族出版社，2010年，第23页。
② （唐）樊绰：《蛮书》云南城镇第六，王崧：《云南备征志》，李春龙点校，昆明：云南人民出版社，2010年，第100页。

的脉络。20 世纪 50 年代，大理凤仪北汤天董氏宗祠出土了一批大理国时期的写经残卷，其中《大方广圆觉修多罗了义经疏》背面抄录的残经仪轨提到了七个迦罗名号，即大黑主圣、安乐迦罗、日月迦罗、金钵迦罗、冢间迦罗、帝释迦罗、宝藏迦罗，并称这七迦罗是"一身七现，七相一分"，意即一个名字对应一个形象（见表 5-1）。这个"一身七现"的结构，直至近世依然留存在本地民间的地方祠神信仰中，如元人杨森《栖贤山报恩梵刹记》记载的保山城栖贤山报恩寺供奉的"大黑天七转天神"、[1]1957 年的历史文物调查发现的大理县太和一村、二村的"七堂大圣"。[2]"迦罗"为汉语"黑色"意，此处六位"迦罗"与"大黑主圣"都是大黑天神大黑天的应化之身。大理国写经残卷《大黑天仪轨》称大黑天司掌除瘟除疠，能够"息天下干戈，绝人间涂炭"，修习大黑天法可"免狱刑灾害、蠲苦恼、息战戈，卫护中原国家，增长龟龄鹤算"。[3]

表 5-1　大理国《大方广圆觉修多罗了义经疏》所见"七形圣主"神职 [4]

名　称	形　　象	神　职
安乐迦罗	六臂三目。左上手持钺斧，中戟叉，下慧剑；右上手执层鼓，中绢索、下髅杯。足踏七星，披一虎皮裙	掌管人间寿命和官禄
日月迦罗	面张二眸，身垂四臂。左上手托日，下托骷髅杯；右上手捧月，下牵戟枪柄	降贼寇，除强徒，释解我人之债
金钵迦罗	首分三面，体具一生；面各三眸，身同六臂。左上手持铃，中螺杯、下弓；右上手持杵，中螺杯、下箭。一龙捧足，二足摄莲	免狱刑灾害、蠲苦恼，息战戈

① 杨森：《栖贤山报恩梵刹记》，李修生：《全元文》第 51 册，南京：凤凰出版社，2004 年，第 63 页。
② 李一夫：《白族的本主及其神话传说》，李家瑞：《大理白族自治州历史文物调查资料》，昆明：云南人民出版社，1958 年，第 75 页。
③ 方广锠：《藏外佛教文献》第六辑，北京：宗教文化出版社，1998 年，第 373—374 页。
④ 侯冲：《大黑天神与白姐圣妃新资料研究》，侯冲：《云南与巴蜀佛教研究论稿》，北京：宗教文化出版社，2006 年，第 85—87 页。

续　表

名　称	形　象	神　职
冢间迦罗	八臂三目。左上手持尺、中印、次索、下柳枝；右上手持铎、中印、次铃、下钵盂。体钏蛇蝮，足踏象猪	统御冥司，超升亡者灵魂，覆佑存眷生命，脱死回生
帝释迦罗	文相彬彬，金阙一身，玉躯二臂。右手执吉祥宝印，左手伸童子圣人印	降服邪魔，化导万民，拔度生死，运化古今
宝藏迦罗	八臂三目。左上手持金刚杵、中轮、次弓、下索；右上手执剑、中轮、次箭、下叉。捧金轮，坐乘狮子	足食足兵，息天下干戈，除瘟除疠，绝人间涂炭
大黑主圣	写卷残缺	除疫病及利益众生

从信仰来源上看，大理国写经残卷所见大黑天仪轨可能受到两方面的影响，其一是中原流行的忏仪佛教，宗教史家侯冲认为大理国残卷《圆觉疏》仪轨所记载的大黑天神七圣加持真言和演仪可能不是直接来自印度，而是从中原传入大理，是早已失传的大黑天经忏科仪的一部分[①]。其二是西夏，俄藏黑水城文献中的一批西夏忏仪法事文书与年代稍早的大理国写经之间存在着密切的内在联系，如《大黑求修并作法》和《慈乌大黑要门》两部指南中就有十分具体的念唱祭拜仪轨，指导修行者以诵咒加持和观想供养等方式修习大黑天秘法。[②]

大理国写经中记载的七迦罗名号，在云南以外的佛典史志中均不见同时出现，文献所载缺略，而南诏大理国时代的宗教图像遗产却保留着长期为人所忽略的丰富的信息。大理国中期的宗教画卷《宋时描工大理国张胜温画梵像卷》（1172 年）中，大黑天的化身变现形象可与董氏宗祠写经残卷彼此印证，《张胜温梵像卷》第 121 开绘"金钵迦罗"像，三面六臂，赤发红身，顶戴骷髅冠，

① 侯冲：《大黑天神与白姐圣妃新资料研究》，侯冲：《云南与巴蜀佛教研究论稿》，北京：宗教文化出版社，2006 年，第 85 页。
② 沈卫荣：《序说有关西夏、元朝所传藏传密法之汉文文献——以黑水城所见汉译藏传佛教仪轨文书为中心》，《欧亚学刊》第 7 辑，2007 年，第 159—179 页。

身披璎珞，腰系虎皮，立于三首龙上，右上手持金刚杵，下手持矢，左上手持金刚铃，下手持弓，另两手于胸前合捧螺杯。关于这位"金钵迦罗"的身份，日本学者松元守隆认定这是大黑天化作战神时的形象。[①]台湾学者李玉珉则对照云南省图书馆所藏《大黑天仪轨》的描述，发现此神三面六臂的形象与凤仪北汤天所出的《大黑天神法》《诸说不同记》之记载相合，认定"金钵迦罗"是大黑天变现为战斗神时的形貌。[②]在云南民间的地方祠神信仰中，及至近世依旧可见对"七形圣主"的崇奉，据元人杨森《栖贤山报恩梵刹记》的记载，保山城西北四十里有栖贤山，山南有报恩寺，寺中供"大黑天七转天神"；[③]又据1957年的历史文物调查，大理县的太和一村、二村直至20世纪中叶还供奉一尊名为"七堂大圣"的本主。[④]

第二种类型的大黑天神话与修法持咒的宗教实践的关系较为疏离，更多是依托护国助战的神迹故事在民间传播，受众更为广泛。这一类型可远溯至婆罗门神话。公元1世纪的《湿婆往世书》（Śiva-Purāna）讲述了湿婆化身为大黑神、解除戴蒂亚（Daityas）围城之困的故事；又载乌阇衍（Ujjayini）的国王月军（Candrasena）因被邻邦围困，虔心祈请大黑天（Mahākālesvara）救助，湿婆神感而化现，以一尊黑神之相战退敌兵。[⑤]藏传佛教高僧多罗那他在明万历三十六年（1608年）根据印度僧侣的口述材料著成《印度佛教史》一书，书中收录的两则古印度大黑天神迹也是典型的助战伏魔主题，时代较《湿婆往世书》稍晚，但在内容上一脉相承。其一是有关迦湿弥罗国（今克什米尔）兴建海密寺（Samudra gupta）的缘由，称迦湿弥罗国国王曾发愿在湖中建起一座寺

---

① Matsumoto Moritaka, *Chang Sheng-wen's Long Roll of Buddhist Image: A Reconstruction and Iconography*, pp. 335–337.
② 李玉珉：《南诏大理大黑天图像研究》，《故宫学术季刊》第13卷2期，第21—40页。
③ （元）杨森：《栖贤山报恩梵刹记》，李修生：《全元文》第51册，南京：凤凰出版社，2004年，第63页。
④ 李一夫：《白族的本主及其神话传说》，李家瑞：《大理白族自治州历史文物调查资料》，昆明：云南人民出版社，1958年，第75页。
⑤ 黄杰华：《汉藏宝鬘：护法大黑天（Mahākāla）信仰研究》，北京：中央民族大学博士论文，2011年，第63—64页。

院，夜梦大黑人前来相告"供养大黑天，罗刹就会把湖水弄干"，果然终成其愿；其二是 9 世纪时印度波罗王朝的提婆波罗王（Devapala）调集大兵征讨南方欧提毗舍的外道，在荒原中忽见一黑人独行，自称"大黑天"，他指点国王从沙堆下挖出一座满是珍宝的佛教寺院，之后大作鼓乐，击退了盘踞此处的邪魔外道。①

西藏、内蒙古、陕甘宁地区和云南的大黑天神话在流传过程中均不同程度地保留了古印度神话中"显灵助战"的主题。《佛祖历代通载》就记载了蒙古军队挥师南下时发生的大黑天与真武帝君相斗之事："天兵南下，襄城居民祷真武，降笔云：有大黑神，领兵西北方来，吾亦当避。于是列城望风款附，兵不血刃。至于破常州，多见黑神出入其家，民罔知故，实乃摩诃葛剌神也。此云大黑，盖师祖父七世事神甚谨，随祷而应，此助国之验也。"② 大黑天在 12 世纪为藏密萨迦派的内属神，蒙元诸帝为之建寺造像，其庙遍布京畿与江南，《护国寺碑》云成吉思汗"常隆事于摩诃葛剌神，以其为国持赖，故又号大护神，列诸大祠，祷辄响应"。③

南诏大理国的文献史籍因毁于元初的战火而传世不多，有关 8 至 13 世纪云南的大黑天神话的信息，更多来自民间口传故事与造像、绘画等实物史料的旁证。《张胜温梵像卷》保存了四幅大黑天的图像，分别是：

其一，第 119 开"四臂大黑永保护法"，此像也见丁观鹏《法界源流图》83 开。

其二，第 124 开"大圣大黑天神"（见图 5-1），白面三目四臂，颈部以蛇贯三颗人头为璎珞，胸腹斜挂六颗人头，腰部结虎皮裙，赤足立三层台上，左上手托鼓，左下手垂持罥索；右上手持三叉戟，右下手托钵于胸前，手足皆绕蛇为钏，火焰纹桃形背光，在形制上与喜洲金圭寺村归源寺遗址出土大黑天浅浮雕造像形制十分接近。

---

① 多罗那他：《印度佛教史》，张建木译，成都：四川民族出版社，1988 年，第 201—202 页。

② （元）念常：《佛祖历代通载》卷二二《胆巴传》，《大正新修大藏经》第 49 册，No. 2036，台北：新文丰出版公司，1983 年，第 726-a 页。

③ （元）柳贯：《护国寺碑铭》，《柳贯诗文集》卷九，柳遵杰点校，杭州：浙江古籍出版社，2004 年，第 179 页。

图 5-1 《宋时描工大理国张胜温画梵像卷》第 124 开"大圣大黑天神"[①]

与《梵像卷》124 开的"大圣大黑天"造型完全相同的，是大理喜洲金圭寺村归源寺遗址出土的大理石浅浮雕"镇囹灵君天神"（见图 5-2），六臂，额颈胸有五串人头骷髅作璎珞，身披甲胄，天衣缠身，裹腿跣足。右上手执三叉戟、右中手执剑、右下手提念珠，左上手持鼙鼓，左中手于胸前托钵，左下手残毁。火焰纹头光，像左上方刻有"归源寺镇囹灵天神"铭文，造像年代约略在大理国末年至元初。

其三，第 122 开"大安药叉神"，其神黑面，其真实身份应该是安乐迦罗。安乐迦罗是大黑天的化身，为"七迦罗"之一，凤仪北汤天的《大黑天神仪轨》称"安乐迦罗，六臂三目，左上手持钺斧、中持戟、下慧剑，右上手持层鼓，中罥索，下髅杯，足踏七星，披一虎皮裙"。《梵像卷》中的这位黑面神祇的法器、装束几乎完全符合《仪轨》的描述，手中法器仅仅是左右位置稍有差异。

凤仪董氏宗祠出土大理国残卷《大方广圆觉修多罗了义经疏》背面有佚名残经仪轨，提到七个大黑天神——大黑主圣、安乐迦罗、日月迦罗、金钵迦罗、冢间迦罗、帝释迦罗、宝藏迦罗，并称这七迦罗是"一身七现，七相一分"，也就是一个名字对应一个形象。按"迦罗"为汉语"黑色"意，故而此

---

① 李昆声主编：《南诏大理国雕刻绘画艺术》，昆明：云南美术出版社，1999 年，图版 248。

处六迦罗与"大黑主圣"同为大黑天神的应化形貌。

其四，第 121 开"金钵迦罗"，三面六臂，每面三目，赤发红身，顶戴髑髅冠，身佩各式璎珞，腰系虎皮，立于一只三首龙的身上，此龙的三首均向上仰望金钵迦罗神。此神右上手执金刚杵，下手拿矢。左上手持金刚铃，下手握弓。二主手于胸前合捧螺杯，此神应为大黑天变现为战斗神的形貌。

可以看到的是，云南地区的大黑天图像系统中没有出现慧琳《一切经音义》中提到的象皮、青羊、横三叉戟、饿鬼头髻，取而代之的是铜铃（用于召集众神讨伐邪魔）、红龙（为行云布雨之器），金圈、鼙鼓、金刚杵、罥索（均

141

图 5-2　大理喜洲归源寺出土大理国时期浅浮雕"镇圄灵君天神"①

图 5-3　大理千寻塔出土大黑天像

---

① 李昆声主编：《南诏大理国雕刻绘画艺术》，昆明：云南美术出版社，1999 年，图版 212。

为伏魔兵器），以及日月等法器，大黑天愤怒相所呈现出来的凶猛的威慑力有所减弱。从现存的南诏大理国时代的大黑天造像和图像来看，其图像特征如下：现忿怒护法相，身躯粗壮，顶戴髑髅冠，身佩髑髅或人头项环，以蛇为璎珞。或为四臂，或作六臂。以三叉戟、血杯、胃索和念珠为其最重要的持物。①可以看到，在嵌入云南民间图像系统的过程中，大黑天神形象中来自异域的"他者"特征有所削弱，外来信仰与本土信仰的宗教图式发生碰撞、并接，民众在既定的符号系统中选取相对应的意义，同时也在形象符号意义的改变中表达其历史的变化。

在云南地区的摩崖造像和石窟寺造像中，大黑天往往与毗沙门天王配对出现，这种二圣同构的"合龛"形制为云南所独有，是大黑天信仰进入中国之后发生的重要变化之一。剑川石窟第六号窟"大妙金刚佛顶窟"（10世纪早期）（见图5-4、图5-5）、②沙登箐区15、16号窟（见图5-6、图5-7）、③凉山博什瓦黑岩画No. 81405岩壁（见图5-8）、④晋宁观音洞壁画⑤都有合龛出现。甚至到了大理国覆灭两百年之后，丽江木氏土司兴建的大宝积宫西壁上还有这种合龛造型的遗存。⑥

毗沙门天王（Vaiśrāmaṇa）又称多闻天（Dhanada），在古印度神话中名为俱毗罗（Kubera），因居须弥山北方而又号"北方天王"，是佛教阎浮提世界中的四天王之一。毗沙门信仰在唐代自于阗传入中土，《大唐西域记》《宋高僧传》和敦煌卷子多有记载其领天兵守界、拥护国土之灵迹。⑦从地域分

---

① 李玉珉：《南诏大理大黑天图像研究》，《故宫文物季刊》1995年第13卷2期，第21—40页。
② 李昆声主编：《南诏大理国雕刻绘画艺术》，昆明：云南美术出版社1999年，图版79。
③ 李昆声主编：《南诏大理国雕刻绘画艺术》，昆明：云南美术出版社1999年，图版123、124。
④ 李昆声主编：《南诏大理国雕刻绘画艺术》，昆明：云南美术出版社1999年，图版192。四尊金刚中，中间两尊左为四臂大黑天立像，右为毗沙门立像。
⑤ 晋宁观音洞壁画大黑天神像，榜题"大圣大黑天增长天王"，岩壁上也有榜题为"大圣毗沙门天王"的雕像一尊（也是一处"合龛"），毗沙门天王右手持三叉戟，左手扶腰，左肩上方云气中有塔一尊。
⑥ "释迦如来会"（367 cm×498 cm）壁画的右下角有一面三目六臂大黑天，与左下角的毗沙门天王相对而立。
⑦ 徐梵澄：《关于毗沙门天王等事》，《世界宗教研究》1983年第3期，第62—71页。

图 5-4　剑川石窟第六号窟
"大妙金刚佛顶窟"
所见大黑天（左图）

图 5-5　剑川石窟第六号窟
"大妙金刚佛顶窟"所
见毗沙门[①]（右图）

图 5-6　沙登箐区 15、16 号
窟"合龛"之大黑天
（左图）

图 5-7　沙登箐区 15、16 号窟
"合龛"之毗沙门[②]
（右图）

---

① 李昆声主编：《南诏大理国雕刻绘画艺术》，昆明：云南美术出版社 1999 年，图版 78、79。
② 李昆声主编：《南诏大理国雕刻绘画艺术》，昆明：云南美术出版社 1999 年，图版 123、124。

图 5-8 凉山博什瓦黑岩画 **No. 81405** 岩壁（左二为四臂大黑天立像，
左三为毗沙门天王立像）[①]

图 5-9 禄劝密达拉乡三台山摩崖石刻大黑
天与毗沙门的合龛造像[②]

布上来看，云南毗沙门与大黑天的合龛造像几乎都分布在滇藏边境线上，尤以大理州北部的剑川和禄劝为多（见图 5-9）。[③]剑川位于茶马古道滇藏段与"蜀身毒道"的交汇处，自古为北出西藏、西进澜沧江和怒江上游的战略要地，在南诏末年至大理国初期是北拒吐蕃的重要防区，此地的金华山摩崖石刻和石钟山石窟第十六窟有数尊大黑天与毗沙门天王比肩而立的造像。至于禄劝，则处于滇池与洱海之间，唐时为戎州都督府求州

---

① 李昆声主编：《南诏大理国雕刻绘画艺术》，昆明：云南美术出版社，1999 年，图版 192。
② 李昆声主编：《南诏大理国雕刻绘画艺术》，昆明：云南美术出版社，1999 年，图版 213。
③ 黄如英：《南诏大理时期的北方天王石刻》，杨世钰、赵寅松主编：《大理丛书·考古文物篇》第六卷，北京：民族出版社，2009 年，第 2744 页。

地，是南诏大理国数次北上"寇蜀"的要冲，此地密达拉乡的三台山核桃箐崖壁上有大理国早期高官眷属捐资凿造的大黑天浅浮雕一尊，像高 400 厘米，宽 240 厘米，三目四臂，虬髯跣足，左三臂分别持三叉戟、剑、念珠，右三臂持髑杯、鼗鼓、罥索，榜刻"大圣大黑天王"，其南刻有手持三叉戟的毗沙门像，榜刻"大圣北方多闻天王"，[①] 两像之间有"奉为施主三遍坦绰老长妇人药师信男女敬"的榜题。这样的布局，正与密宗佛教义理中的空间观相吻合，在密教真言乘的胎藏界曼荼罗中，毗沙门天王与大黑天均属外金刚部院，是安放在曼荼罗北方的护法，[②] 滇中政权以二神镇守西北门户，其意不言自明。

第三节 "大黑土主"：民间仪式正统的确立

所谓"正统"，并非只是来自国家，康豹（Paul R. Katz）在对华南民间社会祭祀仪式的研究中指出，地方信仰是在政府官员、士绅精英和神职人员三方面关系中展开的，这三方面的关系是建立地方宗教仪式正统的关键，且各自遵循的是各自的正统。[③] 大黑天信仰在云南地区的嬗变也受多方力量的主导。大理国在 13 世纪中期覆灭，滇中地方政权在随后的王朝正史中被冠以"伪朝"的称号，本地信仰形态也发生剧变，许多拥有"外国血统"的神祇（如"建囸观音"观音阿嵯耶、阿育王、金马碧鸡神）都随着西南边疆社会的"渐入王化"而渐渐湮没无闻，唯独大黑天改头换面延续至今，其祀遍及云南各地。为什么大黑天信仰能够挺过朝代的更迭、官府的禁毁，以一种"正统"的面貌存活下来？

---

① 刘长久：《中国西南石窟艺术》，成都：四川人民出版社，1998 年，第 181 页。

② ［日］栂尾祥云：《曼荼罗之研究》，杨笑天译，北京：中国藏学出版社，2011 年，第 233、255—256 页。

③ Paul R. Katz, "Orthopraxy and Heteropraxy Beyond the State: Standardizing Rituals in Chinese Society", *Modern China* vol. 33, no. 1 (2007), pp. 72–90.

有两个因素相当关键：其一是神职人员在基层社会的宗教实践——明清时期的阿吒力应赴僧在民间的经忏法事中普遍奉请大黑天为大护法，代代相传地延续了南诏大理国结坛灌顶、祷雨禳灾的密宗佛教正统，客观上推动了大黑天的民俗化转型；其二是随着帝国体制的施行，州县政府和乡绅以"神道设教"移风易俗，利用地方信仰教化劝善，将大黑天收编入王朝祀典，弱化其原有的异域邪神色彩，赋予其一种由官方认可的仪式正统性。

在南诏大理国和元代的段氏总管时期，云南本地的佛教不止一宗一派，特别在大理国后期尤以阿吒力教最为兴盛，它对于大黑天信仰在云南的扎根起到了关键作用。"阿吒力"（ācārya）在大理国写经残卷和元明火葬墓碑刻中又作阿左梨、阿阇黎、阿拶哩，其音无定字，显密诸宗皆有此称，其源头属于密教瑜伽系统，约略于 8 世纪时从中印度的摩揭陀国（Magadha）经缅甸沿蜀身毒道北上，流入滇西保山、腾冲和澜沧江、洱海地区，又经百余年，至南诏中晚期始兴盛。[1] 阿吒力僧在南诏大理国佛教王权官僚体系中以一种类似印度婆罗门"在家僧制"的形式存在，《鸡足山志》"云南府风俗"条称其"能梵字，别开其教，则谓之阿吒唎，多爨种，习其教之曰秘密教，其咒术多崇秽迹金刚"。[2] 尽管阿吒力教在大理国之后多被冠以"秘密教"一名，但实际上在其传播过程中也杂糅华严宗、法相宗的经典和科仪，兼收儒道和云南本地巫教"朵兮薄"的一些元素，是一支极具地域特征且内涵丰富的密宗派别，也是制度性宗教向民间渗透弥散的重要一环。

阿吒力僧的活动以持诵真言密咒、从事瑜伽显密法事为主，他们能够在国家模式与民间模式、官僚模式与个人模式之间起到一种"上下通"的作用。在南诏大理国时期，阿吒力僧普遍凭借施行密法有功而接受官方的赐封，其活动体现出道教、密宗佛教与民间法术传统交汇杂糅的诸种面向。元代《妙辩大师释智明墓铭并序》称元僧智明的五世祖周效"为赞普钟南国大诏阁罗凤神兵

---

[1] 古正美：《从天王传统到佛王传统：中国中世佛教治国意识形态研究》，台北：商周出版社，2003 年，第 428 页。

[2] （清）高奣映：《鸡足山志》，芮增瑞校注，昆明：云南人民出版社，2003 年，第 368 页。

坛主"，封"上职大阿左梨"，八世祖周海于南诏异牟寻时期"能以其道降龙伏虎，致雨祈晴"，十一世祖周丰被"景庄皇帝蒙世隆请之为师，补与南天佛子"①。大理国段素廉时期（1010—1022 年）阿吒力僧董祥义因孟冬雷鸣，结坛行灌顶大法，其后裔董祥福"就上元寺内白难陀前建多心经道场"，因禳除旱灾有功而被段氏封为"守护僧"。② 明正统七年（1443 年），朝廷派靖远伯王骥率部征讨麓川土司，征讨大军中也有本地阿吒力僧"结坛行法、昼夜咒魇"。③

　　总体来看，元明时期云南的阿吒力教在醮禳活动中特别强调经咒仪轨的操演，始终有"淫祀"的嫌疑，特别是在明代中期，朝廷结束"三征麓川"的战事后即开始在滇西地区大力禁毁"妖淫巫觋之祀"，推行儒学教化，于弘治至万历前期形成一个小高潮，给阿吒力教造成不少压力。据《明史》卷一九四及康熙《鹤庆府志》卷十五的记载，始建于南诏昭成王时期的鹤庆元化寺供奉一截阿吒力高僧"卓锡通水"时浮出的香樟木，"刻为佛，咒之忽灵，远近名曰活佛"，民众膜拜以致"岁时集士女万人，争以金涂其面"，明弘治十一年（1489 年），云南宪副林俊以"其徒岁聚人马数千，肆行煽惑，耗人财，陷人躯命"④ 为理由，"亲到火焚，得金数百入官，又火滇淫祠三百"，人送外号"林劈佛"。⑤ 正德二年（1507 年）二月壬辰，巡按云南御史陈天祥奏请裁汰阿吒力僧纲司，报称：

　　　　云南有阿吒力、朵兮薄二教，其徒数百人，不祝发，不绝荤酒，类僧道而非僧道，有妻妾，生子女，假托事佛祈禳，召集良家女妇，宣淫坏

① 杨诚忞：《妙辩大师释智明墓铭并序》，楚雄彝族自治州档案局：《楚雄历代碑刻》，昆明：云南民族出版社，2005 年，第 29 页。

② 孙维成：《董氏宗谱记碑》，张了、张锡禄：《鹤庆碑刻辑录》，大理：大理白族自治州南诏史研究会，2001 年，第 357 页。

③ 《明英宗实录》卷九四"正统七年七月丁丑"，云南省少数民族社会历史研究所：《明实录有关云南历史资料摘抄》，昆明：云南人民出版社，1959 年，第 616 页。

④ 周钟岳：《新纂云南通志》卷一百一十二《祠祀考四·俗祀一》"大理府"，刘景毛校注，昆明：云南人民出版社，2007 年，第 87 页。

⑤ （明）阮元声：《南诏野史》，王崧：《云南备征志》，李春龙点校，昆明：云南人民出版社，2010 年，第 483 页。

俗，盖缘宣德间此辈厚赂中官，蛊惑朝廷，加授都纲纪官名，铸给印信，传至于今牢不可拔。乞敕所司削其官，追其印，摘发改管官处承当军民差役，庶淫丑之俗可以少革。①

　　随着清初理学意识形态的推广，阿吒力教因与儒家伦理相抵触而进一步遭遇污名化，康熙《云南通志》就称其"非释非道，其术足以动众，其说足以惑人，此固盛世之乱民，王法所必禁者也"。②面对来自官府的打压与禁毁，阿吒力僧的对策是攀附天竺世系，自称"婆罗门后裔"，附会佛教正统。明景泰二年（1451年）鹤拓僧洪仁所撰《故考大阿拶哩段公墓志铭》即云："夫西竺有姓名曰阿拶哩，是毗卢遮耶族，姓婆罗门，从梵天口中而生，教习秘密大道。"③事实上，阿吒力教经典中有相当一部分内容都是明代自内地传入云南的显教科仪，④但教僧着力淡化与汉地诸宗的联系，不仅自居为"天竺国婆罗门之种族"，⑤还将结坛咒魔和醮禳的法术归入"密教正统"，奉请密教大神大黑天为护法，以此应对国家的管控："大黑天为阿阇黎教之护法神，盖其教以血食享受祀，民间犹敬畏之。村邑立祠，疾疫祷祝。"⑥从整体上看，明代佛教呈现出浓重的经忏化特征，⑦自洪武十五年（1382年）确立"禅讲教三分"的政策之后，教僧取得了法定地位。由于阿吒力经忏僧在基层社会的宗教实践以"演佛利济之法、涤死者宿作之愆"的法事为大宗，自然也会宣称他们所奉请的护法

---

① 《明武宗实录》卷二三"正德二年二月壬辰"，云南省少数民族社会历史研究所：《明实录有关云南历史资料摘抄》，昆明：云南人民出版社，1959年，第940页。

② （清）范承勋、王继文修：《康熙云南通志·凡例》，龙云、卢汉、周钟岳：《新纂云南通志》卷130宗教考三，刘景毛校注，昆明：云南人民出版社，2007年，第500页。

③ （明）洪仁：《故考大阿拶哩段公墓志铭》，赵寅松：《白族文化研究》（2003），北京：民族出版社，2004年，第128页。

④ 侯冲：《云南阿吒力教辨识》，《世界宗教研究》1995年4期，第74—81页。

⑤ （明）洪宋：《大阿拶哩杨嵩墓志铭》，赵寅松：《白族文化研究》（2003），北京：民族出版社，2003年，第78页。

⑥ 龙云、卢汉、周钟岳：《新纂云南通志》卷130宗教考三，刘景毛校注，昆明：云南人民出版社，2007年，第502页。

⑦ 陈玉女：《明代的佛教与社会》，北京：北京大学出版社，2011年，第249、323页。

神大黑天在祈晴祷雨、辟妖邪等方面能力最正宗、最有效，如《万历云南志》卷十三载曲靖府阿吒力僧遣神捉妖事："大德间，乡有蛟，化为美少年，尝淫妇女，父老请治之。（赵迦罗）即遣黑貌胡奴擒至，以水噀之，蛟现其形，因斩之。胡奴云即大黑天神也。"[①] 这类高僧遣神伏妖的事迹，在明清时期本地乡邦文献中比比皆是。[②]

　　推动大黑天信仰走上"正统化"道路的另一重因素是官府与本地士绅。毫无疑问，国家对民间宗教的禁毁并不是历史的常态，往往只能收一时之效，自上而下推行的力度也并不尽如人意，无法真正改变地方祠祀深厚的社会基础。[③]明清两代朝廷虽然多次发布禁毁"淫祀"的诏令，但仅就滇西地区而言，国家祀典与所谓的"淫祀"之间，并不是一种非黑即白的简单对应关系，而是存在一片性质模糊的中间地带，也就是由州县政府赋予某种官方色彩的众多地方神祠。通行的做法是将处于"祀典"和"淫祀"临界点上的信仰形态纳入国家礼制运作的轨道。

　　如何才能摆脱"淫祀"的标记？我们发现，大黑天信仰在"土主"的外衣庇护下成功改换了面目。滇省郡县乡邑普遍信奉土主"vexzex"（主人），它原本是西南地区氐羌系民族的古老信仰形态，也称"本主""本境福主"，其神无定数，古代功臣名人与南诏大理国的历代先祖均可建祠受享。在明清两代国家的成文礼典规范中，土主位列"群祀"系统，是被王朝祀典所认可的乡里社神，地方官春秋二时礼谒，正如清人王谋在《重修土主庙序》中所言：

　　　　土主之神，滇之郡邑皆祠而奉之者，非上古土功于六诏之人，即段蒙之先世可祭于社之人也，或立石相社，或立祠妥社。旱则祈之，潦则祷

①　（明）李元阳：《万历云南通志》卷十三"寺观志第九"，《西南稀见方志文献》卷二一，兰州：兰州大学出版社，2003年，第299页。
②　李一夫：《白族的本主及其神话传说》，李家瑞：《大理白族自治州历史文物调查资料》，昆明：云南人民出版社，1958年，第78页。
③　雷闻：《郊庙之外：隋唐国家祭祀与宗教》，北京：三联书店，2009年，第257页。

之，其血食此一方也，岂同于妖淫巫觋之祀也乎？嵋治东有土主祠焉，曩岁旱魃为灾，有司步祷，予亦随而拜之。①

大黑天被收编进土主行列之后，"战斗神"身份逐渐褪色，而"主宰斯土"的职能得到强化，在新身份的掩护下巧妙地避开了以打击淫祀为借口的厉行禁绝。《滇志》卷十六《祠祀志》就记载了一个鲜活的例子：

> 大灵庙，一曰土主，其神大黑天。元时神屡效应，载在祀典，有元中庆学正郡人王升记，又有元学士支渭兴《祷雨灵应碑》，其他乡村皆有之，而在官渡里者最著神异……昔有上官毁之，归遂卧病，占之，曰以神为解，代者为乡人，嘱以兴复，病遂愈。②

官渡的这位大黑天神早在元代就因"屡效应"而被载入祀典，明天启年间，云南府的一位地方官认为这是"淫祠"，下令禁毁，结果回家就生病了，直到重修大黑天庙之后，方才病愈。③这场毁庙事件最终以"重修兴复"的戏剧性结局收场，到了清光绪年间，本地士绅又因这位大黑天土主"屡著灵异"而再度出资修缮。④可以看到，对民间信仰正统与否的判定，是由地方政府灵活掌握的一种权力；将之纳入"祀典"的举措，本身就体现了国家与地方达至的彼此认同与妥协。

元明时期滇中志乘史籍多将大黑天神话收入"祠庙"类"土主"条之下，如万历《云南通志》卷十二"寻甸府群祀"云："土主庙有二，一在府城东北三

① （清）王谋：《重修土主庙序》，咸丰《嵋峨县志》卷四《艺文志》，梁耀武主编：《康熙玉溪地区地方志五种》，昆明：云南人民出版社，1993年，第226页。
② （明）刘文征：《滇志》卷十六《祠祀志第九》"群祀"，昆明：云南教育出版社，1999年，第549页。
③ （明）刘文征：《滇志》卷十六《祠祀志第九》"群祀"，昆明：云南教育出版社，1999年，第549页。
④ 龙云、卢汉、周钟岳：《新纂云南通志》卷11祠祀考四·俗祀一，刘景毛校注，昆明：云南人民出版社，2007年，第74页。

里，即大黑天神祠。"[①] 入明后，本地信士李禾施舍田亩修整寺院，重塑大黑天为"天神土主"。[②] 正德《云南志》卷九《姚安府祠庙》云："土主庙在城外东北三里，永乐间建，其神曰大黑天神，土人春秋祀之。"[③] 据 1982 年的云南文物普查数据，大黑天神大量出现在滇东地区的本主庙中，滇池周围一百三十二座本主庙中，供奉大黑天者高达一百三十座，或为主神，或受配享，其盛况正如《大清一统志·云南府》所云："虽十户之邑，亦必祀之。"杨庆堃曾指出，祭祀的时间是区分国家祀典与民间祭赛的关键因素："官方信仰和民间信仰之间的区别是前者的祭祀总是于春秋两季开始时举行，而后者的祭祀则通常是在神灵生日时举行……所有官祭的时间都是固定的。"[④] 祭祀活动是官方推行"神道设教"最直接的体现，由官方主导的仪式既具有宣示和强化国家存在的意义，同时也象征着国家在祈求神灵庇佑的活动中发挥的主导作用。祭祀大黑天的时间是在春秋两季，由此也说明，明清时期这一信仰形态经历的正统化历程，动力主要来自各地方官府。

作为"社神土主"的大黑天封号众多，其一是佛教化的"伽蓝"，如大理观音塘村本主庙中供奉"伽蓝土主大黑天"；[⑤] 其二则是以南诏历代帝王为原型的"景帝"，如才村本主庙有"大黑天神景庄皇帝"、洱源凤羽上寺供奉"卫国佑民西弄景帝大黑天"。[⑥] 清代康熙年间《蒙化府志》卷一"古迹"云，弥渡铁柱庙中有南诏天尊柱，"土人建庙覆之，贴金其上，祭祖灵验，后肖男女二像，挂幡书号，称之驰灵景帝大黑天神"。[⑦] 考"景帝"一名所指有二，其一是

[①]（明）李元阳纂修：《万历云南通志》卷十二"寻甸府群祀"，林超民等编：《西南稀见方志文献》卷二一，兰州：兰州大学出版社，2003 年，第 293 页。

[②]（明）杨赐：《重修金镜山碑记》，杨世钰：《大理丛书·金石篇》第 5 册，昆明：云南民族出版社，2010 年，第 2445 页。

[③]（明）周季凤纂修：《正德云南志》卷九《姚安府》"祠庙"条，方国瑜主编：《云南史料丛刊》第 6 册，昆明：云南大学出版社，2000 年，第 191 页。

[④] 杨庆堃：《中国社会中的宗教》，范丽珠等译，上海：上海人民出版社，2007 年，第 144 页。

[⑤] 田怀清：《大理州白族本主信仰调查之二》，国家民委民族问题五种丛书云南省编辑组：《白族社会历史调查》（二），北京：民族出版社，2009 年，第 182 页。

[⑥] 赵寅松：《大理白族本主信仰调查之一》，国家民委民族问题五种丛书云南省编辑组：《白族社会历史调查》（二），北京：民族出版社，2009 年，第 154 页。

[⑦]（清）蒋旭：《康熙蒙化府志》卷一《地理志》"古迹"，大理：大理州文化局，1983 年，第 45 页。

南诏政权敕封的山神名号，比如在盛逻皮时期曾敕封印度阿育王的三子一舅，"长子福邦为碧鸡山主，庙山之下，谥号曰伏羲山河清邦景帝"，三子为"金马名山至德景帝"，令其神主各山并建庙祀之；[①] 其二是南诏第十一世君主世隆（860—877 年）的谥号"景庄"，在大理国后期和段氏总管时期，土主神常常沿用南诏帝王旧号，洱源凤羽南边的鹤林寺，供奉的大黑天又号"弘道圣帝"，寺中有对联赞颂其功绩："溯厥帝源流，读史采风，在昔膳楚□开，奠安焚国，诚纬武经文，聪明正直超六诏；考诸王世系，由神封圣，而今阴阳燮理，辅翼南坛，允佑民弘道，威灵显应障全滇。"[②] 完全是把大黑天当成一位帝王来看待。

入明之后，汉族儒士普遍认为"景帝"的名号是体现"蒙昭夷狄之俗"的"伪谥"，[③] 那么为何佛教神大黑天会继承南诏君主的头衔？事实上，自段氏总管时期直至明初，民间社会对南诏大理国历代君主的祭祀既不入祀典又不属淫祀，而任由其以"土人私祀"的状态长期存在，[④] 大黑天跻身土主社神系列后直接继承了南诏开国者和君主名号，对前朝君主的祭祀遂依附于土主祭祀。换言之，正如田海在对白莲教的观察和研究中发现的那样，一个神的标签（label）可以被贴到另一个神身上，从而令原先被视为"淫祀"的地方神明得到合法的身份，完成正统化的转型。[⑤]

地方社会中的信仰仪式，大多是由官员士绅和神职人员合作建构出来的，其正统性分别体现了国家认可的仪式正统，二者的竞争与相互联结，造就了地方性集体记忆与文化认同的基本形态。云南的大黑天神话是由多种文化因素合

---

① （元）张道宗：《纪古滇说集》，王崧：《云南备征志》，李春龙点校，昆明：云南人民出版社，2010 年，第 312 页。

② 张旭主编：《南诏·大理史论文集》，昆明：云南民族出版社，1993 年，第 15 页。

③ （清）吴楷：《景帝非正祀辨》，（清）屠述濂修：《云南腾越州志》卷十二，文明元、马永点校，昆明：云南美术出版社，2006 年，第 322 页。

④ 王健：《祀典、私祀与淫祀：明清以来苏州地区民间信仰考察》，《史林》2003 年第 1 期，第 50—56+29—124 页。

⑤ Barend J. ter Haar, *The White Lotus Teachings in Chinese Religious History*, Leiden, E. J. Brill, 1992, p. 1.

力奠定的，其中既有明显的古印度婆罗门教神话元素，又显示出接受显密诸宗和地方神祠信仰影响的内容。南诏大理国与明清是两个类型完全不同的统治模式，贯穿其间的大黑天神话也体现出兼具国家与民间的一体两面特征。从长时段的历史视野来看，云南的大黑天神话经历了一个抛物线式的发展轨迹——在南诏大理国时期，大黑天从婆罗门教和密乘佛教神话中脱胎而出，随着云南地方政权的日渐巩固，其重要性渐渐上升，与"建囵观音"阿嵯耶相比肩；元明易代之后，大黑天在阿吒力教僧的推动下流布民间，修法持咒的专业宗教实践也随之走上了经忏化和通俗化的道路，在民众的信仰世界中更多地与平妖驱邪、助战护国等种种神迹混为一体。明清两代的地方官府面对这一"其祀遍滇中"的现象，顺势将大黑天纳入王朝祀典，使其从一个域外的密宗战斗神转变为兼具村寨保护职能和社稷土地职能的本地神，它凭借此新身份而免于被贴上"淫祀"的标签。在这一过程中，神圣叙事也与地方性的山岳水渎神话及神僧故事出现了交叉，形成了"在庙为本主，在寺为伽蓝，在世为国王"[①]的独一无二的三分格局。

153

对比大黑天在古印度时期和南诏大理国时期的不同样貌，我们可以较为清晰地捕捉到地域性元素对这一异域神话的改造痕迹。宗教史研究者伊利亚德在《神圣的存在：比较宗教的范型》一书中，提出"退化"（degeneration）的概念，这个概念模型被用来解释各种象征符号的发展过程，特别是从神圣走向凡俗、在民间被改造和替换的发展过程。退化理论认为，任何象征在越来越低的层次上宣讲和解释的时候，都会被一种幼稚的、过分具体的方式来对待，从而使它与所属的整个体系相分离。那些原本妙不可言、带有神圣真理意味的复杂象征体系和象征符号，在其流传过程中经过民众的改造，或依阐释者的生活经验进行重新解读之后，会不可避免地经历神圣性的退化，比如钻石从一种绝对实体的象征，蜕变为防蛇的护身符，曾经象征神圣河流的名字变成了治疗便

---

① 赵寅松：《大理白族本主信仰调查之一》，国家民委民族问题五种丛书云南省编辑组：《白族社会历史调查》（二），北京：民族出版社，2009 年，第 154 页。

秘的处方。伊利亚德指出，自己研究象征符号的中心问题之一，就在于如何既可以展现象征的多元分支，又可以呈现象征在越来越低的层次上被解释的时候都会经历的理性化和退化的过程。[①]这一退化过程似乎意味着一种"阐释学上的偏离"（hermeneutic drift），正如道格拉斯·范·巴伦在《神话的适应性》一文中所指出的，神话的适应性不是指某个神话在失去功能，而是说神话适应了新的形式和挑战以保持自身存在的方式避免其功能的削弱或完全消失。[②]南诏大理国的大黑天神话从古印度"冢间神"原型演进为洱海滇池地区的"大黑土主"，所经历的地域性变形的历史，就是一个象征符号作为表达手段之潜能不断增长和扩张的历史。

不过，伊利亚德、范·巴伦和李亦园等前辈学者的"退化理论"是否能够完美地适用于南诏大理国大黑天的例子？一方面，滇中民众对于大黑天仰吞毒药、救护黎民的故事代代传颂，的确体现出神话性的消退与世俗性的增长，但另一方面，也需要注意到大黑天在近世云南的民间信仰系统中，并未从神坛上彻底退下来，而是改头换面成为另一个神，也就是号称"其祀遍滇中"的"大黑土主"。因此，大黑天神话与图像在云南经历的建祠奉祀与图绘形貌，从本质上来讲是一个域外文化元素被携入中华之后接受中土系统改造的过程，它体现的是密宗佛教的信仰实践与地方传统之间的交汇、再造与互补关系，从侧面也反映出民众对这种"其来有自"的异文化元素的接受是如何化作地域认同的一部分的。及至蒙古人征服大理国之后，特别是明清两代，中央王朝力量在西南边陲不断下渗，大黑天信仰的问题更主要体现为一个地方神如何接受王朝祀典礼制的改造、逐步进入仪式正统的问题。

---

① ［美］米尔恰·伊利亚德：《神圣的存在：比较宗教的范型》，晏可佳、姚蓓琴译，桂林：广西师范大学出版社，2008 年，第 428—433 页。

② ［美］阿兰·邓迪思主编：《西方神话学读本》，朝戈金等译，桂林：广西师范大学出版社，2000 年，第 266 页。

第六章

白王神话与“白人”认同的形成

云南古代神话传说的系谱庞杂且类型多样，既有因"地近天竺"从南亚输入的婆罗门—佛教神话，也有此地原生且具备强大能量的地域性传说故事。前者如阿育王、大黑天、阿嵯耶观音等古印度神祇在云南的"中国化"历程，已有颇多学者关注；后者如哀牢夷之九隆与濮僚族系的竹王传说，也是中国南方民族文学研究的重要主题。相比之下，南诏大理国及其后续历史阶段的地方叙事和本土话语，目前还缺乏系统和深入的探讨。在乡邦文献和环洱海地区的碑文墓志对云南史地及人物的记载中，"白"是一个高频词：其地为"白国"，其人为"白人"（"白蛮"），其神为"三灵白帝"。洱海地区有关白王与白国的"古本"叙事相当丰富，其内容多从南诏大理国史事衍生而来，诸如《白子国的由来》《蒙舍战白王》《辘角庄》《白王嫁女》《白王造金殿》等民间长期流传的口头文学，皆可与地方史志、碑刻谱牒及当代白族的民俗实践形成有趣的互勘对照关系，为建构"多民族文学史观"提供了来自文化主体的宝贵声音。[1]白王传说也是白族文化记忆的重要组成部分，在20世纪50年代的民族识别工程中是白族定名的关键依据。

在南诏建国之前是否真的存在一个以白为号的地方政权？白国与白王之名并不见载于汉唐时期王朝官修史志，但云南本地的历史书写中相关内容极多，愈至近世愈有层累叠加的态势，特别是元明两代以来，本地学者如李元阳、诸葛元声、倪蜕、师范、王崧诸人，凡言滇事莫不称道白国，方国瑜等现代学者对于白王事迹也是"信而从之"。[2]当代云南学者如赵寅松、杨永新等人根据弥渡白王古城遗址的发现，认定作为部落联盟的"白子国"在历史上是存在的。[3]云南地方史志中的"白国"名号繁复，有白崖国、白子国、白国、张氏国、拜

---

① 徐新建：《"多民族文学史观"简论》，《民族文学研究》2007年第2期，第12—18页。
② 方国瑜：《滇史论丛》第一辑，上海：上海人民出版社，1982年；林超民：《白子国考》，杨仲录：《南诏文化论》，昆明：云南人民出版社，1991年。
③ 张旭主编：《南诏·大理史论文集》，昆明：云南民族出版社，1993年，第7页。

国、建宁国、云南国等称谓，白王事迹又错杂神怪诡谲的野史稗闻，加之历代文献辗转抄录，使得各本异同，难定孰是。不少学者从"辨伪"的角度入手，考证出"世上本无白子国"，[①] 认为地方志、碑刻谱牒与民间文学中的白王和白国，皆是子虚乌有的神话，不可作信史看待。

如果跳出文献的画地为牢，9世纪末期的实物为我们提供了可能与"白国"直接相关的证据。其一是1979年西安交通大学唐代兴庆宫遗址出土的"都管七箇国"六瓣银盒（见图6-1）。该银盒为六瓣喇叭形圈足三层套装，最外层银盒上錾刻有七国来朝、献宝进贡的纹饰，榜题"都管七箇国"。银盒图案正中的六角形内錾一骑象人，随从顶礼膜拜，手执伞盖，正中有榜题"昆仑王国"四字，下方有"将来"二字。从昆仑王右侧顺时针排列婆罗门国、土番国、疏勒国、高丽国、白柘国、乌蛮人。[②] 此七国中唯有"白柘国"之名不见于文献记载，银盒上"白柘国"的内容是老者坐在蒲团上，右侧一童子献物于老者。慧琳《一切经音义》卷八二提到"柘"在中古时期的发音是"与跖同，之石反"，从读音上来看，此"白柘国"与史籍所载"白子国"或"白氏国"接近。再从排列顺序来看，"白柘国"与"乌蛮人"紧邻，恰好对应的是南诏时代"西爨白蛮、东爨乌蛮"的族群分布格局。"都管七箇国"六瓣银盒的制作年代是在唐宣宗大中到咸通年间（847—

图6-1　唐"都管七箇国"六瓣银盒

① 向达：《南诏史略论：南诏史上若干问题的试探》，《历史研究》1954年第2期，第1—29页；侯冲：《白族心史：〈白古通纪〉研究》，昆明：云南人民出版社，2011年；包鹭宾：《民家非白国后裔考》，《包鹭宾学术论著选》，武汉：华中师范大学出版社，2005年，第251页。

② 韩伟：《海内外唐代金银器萃编》，西安：三秦出版社，1989年；周伟洲：《唐"都管七箇国"六瓣银盒考》，叶炜主编：《唐研究》第3卷，北京：北京大学出版社，1997年，第416页；周伟洲：《长安与南海诸国》，西安：西安出版社，2003年，第168—179页。

873 年），正是南诏世隆时代，可能是向唐王朝进贡的物品。

尽管白王和白国的真实性尚待进一步证据的加入方可有定论，但留存于地方历史记忆中的白王神话，却揭示了一重心态史意义上的真实性。神话作为某一群体共享的观念与历史记忆的集结，堪称最能体现地方社会独特逻辑的文化剧本。在世代口耳相传的过程中，同一文化剧本中堆叠的符号又会被赋予新意义，接受不同人群的遴选、改造并被重新搬演。在西南边疆卷入"华夏化"进程的历史背景之下，本章将考察白王神话的范式情节如何被洱海文化精英重新阐释并串联起地方历史的多声部叙事，希望能够从文学形态变迁背后的时代意涵及话语构成规则入手，反思和回应"多民族文学史观"、祖源记忆与表述等民族文学研究的重要议题。

第一节　庄蹻与白王：地方历史的复线叙事

一、庄蹻王滇

以《史记》、两汉书与《华阳国志·南中志》为代表的华夏历史叙事中，"庄蹻王滇"被视作云南历史的起点。庄蹻本为楚庄王苗裔，于公元前 286 年率部沿沅水溯江而上，以兵威征服滇池地区，滞留不归始称王，《史记·西南夷列传》云：

> 始楚威王时，使将军庄蹻将兵循江上，略巴、黔中以西。庄蹻者，故楚庄王苗裔也。蹻至滇池，方三百里，旁平地，肥饶数千里，以兵威定属楚。欲归报，会秦击夺楚巴、黔中郡，道塞不通，因还，以其众王滇，变服，从其俗，以长之……太史公曰：楚之先岂有天禄哉？在周为文王师，封楚。及周之衰，地称五千里。秦灭诸侯，唯楚苗裔尚有滇王。[1]

---

[1] （西汉）司马迁：《史记·西南夷列传》卷一百一十六，方国瑜主编：《云南史料丛刊》第 1 册，昆明：云南人民出版社，1990 年，第 7 页。

《华阳国志》卷四《南中志》称：

> 周之季世，楚顷襄王遣将军庄蹻溯沅水、出且兰，以伐夜郎，植牂柯，系船于是。且兰既克，夜郎又降，而秦夺楚黔中地，无路得反，遂留王滇池。蹻，楚庄王苗裔也。以牂柯系船，因名且兰为牂柯国。

战国时期巴楚两地交往频繁，庄蹻循水路来滇成王，司马迁更是将滇国视为楚国在西南边疆的延续。事实上，"庄蹻"之名与"庄蹻王滇"之事，皆因先秦文献自身的复杂性而存在诸多尚待澄清的历史谜团，《史记》与《华阳国志·南中志》将这位楚将的名字写成"庄蹻"，而《后汉书·南蛮西南夷列传》则写为"庄豪"，唐人杜佑《通典》卷一八七称"庄豪即庄蹻也"，[①]，认为这是同一人名的不同写法，今人徐中舒、唐嘉弘也将二名训为一人："豪、蹻古同在幽部，蹻即豪之音转。"[②]徐中舒先生甚至指出，《史记·西南夷列传》所开启的"庄蹻王滇"叙事，很可能是司马迁得自南中传闻的结果，并非信史，其原型很可能是西南地区"岷山庄王"的古老传说。岷山庄王的事迹目前可知最早的记载是战国时代魏国官修正史《竹书纪年》中提到的"桀伐岷山"，岷山庄王为平息兵争，主动将两位美女（琬、琰）献给夏桀。结合楚国黄金的来源、春秋时期楚国在楚雄的移民等问题来看，岷山庄王可能是楚王在丽水地区的代理人，在秦惠文王发兵灭巴蜀之际，岷山之王被迫率众南迁，而突然现身于《史记》中的这位入滇的庄蹻，极有可能就是岷山王国的最后一个庄王，其年代上距楚威王十一年，下距楚顷襄王十七年，与《史记》及两汉书提到的时间亦相吻合。[③]

也就是说，"庄蹻王滇"的地方历史叙事，可能是岷山（蜀国）庄王迫

---

① （唐）杜佑：《通典》卷187"边防三"，王文锦、王永兴、刘俊文、徐庭云、谢方等点校本，第五册，北京：中华书局，1988年，第5055—5056页。

② 徐中舒、唐嘉弘：《夜郎史迹初探》，《贵州社会科学》1980年第1期，第49—58页。

③ 徐中舒：《试论岷山庄王与滇王庄蹻的关系》，《思想战线》1977年第4期，第75—82页。

于北方之秦、东方之楚的压力，被迫南迁这一历史事件的变形和演绎。但不论"庄蹻"是楚将还是蜀王，他对于云南本地土著文明而言始终是一个"外来者"，这一身份是确凿无疑的。正因如此，后世云南本地文献在提到"滇"之起点的时候，多沿用这一说法，如《四库全书总目提要》评价为"端绪分明，足以资考证"的康熙朝永昌府推官冯甦所作《滇考》一书，即以"楚庄蹻定滇"开篇，称"考滇事者，当自庄蹻始"，[①] 称其为入滇第一人。考古发现和出土文物也提供了有力的支持。从 20 世纪 50 年代中期直至世纪末，云南的考古工作者先后在昆明附近的晋宁石寨山清理出墓葬八十六座，出土随葬品五千余件，其中包括一枚"滇王之印"金印，大型青铜贮贝器器身上的立体造像展现出的诸如战争、纳贡、结盟、祭祀等标志性活动，揭示出滇人丰富的社会文化生活和精神世界。[②] 这证实了司马迁提到的"古滇国"并非遥远西南边疆的传闻，而是真实存在的，且很可能都与滇王庄蹻及其臣属的后裔紧密相关。

综合文献和考古学资料，我们可以说，"庄蹻王滇"并建立滇国，"变服从其俗"，标志着西南边疆的云南开启了文明化进程。"庄蹻王滇"的叙事深刻影响了对滇国族群归属的定性。唐人梁建方在公元 648 年成书的《西洱河风土记》中，对洱海一带人群的构成进行了详细的描述，并指出他们都是庄蹻的后代：

> 其西洱河从西嶲州千五百里，其地有数十百部落。大者五六百户，小者二三百户。无大君长，有数十姓，以杨、李、赵、董为名家。各据山川，不相役属自云其先本汉人。有城郭村邑，弓矢矛铤言语虽小讹舛大

---

① （清）冯甦：《滇考》，王崧：《云南备征志》，李春龙点校，昆明：云南人民出版社，2010 年，第 657 页。

② 云南省博物馆考古发掘工作组：《云南晋宁石寨山古遗址及墓葬》，《考古学报》1956 第 1 期，第 43—94 页；云南省博物馆：《云南晋宁石寨山古墓群发掘报告》，北京：文物出版社，1959 年；云南省博物馆：《云南晋宁石寨山第三次发掘报告》，《考古》1959 年第 9 期，第 59—62 页；云南省文物考古研究所、昆明市文管会、晋宁县文物管理所：《云南晋宁石寨山第五次抢救清理发掘简报》，《文物》1998 年第 6 期，第 4—17+1+97—99 页。

略与中夏同，有文字，颇解阴阳历数。自夜郎，滇池以西，皆云庄蹻之余种也。①

近年来在大理五华楼发现的元代火葬墓碑《故理阳寨长官司案牍段琏墓铭并序》，从中也可看到这种来自外部的定义是如何渗透到本地社会表述祖先来源的主位叙事当中的：大理国的开国君主段思平的先祖，即出自庄蹻王滇的后人：

> 案牍姓段氏，讳琏，考其世袭源流，乃楚王蹻之□□将官也。威王使蹻伐滇，既克，会秦灭楚，蹻遂留王滇池，以其众分为五将，而己总以统之，因成一百□□之属，段氏其一也。其族属爵秩，具有家谱，兹不复赘。②

楚系滇王的后裔在汉唐正史中留下了一个滑稽且不甚光彩的形象，根据《史记·西南夷列传》的记载，庄蹻的后人尝羌在汉武帝时为滇王，著名的"汉与我孰大"之问，就出自尝羌。他不仅擅自扣留、监禁朝廷派往南方身毒国（天竺）的使臣，阻断了汉代帝国打通"蜀身毒道"的脚步，还在武帝兵锋直指西南夷之际，不识时务地拒绝了汉使提出的"归顺"建议。武帝元封二年（公元前109年），"天子发巴蜀兵击灭劳、靡莫，以兵临滇"，尝羌降汉，武帝在其旧地新设益州郡，赐印封滇王，令其复长其民。

从"庄蹻王滇"到"武帝封滇"的单线叙事，展现了一个文明传播的标准模式——来自华夏核心区的王室贵胄远赴边疆，开启了边民"欣然向化"的历程，继之以官方的封敕行为，将边地的异质性纳入王朝一统。这一模式化的叙事典范在汉晋官志确定基调之后，如同宪章一样在后来的历史书写中被不断

---

① （唐）梁建方：《西洱河风土记》，方国瑜主编：《云南史料丛刊》第2卷，昆明：云南大学出版社，1998年，第216—211页。
② 方龄贵、王云选录：《大理五华楼新出宋元碑选录并考释》，昆明：云南大学出版社，2000年，第41页。

套用。蜀汉建兴年三年，诸葛武侯率部南征，讨伐叛蜀的益州郡统帅雍闿，在洱海南部收用"白蛮"豪族为牧宰，赐姓张氏，重新搬演了"武帝封滇"的剧本："诸葛亮渡泸至南中，斩雍闿、服孟获，四郡皆平。时云南郡之白崖有国，号大白子，其酋凤龙佑那，能抚其民，侯乃以其地封之，赐姓张氏。"①

"汉人后裔"说的另一个变体，是宣称白人为古僰国民。元初奉命伐缅甸的征南将军李京在实地考察之后得出结论："白人有姓氏，汉武帝开僰道，通西南夷道，今叙州属县是也。故中庆、威楚、大理、永昌皆僰人，今转为白人也。"②为什么洱海"白人"又被称为"僰人"？《说文解字·人部》称"僰，犍为蛮夷"，两汉时期犍为郡的治所在今四川宜宾西南，《史记·西南夷列传》张守节《正义》称此地为"古僰国"（"益州南，戎州北，临大江"），《汉书·地理志》"僰道县"条注称为"僰侯国"。这个概念在汉晋官修史志涉及"西南夷"的节段里反复出现，《珙县志》《高县志》等川南史志也记载了许多本地僰人遗迹，如僰人坟、僰人寨之类。犍为郡的僰人的南迁入滇，始自秦汉之际的中央王朝对"僰道"的经略。据《华阳国志》的记载，僰侯国人迫于蜀地"叟人"的压力而循岷江向南迁徙，到了王莽新朝时期，僰人已从川南犍为郡、滇北朱提郡迁移至洱海周边，定居于祥云、弥渡、姚安、大姚等地，③"人众殷实，多于蜀川，无大酋长，好结仇怨"。④这一地区正是唐人樊绰《蛮书》里提到的"白蛮"的分布地带，后来诸葛亮在弥渡白崖招抚豪酋龙佑那、赐姓张氏并行羁縻之法，依"白子国"旧地封"建宁国"，其所辖区域也正好就是这里。⑤另外从语音学上来看，僰白二字可彼此转换，先有僰，后讹为白，洱

163

①　（明）李元阳：《嘉靖大理府志》卷一"沿革论"，大理：大理白族自治州文化局，1983年，第9页。
②　（元）李京：《云南志略辑校》，王叔武辑校，昆明：云南民族出版社，1986年，第56页。
③　林超民：《白子国考》，杨仲录：《南诏文化论》，昆明：云南人民出版社，1991年，第106—107页。
④　《资治通鉴》永徽二年（651年）引赵孝祖奏。
⑤　封土长为王侯，这是中央王朝管理"西南夷"的一贯政策。不论是"僰侯国"还是"白子国"，此"国"的性质，应当理解为一个酋邦式的部落联盟，是对白蛮所辖地区的笼统称呼。各据一方与中央抗衡的地方豪酋家族已经出现，但作为统一的部族共同体则尚未形成，还处于分散"无君长"的状态。

海"白人"就是汉晋文献中"僰人"一名的转音。[1]总之，不管是"庄蹻王滇"，还是"僰国后裔"，这种对于洱海族群来历的表述，都强调一个"华变夷"的过程——汉人入滇之后"夷化"形成的群体。

二、白崖王：地方历史的本土叙事

华夏中心主义的线性叙事一旦成为主导的声音，真实性也就越脆弱，往往也会有种种"反叙事"来抵制它。[2]基于考古历史分期的研究，滇国青铜文明在全盛时期的标准器与楚国器物鲜有共同之处，滇楚两地文化之间并没有必然联系，[3]足见"庄蹻王滇"故事在本质上可能只是中央王朝开拓边疆、"以文化之"的历史隐喻。由于滇国早期文献和后来的南诏大理国史料在元初毁于战火，今人很难知晓身处汉晋的本地人对"封滇说"和"王滇说"到底有何种回应。

幸运的是，有一类材料提供了线索。段氏大理国时期，本地阿吒力释僧所著《白古通纪》（亦名"白古记""僰古通纪"）杂采南诏初年的《张氏国史》《巍山起因》《西洱河记》等佚书，详细记录了唐宋时期的南诏大理国君主的世系、名号、建制沿革，杂以神话传说与灵异事迹，堪称本地人讲述滇之始末、地方掌故与神话历史的集大成者，其中很多内容直至现代还在白族民间社会中流行不衰，是还原地方历史复线叙事、发掘本土话语的重要依据。《白古通纪》原本用"白文"写就，大理国覆灭后被渐次翻译整理为汉文，元明史家多据此转抄、删润和增补，衍生出体量庞大的"白古通"系列地方史志。白文又称"僰文"，是一套借用汉字偏旁构型来记录白语音意的地方文字符号，可视作"白人之通俗方言文"，[4]目前发现有白文镌刻的石碑共十二通，如大理国时

---

[1] 李绍明：《关于川南悬棺葬的几个问题》，《李绍明民族学文选》，成都：成都出版社，1995年，第788页。

[2] 连瑞枝：《书写"西南"：两种典范历史的对话与建构》，《历史人类学学刊》2008年第1期，第39—70页。

[3] 张增祺：《滇国与滇文化》，昆明：云南美术出版社，1997年，第25页。杜玉亭、杜雪飞：《庄蹻王滇千年争论的学理反思》，《云南社会科学》2015年第1期，第166—170页。

[4] 徐家瑞：《大理古代文化史稿》，北京：中华书局，1978年，第285—285页。

代白蛮段氏与三十七部会盟的《石城会盟碑》、段氏总管时代的《段信苴宝摩崖碑》等。[①] 万历年间流寓云南的杨慎"通夷语，识爨文"，在所著《滇载记》《滇爨源流》中就广采白史："余婴罪投裔，求蒙段之故于图经而不得也。问其籍于旧家，有白古通玄峰年运志，其书用爨文，义兼象教，稍为删正，令其可读。"[②] 杨慎在大理旧家看到的这份"白古通"很可能是已经被本地士人译出的本子，后来又经各家删正裁剪，令其雅驯有章法，面目已非白文原貌，唯保存其大概。但即便如此，"白古通"系史料中依旧传递出未被完全过滤和屏蔽的本地神话传说，是探寻民众历史记忆的极佳入口。

在这类荟萃白文旧志著成的滇史中，"庄蹻王滇"看起来似乎仅仅是一块次要而模糊的舞台布景，真正的重点并不在于这位"外来王"入滇的细节，而在于庄蹻世系之外还存在另一支本土滇王世系，即以洱海南部之弥渡白崖为基地的"白崖滇王"一脉。楚系滇王与本地滇王的并立、对抗与取代关系才是叙事的基调。如《白古通纪》"云南国纪"就称：

165

> 周显王时，遣弟庄蹻上略巴黔，遂王其地，曰滇国。与爨人国通和，又曰滇池。此春秋之时也。后经二百年，汉武帝元封二年，遣张骞使西域还。谓武帝曰：天竺国去蜀不远。再遣骞通道南滇，册封哀牢夷第八族牟苴颂四世孙仁果为滇王。[③]

《白古通纪》中提到的这位接受汉家金印与封号的滇王，并非"天子怒其出言不逊"的尝羌，而是另有其人（哀牢夷土著仁果）。在元人张道宗采录《白古通纪》编纂而成的《纪古滇说集》一书中，正史所载"天子发兵临滇"被置换为"天子遣使通滇"，且"受汉封"的主角也从楚系滇王变成了政绩清

---

① 张锡禄：《白族古代碑刻概述》，《文献》1992年第4期，第226—239页。
② （明）杨慎：《滇载记跋》，方国瑜：《云南史料丛刊》第4册，昆明：云南大学出版社，1998年，第765页。
③ 尤中：《爨古通纪浅述校注》，昆明：云南人民出版社，1989年，第7页。下划线为引者加，下文同。

明、受众拥戴的"白崖滇王"张仁果：

> 蹻为滇王，崇信佛教，不忍杀生，迁居白崖、鹤拓、浪穹。后众推仁果者为张姓新君之王，滇蹻传世卒矣。仁果肇基白崖，尚创业之祥于兹，遂以其地号国曰白……帝再遣（张）骞道通滇，为益州，亦曰昆明，册张仁果为滇王。[①]

白崖城旧城城址位于弥渡县红岩乡古城村前，城墙周长约 1 300 米、残高 11 米。土质夯筑，城址内出土南诏有字瓦。唐人樊绰《蛮书》中对此有详细的描述："白崖城在勃弄川，天宝中附于忠、城、阳等五州之城也。依山为城，高十丈，四面皆引水环流，唯开南北两门。南隅是旧城，周回二里。东北隅新城，大历七年阁逻凤新筑也周回四里。城北门外有慈竹丛，大如人胫，高百尺余。城内有阁逻凤所造大厅，修廊曲庑，厅后院橙枳青翠，俯临北埔。旧城内有池方三百余步，池中有楼舍，云贮甲仗。川东西二十余里，南北百余里。清平官以下，官给分田，悉在。南诏亲属亦住此城傍。其南二十里有蛮子城，阁逻凤庶第诚节母子庶居也：正南去开南城十一日程。"[②] 从文献记载提供的信息来看，公元 8 世纪的白崖城应该是具有相当规模的南诏时代的兵家重地。

甚至还有史料考辨出两个滇国之间并非先后关系，而是对抗与争衡的关系："庄豪治滇，仁果治白崖，两国角立。"[③] 参酌白文旧志的"白古通"系列滇史著作，如《纪古滇说集》《南诏野史》《南诏源流纪要》等，皆杂录佛教感应灵迹与神怪之说，若以之考校史事，自然不可尽信。但正是这些逸出典范历史框架之外的不和谐之音，构成了地方历史叙事的多维空间。对比官修正史和本地白文野史中有关滇国的内容，可以看到前者紧扣"庄蹻王滇"的主线，借

① （元）张道宗：《纪古滇说集》，王崧：《云南备征志》，昆明：云南人民出版社，2010 年，第 308 页。

② （唐）樊绰：《蛮书》，王崧：《云南备征志》，昆明：云南人民出版社，2010 年，第 100 页。

③ （明）谢肇淛：《滇略》"白国始末"条，方国瑜：《云南史料丛刊》第 6 册，昆明：云南大学出版社，2000 年，第 648 页。

"王滇说""封滇说"寓指秦汉以来王朝力量向西南边疆的持续渗透；而后者则徘徊于两种版本的历史记忆与族源故事之间，呈现出多声部的复线结构。"白古通"系列并没有与"庄蹻王滇"的写史模式彻底决裂，也没有完全拒绝"封滇"这个可以被反复套用的范式性情节。它采取了一种类似修正主义的观点：不回避滇国历史叙事中的外来者元素（庄蹻、汉武帝、诸葛亮），但又相当依赖并顾及到了乡邦文献中的本土记忆，白王这一符号在地方历史叙事中是以华夏力量的反面和"他者"身份出现的，"白崖滇王"的历史叙事旨在申明滇国自有其本土渊源，绝非仅仅是在华夏力量刺激之下的消极回应，由此构成了对华夏中心历史观的反叙事。

三、白饭王：族群来源的异域叙事

自西汉以至唐宋，"王滇"与"封滇"始终是追溯地方历史起点的一种程式化叙事。唐贞观年间征讨洱海"松外诸蛮"的右武将军梁建方的《西洱河风土记》中，提到"自夜郎、滇池以西，皆云庄蹻之余种也"，[①]元代大理五华楼遗址出土的《故理阳寨长官司案牍段琏墓铭》也称"白蛮"段氏的先祖是"庄蹻之将官"，并追溯了白蛮祖先跟随庄蹻入滇的家族史："威王使蹻伐滇，既克，又会秦灭楚，蹻遂留王滇池，以众分为五将……段氏其一也。"[②]自元代开始，出现一种与"庄蹻遗裔"并行不悖的祖源叙事，即"白人是天竺苗裔"，及至明代中后期渐成一种强势的观念。最早提及"天竺后裔"之说的是《白古通纪》，它承袭了"庄蹻灭、白国立"的思路，体现出以白人为主体的滇国历史叙事，倾向于撇清祖先来源问题上的华夏色彩；不唯如此，它还要为族群历史寻找一个比庄蹻更神圣、更高明的起点，即北印度孔雀王朝的阿育王：

---

① 梁建芳：《西洱河风土记》，方国瑜：《云南史料目录概说》，北京：中华书局，1984年，第149页。

② 国家民委民族问题五种丛书云南省编辑组：《白族社会历史调查》（四），昆明：云南人民出版社，1991年，第117页。

　　三皇之后，西天阿育王第三子骠苴低娶欠蒙亏为妻，生低蒙苴，苴生九子，名九龙氏。长子阿辅罗，即十六国之祖；次子蒙苴谦，即吐蕃之祖；三子蒙苴诺，即汉人之祖；四子蒙苴酬，即东蛮之祖；五子蒙苴笃，生十二子，五贤七圣，即蒙氏之祖；六子蒙苴托，居狮子国；七子蒙苴林，交趾之祖；八子蒙苴颂，白崖张乐进求之祖；九子蒙苴闪，白夷之祖。①

　　阿育王神话自南诏晚期以来就在滇中广为流传，与云南民间信仰体系彼此黏附，是南诏大理国建国意识形态与族群身份认同的重要依据。②《白古通纪》此段文字以阿育王为诸族始祖的论述，堪称中国西南边疆"祖源叙事"的荟萃集锦，后世地方志与文人笔记对此多有抄录演绎，使得情节单元遂愈加丰富。其中"白崖张乐进求"被嵌在"西天阿育王"的子孙谱系之中，而且在阿育王到"白崖王"的漫长世系中间，还插入一个本地哀牢夷的九隆感生神话，令其内容更加复合多元。阿育王三子封滇的佛教神话和九隆感生的哀牢夷始祖神话，原本是两个平行且不相交的独立体系，自《白古通纪》之后二者始有合流。对于地方历史叙事宣称的那位曾与庄蹻"角立"的白崖王不仅是九隆后裔，更是天竺阿育王的裔孙，这就将白人的族群历史推向了更为古老、更富于神话色彩的往昔。

　　祖先溯源是一种主观上阐述族群状况和反映族群情感的工具。侯冲指出，《白古通纪》是蒙古人征服大理国之后，洱海地区的前朝遗民以白文写就的托古言志之作，③这一思路非常具有启发性，可帮助我们理解为何关于白人的祖先历史叙事会借"天竺后裔"之说来排斥"庄蹻遗民"之说。面对汉地文明在13世纪之后的强势涌入，洱海白人群体需要攀附一个楚系滇王庄蹻以外的神圣符

① 王叔武：《云南古佚书钞》，昆明：云南人民出版社，1979年，第58—60页。
② 安琪：《云南的阿育王神话与南诏大理国的祖先历史叙事》，《民族文学研究》2013年第4期，第5—15页。
③ 侯冲：《白族心史：〈白古通纪〉研究》，昆明：云南人民出版社，2011年。

号，来赋予地方历史一种有别于华夏的起点。"阿育王-白崖王"的祖源理论就是在这种形势下对"白崖滇王"旧传说的新诠释。

白人祖先叙事在这一点上变得复杂起来。借助"白"这个符号，白崖滇王、洱海白人和一位神秘的"白饭王"（Śuklôdana-rāja）建立起了虚拟的血缘纽带："滇王仁果，西海阿育国王后裔也……张氏出自西竺白饭王。"①《洱海丛谈》云："僰音白，释迦父曰净饭王，叔曰白饭王，此僰人之始祖也……人又云，僰人为阿育王第三子。"②佛教典籍中这位"白饭王"虽说是释迦牟尼的叔父，③但只是一笔带过的次要人物，不仅不神秘，而且与孔雀王朝的阿育王原本也没有丝毫关联。然而"白古通"系列滇地史志中却出现了"白人为白饭王后裔"的新信息，直接将释尊之叔"白饭王"移植到极富神异色彩的阿育王三子一舅故事上，建立了一条"阿育王—白饭王—白崖王"的连贯世系，极力为白人之天竺血统张本。高奣映《鸡足山志》卷六对此的描述是最为详尽的：

169

> （阿育）王依尊者言，令第三子骠苴低主妙香城，以求材智之人为辅，得一十七姓焉，是谓白国……骠苴低承父信佛志，不茹荤酒，人称曰白饭王。讹为释迦父净饭王者，非。白饭王娶欠蒙亏为妻，生低蒙苴。苴生九子，名九隆氏。其第八子蒙苴颂，即汉滇王仁果之祖。考汉武帝元封二年，以兵临滇，楚庄蹻世绝。仁果举国降，请置吏，于是以为益州郡，赐仁果王印，俾长育人民。④

白饭王是一个起到过渡作用的关键符号，上承"庄蹻灭、白国立"的滇史

① 王崧：《道光云南志抄》"封建志"附录，方国瑜：《云南史料丛刊》第11册，昆明：云南大学出版社，2001年，第477页、485页。
② 释同揆：《洱海丛谈》，方国瑜：《云南史料丛刊》第11册，昆明：云南大学出版社，2001年，第363页。
③ 阇那崛多译：《佛本行集经》卷11《姨母养育品》，《大正新修大藏经》卷3，台北：新文丰出版公司，1983年，第701-b页。
④ 高奣映：《鸡足山志》，侯冲、段晓林点校，北京：中国书籍出版社，2005年，第230—231页。

叙事，下接"白崖滇王"的祖源叙事，由这位白饭王串联起来的故事融合了地方历史和族群历史两大主题。作为白人之祖的白饭王与阿育王的关系，各志说法不一，《鸡足山志》称是"阿育王第三子骠苴低"，《白古通纪》云是"次子弘德"，[①] 后来甚至还进一步讹变为阿育王就是白饭王："汉阿育王在大理以白米饭斋僧，号白饭王。所生子孙称为白子，越今千余年无异。"[②] 但不论是哪种说法，为白人寻找异族祖先的思路，都是一种基于本土立场的对华夏势力的拒斥姿态。《鸡足山志》的作者高奣映出身洱海白人世家，其家族在大理国时期是"分牧八府"的重臣，位列公卿，世代把持朝政。随着本地"华夏化"程度的不断加深，包括高氏、董氏、张氏在内的洱海白人精英家族，在大理国覆灭后普遍借言说祖先渊源来隐微地传递故国之思。足见对天竺阿育王和佛教神圣家族的攀附，既构成了对"汉化"论调的修正，又构成了对"庄蹻王滇"和"武侯封滇"的反叙事。

第二节　白王神话与"白人近汉"的图像叙事

南诏大理国的君主名号与事迹原本是清晰可考的"信史"，而在后世却舍实就虚，被吸附和收摄到一个迷离恍惚、虚实难考的白王神话系统之中，呈现出一种历史叙事的规律性结构。清康熙年间释寂裕在《白古通纪》基础上扩写成《白国因由》一书，其中"天生细奴逻白国第七"一节直接把南诏的开国之君细奴逻冠名为"白国王"："唐贞观二年，天师观星奏曰：西南有王者起。上命访之，有细奴逻者出，遂为白国王。"[③] 大理国君主段氏也号"白王"，这种南诏大理国君主与白国国王名号上的合二为一，在近世云南民间的白王传说中几成定

---

① 王叔武：《云南古佚书钞》，昆明：云南人民出版社，1979 年，第 57 页。
② 艾自修：《重修邓川州志》卷一"族类"，大理：大理州文化局印刷，1983 年，第 9 页。
③ 释寂裕：《白国因由》，方国瑜主编：《云南史料丛刊》第 11 册，昆明：云南大学出版社，2001 年，第 161 页。

例。洱海周边的火葬墓碑刻铭文中也有不少类似的例子，足以佐证民间文学所见吸附现象之普遍，如《大理照磨杨嵩墓表》提到杨姓始祖"有宠于僰王蒙氏，威而有权，惠然有恩"，[①] 明成化七年《故大密李公墓志铭》在追溯"李氏巨门"的祖先来源时，称"小奴罗为白皇"。[②] 大理邓川的明代碑刻《处士杨公同室李氏寿藏》有白文书写的九行民歌《山花一韵》，称先祖杨公是阿育王后裔，曾经在大理国"段白王"的朝廷里做官："原是欢喜帝子孙，曾做白王摩曩番。"[③]

不仅如此，就连南诏开国神话也被吸附到以白王为核心的故事谱系之中。大理、宾川、剑川、云龙等地流传着一种民间曲艺"大本曲"，歌词唱本用白文写成，又称民家调子、本子曲，代表曲目中包括《白王的故事》，其中"白王造反"回目中的"白王亲征失利，中林中秀封官"一节，唱词云：

> 云南白王数十年，
> 人强马壮武艺全。
> 要夺大唐成一统，
> 要把乾坤转过来。[④]

"大本曲"中的这位与大唐为敌的"云南白王"，并不是白崖王张仁果，而是南诏史上有"通番打汉"威名的世隆皇帝。洱源民间故事《白王打天下》讲述了一位村姑在水潭边偶然触碰漂浮的香柏木，感生九子，幼子被巡游的观音封为"白王"，遂开创白国基业。[⑤] 与此类似，巍山民间歌手黑明星唱讲的《白

171

---

① 国家民委民族问题五种丛书云南省编辑组：《白族社会历史调查》（四），昆明：云南人民出版社，1991年，第130页。
② 杨世钰主编：《大理丛书·金石篇》第10册，北京：中国社会科学出版社，1993年，第59页。
③ 国家民委民族问题五种丛书云南省编辑组：《白族社会历史调查》（四），昆明：云南人民出版社，1991年，第461页。
④ 张锡禄、甲斐胜二主编：《中国白族白文文献释读》，桂林：广西师范大学出版社，2011年，第344页。
⑤ 云南省民间文学集成办公室编：《白族神话传说集成》，北京：中国民间文学出版社，1986年，第247—251页。

王的传说》也把本地哀牢夷的感生故事纳入佛教系统的观音应化故事中："观音笑呵呵地对他说：'恭喜你了，细奴罗！从今天以后你就要当白王，要延续十三个朝代。你就在家等着，过几天妙香国的白人就来迎接你了。'"[1]弥渡地区的《白王造金殿》故事也脱胎于此：观音化身为老人，帮助爱民如子的白王开山引水、建造宫殿。[2]总体来看，这些在民间广为流传的口头文学文本尽管细节差异颇多，但叙事结构相当稳定，都是把"观音应化、摄受蒙氏"的佛教故事和土著哀牢夷的九隆感生故事嫁接到白王传说的基型之上。

应当如何解释这种"吸附"现象？究其原委，当与明清两代官方对云南历史上地方政权的定性有直接关系。明代中叶朝廷结束"三征麓川"的西南边疆战事后，开始在洱海地区禁毁妖淫巫觋之祀，移风易俗，推行以家庙为核心的典范仪式，在弘治至嘉靖年间掀起一个"儒家正统"的小高潮。对于南诏大理国的定性，这一时期倾向于将其认定为"蒙段氏窃据其地"建立的"伪朝"，其历代君主皆是"唐宋之僭封皇帝"，[3]祭祀前朝君主的仪式自然也属于不合儒家礼制的"淫祀"。于是，包括金马碧鸡、柏洁圣妃、大黑天在内的那些拥有深厚民众基础的南诏大理国神灵，几乎都在15世纪之后遭到官府的厉行禁毁。

相反，明代官修史志对白国的定性却是不抑反扬，以"白人近汉"的表述体例来强调洱海白蛮与华夏礼乐教化的亲缘关系，不断更新"王滇"与"封滇"的旧有符号并为其注入新含义。借由白国神话来言说王朝力量渗透边疆、边民"渐染华风"的宏阔历史进程。曾任云南布政使的陈文在1453年的《景泰云南图经志书》中就提到，白人是庄蹻带来滇中的汉人"夷化"之后形成的群体，因此，天然就与华夏礼教有渊源：

> 僰人有姓氏，云南在处有之。初从庄蹻至滇，遂留其地。后与夷人联

---

[1] 大理白族自治州文化局编：《白族民间故事选》，上海：上海文艺出版社，1984年，第17页。

[2] 张彪、杨红琼主编：《中国民间故事全书》（云南·弥渡卷），北京：知识产权出版社，2013年，第206—216页。

[3] （明）艾自修：《重修邓川州志》"祠祀志"，大理：大理州文化局翻印本，1983年，第98页。

姻，子姓蕃息。至汉武帝时，已侏儸啁咿，尽化为夷矣。迨今渐被华风，服食语言，多变其旧，亦皆尚诗书，习礼节，渐与中州齿。[①]

　　五华楼遗址出土的元碑《大理路兴举学校记》也称白人源自入滇的汉人："白人者，本汉之遗裔也。昔汉武伐西南夷，汉末蜀相诸葛亮渡泸水讨定之。"[②]明英宗天顺五年（1461 年）成书的《大明一统志》称大理府白人"俗本于汉，民多士类"，[③]受官府委托编纂《万历云南通志》的大理士人李元阳在提到此地风俗时还专门补充道，白人不仅"本于汉"，而且"科第显盛，士尚节气"。

　　天启年间的《滇志》则切换一个角度，称"白人"的族群归属原本是西南之"蛮夷"，但由于历史上屡屡受到中央王朝的敕封，就慢慢地涵濡圣教、"以夷从汉"了："白人，古白国之支流也……习俗与华人不远，上者能读书，其他力田务本，或服役公府，庶几一变至道者矣。"[④]《云南通志》卷 182 "白人"条引《云南县志》，称白人为"白国张乐进求之裔，及赵氏、杨氏、殷氏之后，有僰字，善夷语，信佛事巫，常持斋诵经，然性勤俭力田，颇读书，习礼教，通仕籍，与汉人无异"。[⑤]甚至连历史上与现实中普遍存在的"白人好佛"现象，都被释读为"易于向化"，如明代云南首任布政司张紞在《荡山寺记》中就指出"大理为郡，负山面海。由唐以来蒙段氏据而有之，殆六百年。二氏皆白人，西南夷为类虽杂，知文教者唯白焉，其俗事佛而尚释"。[⑥]张紞在 1393

173

① （明）陈文：《景泰云南图经志书》"云南府风俗"，李春龙、刘景毛校注，昆明：云南民族出版社，2002 年，第 3 页。
② 《大理路兴举学校记》，大理市文化丛书编辑委员会编：《大理市古碑存文录》，昆明：云南民族出版社，1996 年，第 21 页。
③ （明）李贤：《大明一统志》"云南府"条，方国瑜主编：《云南史料丛刊》第 7 册，昆明：云南大学出版社，2001 年，第 181 页。
④ （明）刘文征：《滇志》"羁縻志·种人"，古永继校点，昆明：云南教育出版社，1991 年，第 998 页。
⑤ 《中国少数民族社会历史调查资料丛刊》修订编辑委员会编：《云南方志民族民俗资料琐编》，北京：民族出版社，2009 年，第 41 页。
⑥ （明）张紞：《荡山寺记》，国家民委民族问题五种丛书云南省编辑组编：《云南地方志佛教资料琐编》，昆明：云南民族出版社，1986 年，第 23 页。

年所作《具足禅院记》一文中又补充说明，在昆明当地最容易被教化的人群正
是信仰佛教的白人："西南诸种，曰僰、曰爨、曰僚、曰夷，而旁孽庶丑，又
不可悉记。独白人事佛，余种皆不之信，盖其习气使然，无足怪者……予既
悯诸夷之寡识，而喜僰人之易化，特为叙其本末。"①谢圣纶在其所著《滇黔志
略》卷15 "云南种人"部分，郑重其事地加注一条按语："滇中夷民，惟白人
流传最久，窃据如蒙、段、赵、杨，率白人种类也。以故，滇中各郡亦惟白人
最多，加以渐染华风，涵濡圣化，其间秀拔之士游泮宫掇，巍科登仕籍者亦往
往不乏，与鹤、丽么些，未可概以夷人目之也。"总体来看，明清时期滇中史
志对白人的定性，其重点几乎都落在"汉化"的细节上，比如尚诗书、习礼
节、通仕籍，"服制礼节悉仿汉人"，将其塑造为边疆之民"为华所变"的成功
案例。

这样的定性在清代滇黔民族图谱中有关"白人"的视觉性史料中有大量鲜
活的例证。伴随着中央政权向边疆地区不断延伸政治与经济的触手，民族图谱
作为帝国晚期时代"图绘边民"工程的产物被大量制造出来。这是一种以图像
手段对边疆民族进行人种学描述的艺术传统，系统性地呈现了帝国内部的不同
人群集团和想象中的"异族"。②其基本形制是一帧之内图文左右相对出现，或
在图幅上端以题记形式扼要记录所绘人群的地理分布、历史渊源、习俗性情、
服饰特产、饮食好尚等信息。来自华夏中心文明的观察者将"滇夷"和"苗
蛮"形之于图，最早的文本可以追溯到明代画家何景文的《麼些图卷》，而最
具代表性的一批图像文本则出现在清雍正-乾隆年之后，如贵州八寨理苗同知
陈浩所著《八十二种苗图并说》、③贵州省博物馆藏《黔苗图说》、大英图书馆藏
《罗甸遗风·农桑雅化》、早稻田大学藏《蛮苗图说》、光绪年间由"黔中老吏"

---

① 北京图书馆金石组主编：《北京图书馆藏中国历代石刻拓本汇编》（明一）第 51 册，郑州：中
　州古籍出版社，1989 年，第 19 页。

② Hostetler, Laura, *Qing Colonial Enterprise: Ethnography and Cartography in Early Modern China*,
　Chicago and London, 2001.

③ 严奇岩：《〈八十二种苗图并说〉的成书年代考证——以余上泗〈蛮峒竹枝词〉为研究文本》，
　《民族研究》2010 年第 1 期，第 95—102 页。

桂馥所作《黔省苗蛮图说》。[①] 学界对民族图谱的研究多秉持“图像证史”的思路，侧重于从中爬梳民俗学和民族学信息，补充典籍文献的阙失，或为已知的文字记载提供佐证。[②] 毋庸置疑，这样的路径有其相当合理之处，不过亦须留意到的是，由于转抄时间早迟不一，各版本在文字、图绘和条目存佚上多有差池，张冠李戴时时有之，以此“证史”，需要十分谨慎。另外，“图像证史”强调的是一种静态的、史料化的读图方式，其局限性在于，图像材料具有不确定性，很难在严谨的定义之下被用作常规史料。滇黔民族图谱在晚清出现“艺术品化”的转向，例如道光咸丰年间，出任湖南永顺知府的张修府在《小琅环园诗录》卷二《蛮笑集》中提到自己在“楚苗”聚集的辰沅一带旅行，“经苗寨数百里，购得画册十二，参以目见，益信画出匠手”。[③] 这类图谱从早期秘藏于府库的官方军事情报和地方治理文献，逐步转变为士绅阶层的案头清玩，自乾隆朝以至晚清，长江沿线的市镇坊间大量售卖“百苗图”“滇夷图”的抄绘本、翻刻本和套色石印本，甚至作为中华美术品的代表远销海外。日本长崎地区一位热衷搜购中国方志图籍的汉学家大田南亩，就曾于 1807 年在长崎书肆里买到过一卷《曲靖府夷人图》，他在笔记中兴奋地记载了这件事，甚至把这套美丽的图册张贴在墙上，以便每日观看：“每图有记，记夷人种类，衣服饮食等事，猓猡僰夷等往往有之。余购得此图，贴付于家。”[④] 众所周知，一旦进入艺术复制的领域，图像反映真实的限度就会大打折扣，执笔作画的画师未必都是像“黔中老吏”桂馥那样的亲临边疆者，更常见的情况是，画师在前人抄本的基础上进行临摹和改绘，依循前代“格套”完成计件工作。

那么，是把图像视为一类被忽视的、蕴藏极大信息量的新史料，希望从中发掘出文献失载的内容，还是将其看作是独立运行的、拥有自身逻辑系统的

---

① 李德龙：《〈黔南苗蛮图说〉研究》，北京：中央民族大学出版社，2008 年，第 151 页。

② 杨庭硕：《〈百苗图〉抄本汇编》，贵阳：贵州民族出版社，2004 年；李汉林：《百苗图校释》，贵阳：贵州民族出版社，2001 年；刘锋：《百苗图疏证》，北京：民族出版社，2003 年；杜薇：《百苗图汇考》，贵阳：贵州民族出版社，2003 年。

③ 《蛮笑集》“苗俗小乐府十二首”，光绪七年刻本。

④ 大田南亩：《琼浦又缀》“八景诗”条，《南亩集》第十六册，东京：汲古书店，第 622 页上。

文本？如果我们将早期、中期和晚期的民族图谱放在一起，可以发现西南边疆社会在近三百年中的巨变很少体现在图像之中。以单一族群为单位来考察，凝固于图像中的"白人"形象保持着高度的一致性和稳定性。我们应该如何解释社会情境之"变"与艺术传统之"不变"的矛盾？事实上，与其说图像折射出的是真实的"白人"形象，不如说它更显影着来自外部的观察者心中的那种对"白人"的固化观念，[①] 图像呈现的与其说是历史表象的真实性，不如说是观念的真实性。

这一点在传世诸本"百苗图""滇夷图"对于"白人"的图像呈现上可以得到验证。哈佛燕京图书馆藏《苗蛮图说》"白儿子"条绘男女诸人在山间小

道上行走，男子所负物品与牛背上捆驮的东西似为书籍，对页文字注记云："男子多似汉人风，女子从苗俗，多因汉人籍赘入苗家，生子后有仍归汉者。今其子女有母无父，故名白儿子。在威宁州。"[②]（见图6-2）。上海图书馆藏《滇省夷人图说》"白人"条的图像，绘水田中两位男子勉力耕种的场景，很明显是转绘自乾隆朝宫廷画家冷枚的《耕织图》。文字注记将图像主题总结为"力穑知礼"："白人，古白国之支流，旧伪僰为白，遂称为一类，而实不相通。力穑知礼，又谓民家子，云南府及大理府有之。"（见图6-3）

图6-2 哈佛燕京图书馆藏《苗蛮图说》"白儿子"条

---

① Emma Jinhua Teng, *Taiwan's Imagined Geography: Chinese Colonial Travel Writing and Pictures, 1683-1895*, Harvard, 2004, pp. 169-172.

② 乐怡：《百苗图八种》（哈佛燕京图书馆文献丛刊第十六种），桂林：广西师范大学出版社，2018年，第20页。

图 6-3　上海图书馆藏《滇省夷人图说》"白人"条　　**图 6-4　哈佛燕京图书馆藏《滇苗图说》"白人"条**

哈佛燕京图书馆藏《滇苗图说》"白人"条则把图像的焦点聚集于一座草堂中，两位女子正在纺纱织布，屋前的水田里有男人扶犁耕地，远景则是在芭蕉和太湖石掩映的书房中，一位头戴红色官帽的男性正在读书，桌上安放着香炉、书籍、文房四宝（见图 6-4）。图像以耕读的主题营建了一个堪称"汉化典范"的视觉空间，对页的文字则不惮繁琐地综合了包括《鸡足山志》和"白古通"系列的地方史料，详细梳理出"白崖滇王—白国张氏—白人—僰人"的关系，为"近汉"的图像主题提供支撑：

> 白人，古白国之支流也。其先有西海阿育王，奉佛茹素，不为染彩，不杀生命，号白饭王。治（白）崖，传至仁果，以慈性治国，国人戴之。汉元狩间，武帝恶滇王，当以（仁）果代王其地，仍归白国。传世十五世至龙佑那，不变其旧。诸葛亮定南中，仍封佑那于其故地，赐姓张氏，延至唐时，其十七代孙张乐进求以国让蒙氏，而隐其他酋长。张氏子孙，今

之白人及其后也。旧讹僰人为白，遂称为一类，其实不相通。云南诸郡皆有之，习俗与华人不甚远。[1]

诸本苗图对于"白人""白儿子""白民"的指称，常与"僰人""土人"发生混淆，清代《异族图说·邓邑风俗图》"土民"条就乱入"白饭王苗裔"的内容："邓（邓川）在元代以前多土人，殆即志书所云白饭王苗裔，俗号白子。自明洪武间迁中土大姓实滇，继以置军设屯，于是土人稀而汉人众。习俗既久，汉土不分。"[2] 相比之下，图像语汇的歧义性较小，所呈现的主题大都与婚俗恪守礼法、妇人侍奉翁姑、男子读书游泮这类"近汉"的场景相关。大英博物馆藏《云南两迤夷类图说》（封面题词为《云南夷类图》）收录了包括"僰人"在内的云南两迤夷类共四十四幅图画，卷首有嘉庆庚午春三月（1810年）题写的序文，从内容上看，言说的正是前述"白国"自庄蹻王滇到武侯平蛮的历史：

> 自蜀汉诸葛武侯平蛮理治，封白国王龙佑那于故地，配云中大姓，焦雍安爨孟星毛李为部，曲其后南北纷争，宁无道绝。爨氏王滇，诸姓散居三迤，不知纪极，名号差殊，语言服食因之为异。我朝声教远敷，诸夷与汉人杂居者多，知向化，读书习礼，不惟列庠，食饩者比比而出。且缀科名，登仕版者，亦殊有人。服食婚丧变汉俗，讳言为夷矣。

第三节 "白人"对南诏大理国的记忆与表述

明中叶以来对南诏大理国"伪朝"淫祀的打击，以及清康熙年间在滇黔边疆推行的"划卫归州"和雍正朝"改土归流"，皆是中央王朝努力将西南边疆

---

[1] 乐怡：《百苗图八种》（哈佛燕京图书馆文献丛刊第十六种），桂林：广西师范大学出版社，2018年，第380页。

[2] 不著撰人：《异族图说·邓邑风俗图》，东京大学东洋文化研究所藏。

社会的异质性收束至帝国文明一体化轨道中的举措，这是隐藏在文本之下并支撑其生长与演变的真正动因。社会权力与记忆媒介的掌握与运用，在绝大多数情况下是由族群上层精英所主导。虽然制度与仪式层面的变革没有真正取代以"土主社神"为中心的乡村组织，却触及地方知识分子对族群历史的主观认知，更左右了他们对文化剧本之既有符号采取的诠释策略。改朝换代后以"土官"身份继续掌控洱海地方资源的白人精英群体开始在家族谱牒和碑刻铭文中有意弱化那些涉及南诏大理国的祖源记忆，由他们所主导的祖先历史叙事，也倾向于对"伪朝"避而不谈。

然而南诏大理国又是一个避不开的话题，言说西南边疆社会的来龙去脉，不可能不提到这个在五百年间一度称霸东南亚、继而在宋史中被划定为"绝域"和"外国"的地方政权。那么，明清时期洱海白人精英是以何种态度来触碰历史上"边鄙伪朝"的敏感话题？王明珂的研究指出，有一种策略是将"伪朝"历史纳入中原正统，比如清代云南浪穹学者王崧所著《道光云南志抄》就以正史体例之"世家""列传"来编排南诏大理国世系，力图让本地历史看起来像是中原王朝史的一个地方性分支。[①] 事实上，叙事策略的调整与创新，早在三百年前就已埋下伏笔，只不过更隐蔽幽微，更不易为人所察觉：通过重述"白王禅让"的古老故事，宣称南诏政权的合法性来自对白国政治遗产的纵向继承。

禅让故事最早见载于9世纪晚期的《南诏图传》，它是在南诏第十二代君主隆舜（860—897年）授意下，由宫廷画师王奉宗绘成的一卷宗教故事画，图像与文字题记的内容大都与今所见"白古通"系列滇史所载相符，为后人了解南诏的祖先历史叙事提供了极为宝贵的主位声音。在讲述开国始末的"观音七化"图像中，有一帧《祭柱图》相当突兀，它跳出了线性展开的观音显化故事，另起炉灶插叙一段"张蒙禅让"。《南诏图传》"文字卷"引佚书《铁柱

179

---

① 王明珂：《王崧的方志世界：明清时期云南方志的文本与情境》，孙江：《新史学：概念、文本、方法》第二卷，北京：中华书局，2008年，第97—118页。

记》对这段图像的内容作出补充说明：在祭祀铁柱的仪式中，一只金乌突然落在乌蛮人细奴逻（兴宗王）的肩膀上，云南王张乐进求见此瑞兆，遂主动逊位给细奴逻，由此开启了南诏十三代帝王之基业。[①] 根据《纪古滇说集》的记载，张乐进求的远祖正是《史记》中"武帝封滇"事件的主角张仁果："唐有张仁果三十三代孙张乐进求，改建宁为云南。唐册张乐进求为首领大将军、云南王。"[②] 彝文宗谱《张兴癸传第二》也提道："兴癸之汉姓张，传乃系蒙细诺罗酬张乐进求之禅位，遂以其长子罗波海，更姓名为张罗朝凤，以兹念之故。"[③] 白崖张氏家族数代皆受王朝敕封，可见《南诏图传》中的张蒙禅让本质上是"武帝封滇"这一叙事结构的衍生物。

明万历年间，倪辂杂采白文旧志编录成书的《南诏野史》重述了禅让的细节："（白崖）张氏传三十三世至张乐进求，一见蒙奇王有异相，遂妻以女，让位与奇王。王姓蒙，名细奴罗。"[④] 由于《南诏野史》在明清两代影响极大，先后有胡蔚、王崧和阮元声修订的多个刊本传世，其内容被后来的滇中志书大段征引，间接推动了带有浓厚儒家礼教色彩的禅让故事下沉民间，最终定型为白王传说的模式化情节。

考诸史实，不难发现"白王禅让"其实是对洱海族群之间仇杀、掠夺与暴力的文学加工。不少传世文献中都残留着"白国为蒙氏所灭"[⑤] 的蛛丝马迹。白国所在的弥渡白崖地区也有讲述族群战争的《蒙舍战白王》故事："白王的江山，后来终究还是给南诏王坐了。但这并不是好礼让位，而是武力加智斗夺取的。"[⑥] 至迟在元代初年，"夺天下"和"让天下"这两种说法还并存不废，但是从明代开始，由洱海白人精英重述的南诏开国神话几乎都对"和平禅让"事件

① 李霖灿：《南诏大理国新资料的综合研究》，台北：台北故宫博物院，1982 年，第 41 页。
② 张道宗：《纪古滇说集》，王崧：《云南备征志》，昆明：云南人民出版社，2010 年，第 311 页。
③ 刘尧汉：《南诏统治者蒙氏家族属于彝族之新证》，《历史研究》1954 年第 2 期，第 31—51 页。
④ 倪辂：《南诏野史》，方国瑜：《云南史料丛刊》第 4 册，昆明：云南大学出版社，1998 年，第 775 页。
⑤ 李京：《云南志略》，王叔武缉校，昆明：云南民族出版社，1986 年，第 72 页。
⑥ 吴天华讲述：《蒙舍战白王》，白庚胜：《中国民间故事全书》（云南·弥渡卷），北京：知识产权出版社，2013 年，第 210 页。

言之凿凿。后世云南民间文学甚至还在"逊位让贤"主干上继续生长出"白王嫁公主"的旁枝——白王张乐进求不仅让出王位,而且还把三公主金姑许配给蒙氏细奴罗为妻。[1] 洱海周边张氏家谱和碑刻铭文中亦有自称"国舅"者,如大理五华楼出土的元碑《张长老墓碑》就称:"长老姓张,讳明,释号道真,乃蒙国舅张乐进宁之□□。"[2] 直至今日大理巍山地区在每年春耕前后举行的"接金姑—送驸马—绕三灵"仪式,就是脱胎于禅让神话的民俗事象。[3] 古代神话随着时代的推移而在民间层面渐渐"成俗",这看似是一个散漫而随机的现象,但文本的深层结构和语义链是一个相对恒定、可供反复调整以适应新变的内核。这些差别不能只视为碑刻文献与口传故事的载体不同所致,必须结合区域社会的长时段历史变迁才能得到更好的理解。

近世西南边疆在制度上和文化上卷入"华夏化"轨道的大历史,以及明清两代中央王朝不遗余力对边疆文化施加正统性、一致性的种种实践,推动了"伪朝"的历史叙事向白国靠拢。洱海文化精英对既有的架构和符号进行微调,把南诏开国神话牵引到更具道德典范和正统色彩的白国主线之下,以"白王禅让"来传递"伪朝"不伪的政治隐喻。由于汉之张仁果、唐之张乐进求皆是中央王朝敕封的白王,而南诏的政权是从早就濡染华夏礼教之风的张氏白国手中,依照儒家礼制和平接管过来的,因此带有一种天然的政治正统性。这样的表述显然就与那种视南诏为"边鄙伪朝"的华夏中心主义渐行渐远了。

从"白古通"系列地方史志出发来梳理白王神话在本地历史叙事框架下的历时演变轨迹,可以看到元代是文本出现变异的关键期。由"白蛮"建立的大理国在 13 世纪被蒙古大军摧毁,云南彻底进入中央王朝版图,为长达五百年的地方政权画上了句号。改朝换代的冲击力深刻影响着前朝遗民对地方历史

181

---

[1] 佚名讲述:《接三公主》,白庚胜:《中国民间故事全书》(云南·巍山卷),北京:知识产权出版社,2013 年,第 130—132 页。

[2] 云南省大理市文化丛书编辑委员会编:《大理市古碑存文录》,昆明:云南民族出版社,1996 年,第 40 页。

[3] 何尹全:《接三公主:延续千年的洱海民俗》,《大理文化》2014 年第 3 期,第 94—95 页。

和祖先历史的看法，洱海白人精英把祖源叙事的基调拨转至天竺，将白崖滇王移植到阿育王神话的谱系当中，与王朝典范历史中的"白人近汉""庄蹻遗裔"一起构成了双线并进式的叙事模式，最终形成了一个带有浓厚佛教色彩、融合滇国本土叙事与白人祖先叙事的白王传说基型。在明代知识精英参与地方文化革新运动、重新阐释滇史与祖源的时代背景之下，白王神话的基型继续拓展其兼容与演化的空间，大量收编南诏大理国的"伪朝"旧事，在新的历史语境中获得了新的本质与内涵。

官修史志对云南地方政权的定性使得南诏大理国与白国分别被归入"夷"和"夏"两个阵营。顾颉刚曾经提到古史"层累叠加"现象，时代愈晚近，古史的覆盖时期越长。这一观点用于滇史也可谓有效。9世纪时以《南诏图传》为代表的地方文献谈及"南诏前史"，尚止于初唐时期洱海白蛮张氏建立的"云南国诏"，而到了以元明时期为代表的地方志系列中，张氏白国的世系被拉长了，张乐进求被编织到一个自西汉初年就雄踞白崖的本土滇王世系当中，并增饰浓厚的佛教色彩。

民族身份的建构也常常诉诸地域性传说的复兴与重组。在20世纪50年代的民族识别工程中，"白王"的历史记忆又一次被重新唤起，成为协商族称和确立现代白族身份认同的关键。根据大理白族自治州首任副州长杨永新的回忆，在自治州的筹建工作中，首要问题是确定洱海周边各少数民族的称谓，最为棘手的当属"白族"一词所指代的人群究竟有哪些。历史上用来指代洱海白人集团的自称与他称相当多（譬如白蛮、白儿子、民家、那马、僰子），当时争议焦点并不集中在这些分支人群是否应该归并到白族的总体框架中，而是白族究竟是否算一个独立的民族，因为他们实在是汉化得太厉害了。早在20世纪40年代，人类学家许烺光就直接把大理喜洲的"民家人"认定为汉人，在中华人民共和国成立后协商族称的过程中，许多人也相信白人是汉族的一个支系，实不实行区域自治都可以。直到1956年4月25日的十县一市民族座谈会上，事情才出现转机：大理县的地方硕儒建议废止"民家族"的称谓，选定"白"字为族名，给出的原因是"汉武帝以后，大理有个白子国。而且大理是佛教之地，爱素净洁白，不喜欢染上颜色，所以用白字是好"。[①] 这一年五月提交的《大理专员公署关于协商白族名称情况报告》中，也郑重提及"历史上曾有过白崖、白国、白王的记载"。[②] 如果站在华夏中心主义的立场上，白人似乎久被华风，已然"近汉"，也就无需被识别成一个独立民族了。但此刻"白王"的符号又一次发挥作用，成为反映民族身份诉求的重要历史依据，为言说族群异质性提供了一种不同于华夏典范叙事的反叙事。旧王国与旧传说都是族群历史和文化同一性的重要前身，在新的历史情境之下也被用作标记现代族群身份与认同的基本元素。通过重新诠释过去获取更多的资源与文化认同，并迎合当代社会族群的生活经验，这一过程不仅是神话传说在区域社会中的重新搬演，也是洱海白族更深地与国家体系及其意识形态发生融合的产物。

[①] 梁永佳：《制造共同命运：以白族族称的协商座谈会为例》，《开放时代》2012 年第 11 期，第 135—146 页。

[②] 《大理专员公署关于协商白族名称情况报告》（1956 年 5 月 8 日），大理白族自治州地方志编纂委员会编纂：《大理白族自治州志》卷 9 附录，昆明：云南人民出版社，2000 年，第 437 页。

第七章

重构南诏大理国："神话历史"的再书写

元宪宗二年（1252 年），蒙古大汗蒙哥派忽必烈率军渡过金沙江，兵锋南指大理国。第二年春天，大将兀良合攻破善阐（今昆明），俘虏大理国国主段兴智。之后，蒙古军队先后进军平乌蛮部落三十七、收特磨溪洞三十六，金齿、白、彝、罗鬼、缅中诸族相继纳款，云南自此成为元帝国下辖的郡县之一。曾经雄杰一时的大理国遭逢突然的覆灭，这对于本地"白人"统治阶层和贵族集团而言不啻为政治上与文化上的重大冲击。这不仅是由于中央政府在此之后自上而下地植入一套管理机制，极大地改变了本地政治生态，更是因为许多前朝史料和文献在战火中毁于一旦，致使后人在言说南诏大理国时面临"信史阙如"的难题。正如《滇载记》序言所云："古今纂言者，惟史为难……纪要荒事尤难，惧其远而诞于闻也。"[①]

神话作为地域文化的一种叙事类型，是社会结构、集体记忆和民众心态的象征化表达，在改朝换代的震荡之下，传说与神话的表层形态可能歧异纷呈，但底层结构会被反复搬用，象征符号的意义系统也能够维持基本的稳定。与"史料不足征"的情况相对的，是地域性神话、轶闻杂谈的极大丰富，如哀牢夷始祖"九隆"的感生神话、南诏大理国开国神话、阿嵯耶观音变现神话等等，它们长期流传于民间，形成了分歧迭出、行文支离的传说形态。事实上，由于滇中上古"渺不可考"，其历史叙事体现出神话、传说、轶闻与史实的杂糅，神话与信史彼此附会，虚构与真实在同一文本中交缠难分。历代所传滇史大致可分为两个体系，其一以汉籍史料记载为主，包括《史记·西南夷列传》、《汉书·南蛮西南夷列传》、樊绰《蛮书》、《旧唐书·南蛮西南蛮传》、《新唐书·南蛮传》、袁滋《云南记》、韦齐休《云南行记》、徐云虔《南诏录》等等；

---

① （明）姜龙：《滇载记序》，王文才、张锡厚：《升庵著述序跋》，昆明：云南人民出版社，1985年，第 51 页。

其二是参考本地僰文（亦作"白文"）史料写成的"南中旧志"，如佚名《白古通纪》、元人张道宗《纪古滇说集》和明人蒋彬《南诏源流纪要》，以及清人冯甦著录的《滇考》等。两相对比，可以发现二者对于滇史的叙述存在诸多歧异，前者代表着官方的、正统的、外来者的视角，大抵言纪年要略、历代用兵征伐之事，而后者则建立在民间口述传说与地域神话轶闻的基础上，多因"事怪词鄙，奇谲荒诞处处有之"而为正统史家所弃用——"夫三代以上，儒者阙疑，况此蛮荒远事，鄙俚不经，必欲从而定其是非，何翅说梦哉"。[①] 在两类史料中如何取舍，这是南诏大理国之后书写滇史者所面临的最大挑战。

杨慎（1488—1568 年？）少有文名，二十四岁为廷试第一，授翰林修撰，嘉靖三年（1524 年）以"大议礼"之事上疏抗言，受廷杖之辱，谪戍云南永昌卫，四十年间数次求返不得，郁郁终老此地。[②] 杨慎在生前身后均享有博雅的声名，其著述之富，流传之广，为有明一代之冠。其著作除经学、音韵、考释之外，多有涉及西南边疆史地，如《云南山川志》《滇南月节词》《滇中集》《滇候记》《雅州志》《云南通志》等，其中最引人注意的是两部私修史书《滇载记》和《南诏野史》。令人称奇的是，这些著作大抵是在西南边疆的云南戍所、以"名士窜滇"的罪臣身份完成的。

明中叶以降，私人修撰野史的风气大为盛行，"野史之繁，未有多于今日者矣"。[③] 可以说，"好作私史"是明代史学区别于前朝后世的重要特征。在数量庞大的明人野史著作中，杨慎《滇载记》和《南诏野史》有其特殊的意义。它们体现出创作主体、地域空间和叙事体例上的三重"边缘性"，换言之，这两部滇史揭示的是一个异例——贬谪文人在边疆这一独特的地域空间中，凭借野史这一相对边缘的史学文类，对中央／地方、正统／僭伪、华夏／夷狄的关系进行思考、书写与想象。

---

① （清）冯甦：《滇考》，王崧：《云南备征志》，李春龙点校，昆明：云南人民出版社，2010 年，第 20 页。

② 追随杨慎多年的简绍芳编著了《赠光禄卿前翰林修撰升庵杨慎年谱》，对杨慎生平事迹有较为详细确切的记载，后世方志史籍多据此。

③ （明）谈迁：《国榷》"喻应益序"，北京：古籍出版社，1958 年，第 4 页。

　　自明清以来有关杨慎的研究大抵集中于校订年谱、考正生平、编纂文集等工作；今人论述则更在他的诗词文章、经学训诂、文字音韵学著作上用力甚勤，[①] 鲜见提及杨氏以"史家"和"逐臣"的双重身份进行的滇中历史编纂事业。[②] 从广义的文学史角度来看，杨慎在云南戍所的诗文著述延续了自《离骚》以来的"贬谪文学"传统，然而不容忽视的是，他搜罗地方性的神话历史传说，芟荑荟萃著滇史的志业，亦是明代边疆"流人文化"的缩影；其治史路径、书写历史所秉承的范式与体例，又与明代学风好尚的整体变迁有着若干丝缕相连之处，为后人提供了一个从边缘审视中央、从地方反观帝国的独特视角。

　　因此，本章以上述两部滇史为分析的入口，围绕以下问题展开论述——杨慎的遣戍经验、情感和心态，如何投射到滇史书写的事业之中？面对"化外蛮邦"与"夷夏杂处"的异质世界，来自帝国核心文化区的知识精英，如何运用边缘化的野史文类，来为滇中历史树正统、斥僭伪？他在官方的汉文文献和地域性史料之间如何取舍？又怎样在史学书写的话语策略上采纳了云南历史的地方叙事？

　　在开始具体的阐述之前，首先要对此处所涉"边缘性"的三个面向稍作说明。其一，云南相较于帝国的中心，意味着地域空间上的边缘。有明一代，云南行屯垦之策，为谪戍之所，与东北边疆的宁古塔构成遥相呼应之势。滇中汉人移民的组成，除了"奸儒猾吏，累犯不悛之徒"，多为江南一带流放至此的巨室，[③] "不恭者"和罪臣，所谓"高皇帝既定滇中，尽迁江左良家间右以实之，及有罪窜戍者，咸尽室以行"。[④]

---

① 迄今为止有王文才《杨慎学谱》（上海：上海古籍出版社，1988 年），王文才、张锡厚《升庵著述序跋》（昆明：云南人民出版社，1985 年），丰家骅《杨慎评传》（南京：南京大学出版社，1998 年），张增祺《有关杨慎生平年代的订正》（《昆明师院学报》1980 年第 1 期）等成果。

② 就笔者所见，仅有谢国桢《评介杨慎著〈滇程记〉和〈滇载记〉》（《思想战线》1978 年第 4 期），杨国才、顾士敏《杨慎与〈滇载记〉》（《大理学院学报》，1987 年第 1 期），侯冲、郭劲《杨慎编辑〈南诏野史〉新证》（《民族艺术研究》1999 年第 6 期）三篇文章论及这一问题。

③ 陈登原：《国史旧闻》册 3，"明人贬遣臣室"条，北京：中华书局，2000 年，第 135 页。

④ （明）谢肇淛《滇略》"俗略"卷，方国瑜：《云南史料丛刊》第 6 册，昆明：云南人民出版社，2002 年，第 699 页。

其二是创作主体的边缘性。明清时期滇中文人或为遣戍至此的"逐臣"，或是宦游到此的官吏，他们在地理空间和文化身份上经历了从帝国中心向华夏边缘的移动。从籍贯上来看，由于流配滇省者多出自江南，带来了三吴之地的昌盛文风，滇中由此形成了相对成熟的文人交游圈。许多投身荒徼的士大夫都积极参与到地方史志的编纂事业中，例如洪武年间，谪戍临安府的韩宜可著有《云南稿》、王景均著有《南诏稿》，并编成明代云南第一部通志《云南志书》；万历年间任云南右参政的谢肇淛著《滇略》十卷，自此滇乘始有全书。

其三，如同"州—郡—县"在政治架构上对应着帝国，"地方史"也在文类上对应着王朝史。[①]滇中历史是基于民间神话传说和集体记忆而形成的一类地方叙事，因其行文支离、收录刍荛鄙说、委巷琐言与神谲诡怪之事，而被历代史家贴上"妄诞"或"不经之谈"的标签，其体例多取野史、杂史、载记、琐言之类，因此，在文本的意义上，滇中地方史代表了文类和史学体例的"边缘"。

190

第一节　《滇载记》：神话历史的真实性问题

《滇载记》是有关南诏大理国的一部重要地方史料，见录于《天一阁书目》《千顷堂书目》《明史·艺文志》《续文献通考·经籍考》等书，在万历《云南通志》、天启《滇志》、《滇略》和清代诸本云南地方志中也有著录。对于此书的成书动机与经过，杨慎有跋文铺叙："余婴罪投裔，求蒙段之故于《图经》而不得也。问其籍于旧家，有《白古通》《玄峰年运志》，其书用爨文，义兼众教，稍为删正，令其可读。其可载者，盖尽此矣。"[②]又据清人陈鼎《滇游记》载"升庵往来大理永昌间近四十年。访于旧家，得《白古通纪》《元

① 王明珂：《王崧的方志世界——明清时期云南方志的本文与情境》，孙江：《新史学》卷3，北京：中华书局，2008年，第97—118页。
② 王文才、张锡厚：《升庵著述序跋》，昆明：云南人民出版社，1985年，第52页。

峰年运志》，其书用僰文，升庵熟谙其语，译为《滇载记》，南诏始末，方得详备"。① 由此可知《滇载记》是一部综合了编纂与翻译的著作，部分内容是根据僰文原本译成，另一部分则是辑录汉文旧史。材料来源之一的《白古通纪》又称《白古记》《白古通》（"白"字亦作"僰"，同音异字也），为滇中地方史书，"皆以臆创之文字，傅其蛮鸠之方音，学士大夫鲜能通之，询之闾里耆民，千百不一二谙也"。② 材料来源之二是《玄峰年运志》又作《绎年运志》（或疑"玄峰"二字为"绎"字破蚀之误），③ 该书为明初人编录，记段氏大理国始末，卷帙作者均不可考，仅因顾祖禹《读史方舆纪要》卷113"云南总叙"注引，得以保存片段，《滇载记》和《南诏野史》所载段氏事迹也多据此书。

就体例而言，"载记"可算是史学书写中的一个边缘文类。"载记"之名，始称于东汉班固，阮孝绪《七略》所云"伪史"和《隋书·经籍志》云"假名窃号者"之"霸史"，指的都是这一史书体裁。《晋书》列"载记"三十卷，专记匈奴、鲜卑、羯、氐、羌等胡族十六国史事；《滇载记》与之相类，由于滇中张、蒙、郑、赵、杨、段、高七氏均是自立名号的僭伪人物（"夷裔盗名号，互起灭，若蜂蚁然"），④ 杨慎援偏安之例，以"载记"命名，旨在昭示"华夏"与"夷狄"之名分有别。

对于滇史起点的问题，《滇载记》以本地文献为据，出现了颇多与汉典相违之处。在《史记·西南夷列传》《后汉书·南蛮西南夷列传》《华阳国志》《文献通考》等典籍中，滇中历史的发端，始自该地与汉地文明发生接触的那一刻，换言之，"始通华夏"是滇史的正式起点。具体时间则又分为两种说法：其一是"庄蹻王滇"之说，"楚威王遣庄蹻略地巴、黔，伐夜郎，抵牂牁，西

191

① 王文才：《杨慎学谱》，上海：上海古籍出版社，1988年，第246页。
② （明）谢肇淛：《滇略》"薛承教序"，方国瑜：《云南史料丛刊》第5册，昆明：云南人民出版社，2000年，第661页。
③ 王叔武：《云南古佚书钞》，昆明：云南人民出版社，1978年，第70页；方国瑜：《〈绎年运志〉概说》，《云南史料丛刊》第4册，昆明：云南人民出版社，2000年，第743页。
④ （明）杨慎：《滇载记跋》，《升庵著述序跋》，昆明：云南人民出版社，1985年，第52页。

至滇池，会秦夺楚黔中地，不得归，遂留王滇池，云南通中国自此始"；[①]"滇国之称，自楚庄蹻始"[②]；其二是将"始通华夏"的起点延迟至"汉时通西南夷"之后。这种说法或以汉武帝设益州郡为始，[③]或以汉明帝设哀牢、博南二县、哀牢夷"内附"为始，[④]自此之后，滇中各地才正式被纳入帝国版图之中。这两类对滇史开端的体例化表述是汉籍史乘方志中最为常见的叙事模式。

杨慎在《大理府志序》中提出了"滇史源头"的不同说法。在他看来，滇中历史的起点并非始自秦代开道置吏的"常頞"和西汉出使夜郎国的"唐蒙"，而是应远溯到三皇五帝时代：

> 大理滇西繁雄郡也。尝稽之往籍，《纬书》云：神农地过日月之表，则日表骨利，月表青丘；滇池比之，犹为迩封。陆终为黄帝所娶，若水为颛顼之所生，产里为汤亳之贡国，濮人为武牧之征队。载籍昭然，可以复视。奚待常頞为通道始，唐蒙为开郡先乎？[⑤]

除了在起点上追溯滇中先民与颛顼、汤亳和周武王"牧野之战"的联系，杨慎还以地方性的神话传说为凭据，开辟出滇史的另一条源流。《滇载记》言及"南诏世系"，完全不提"庄蹻王滇"和"汉武帝设郡"之事，而是在一开篇就叙述永昌郡哀牢山一带"九隆族"之兴起、六诏次第建立以及张氏白子国逊位于蒙氏南诏国的传说，由此将滇国历史的起点牢牢扎根在本地长期流传的九隆开国神话之中。对张氏白子国（又作白氏国、白国、僰国）和"禅让蒙

192

① （元）李京：《云南志略》，王崧：《云南备征志》，李春龙点校，昆明：云南人民出版社，2010年，第 348 页。

② （清）冯甦：《滇考》，王崧：《云南备征志》，李春龙点校，昆明：云南人民出版社，2010年，第 657 页。

③ （明）陈文纂修：《景泰云南图志经书》卷一"云南府"，方国瑜：《云南史料丛刊》第 6 册，昆明：云南人民出版社，第 13 页。

④ （明）田汝成：《行边纪闻》，方国瑜：《云南史料丛刊》第 4 册，昆明：云南人民出版社，第 599 页。

⑤ （明）杨慎：《大理府志序》，《杨升庵丛书》，北京：天地出版社，第 115 页。

氏"的确凿记载，是《滇载记》和其他"南中诸志"区别于汉文史籍文献的最大不同之处，[①]这部分在汉籍中失载的内容又可与《南诏中兴二年画传》所绘"巍山起因""祭铁柱"和"张氏禅让"的图幅构成图文上的相互映照。[②]

对于杨慎滇史著作的可信度问题，清代学人大抵以汉籍史乘为准绳，认定杨氏"好作伪"，其所作滇史难称信实。从本土文献的立场出发，这一结论颇有值得商榷之处。白文史乘与汉文典籍确有诸多乖违，尤其是在南诏世系和纪年问题上，更是存在不少细节的出入。[③]不过，判断两类彼此不符的材料孰为信史，这还需要对多重文献版本进行比对校勘之后，才能有较为准确的定论。

此处仅举一例加以说明。滇中"金马碧鸡"传说最早见载于《汉书·王褒传》，因"青蛉县禺同山，有碧鸡金马，光景时时出现"，汉宣帝特遣王褒往祀，以示"汉德无疆"。历代汉文文献对这个"光彩倏忽"的金马碧鸡神多以"象形"释之，即颜师古所谓"金形似马，碧形似鸡"，《水经·淹水注》《后汉书·西南夷传》《续汉书·郡国志》《华阳国志·南中志》《蛮书·山川江源》诸书皆从是说。而在僰文文献《纪古滇说集》中，"金马碧鸡"有不同的解释——天竺阿育王的三太子"至德"追赶父亲的神骥，到达"滇之东山"化身为山神，此地遂名为"金马山"。[④]杨慎在《纪古滇说原集序》中注意到这一记载与"象形说"迥异，对于二者孰为信实，他的判断是"文儒信史者多疑之。余谓是书（按指《纪古滇说》）本偏方所录，自言风土，当得其实"。[⑤]除了取乡土旧闻为史料，采"滇中故老所云"，杨慎还与永昌府友人张含共访哀牢故迹，亲涉其地加以考察，存"南中信史"而不轻易以"国史"为据擅加改动。

---

① 向达：《唐代长安与西域文明》，北京：三联书店，1987 年，第 193 页。
② 安琪：《图像的历史叙事：以〈南诏图传〉中的"图文关系"为例》，《民族艺术》2013 年第 1 期，第 94—99 页。
③ 例如《滇载记》载异牟寻于贞元三年归唐，《唐书》等国史均作"九年"；《滇载记》云劝龙晟、劝利乘兄弟各立于永贞元年、元和元年，而国史载劝龙晟在元和十四年即遇弑。
④ （元）张道宗：《纪古滇说集》，王崧：《云南备征志》卷五"故实之五"，李春龙点校，昆明：云南人民出版社，2010 年，第 306—307 页。
⑤ （明）杨慎：《纪古滇说原集序》，《杨升庵丛书》第四册，"升庵诗文补遗"卷三，北京：天地出版社，第 117 页。下划线为引者加，下同。

第二节　作为边缘文类的《南诏野史》

《南诏野史》是杨慎根据黔国公所藏《古滇集》和滇人倪辂的《南诏野史》汇纂而成，[①] 抑或有认为此书系杨倪二人合力编订，如《新纂云南通志》云："（倪辂）闭门著书，博通典故，同杨慎编辑《南诏野史》。"[②] 根据杨慎书前《南诏野史原序》所言，编撰该书所依据的史料来源至少有二：其一为传元人张道宗所著的《纪古滇说集》，《南诏野史》在其基础上更增补人物古迹，增益历代旧闻；其二为八百余卷的《西南列国志》，此书明时已佚，为杨慎《南诏野史》翻译并收录。

野史在分类学上并不隶属于史部十三种类目，但它的体例与"国史"和"正史"相对应，专指四部分类法中归为"霸史""伪史""杂史""杂传"等类别的史学著作，也包括归入子部杂家类的"杂考"之流，其类目归属相对模糊。就功能而言，野史多用于补史籍之遗亡、备史官之采择，以及发正史之所讳；明代中晚期学人多喜篡改古书，杨慎采录民间传闻而成的《南诏野史》，其内容难免迂怪妄诞、真虚莫测，有失实偏信之处。不过，真实性并非划分正史和野史的唯一标准，盖因"国史"亦受秉笔者的好恶褒贬左右而致使其在可信度上出现偏差，正如明人王世贞所云"国史人恣而善蔽真，野史人臆而善失真"。[③]

---

① 对于《南诏野史》的作者，学界的另一种看法是认为杨慎与此书无关，《南诏野史》署名杨慎，纯属后人依托附会。方国瑜《〈南诏野史〉考证》认为"倪辂集《南诏野史》，成于万历年，杨慎不及见，而伪造是书序（按指《南诏野史原序》），说杨慎编辑专梓者，妄也"；杨延福：《谈〈南诏野史〉几种本子与著者问题》（《南诏史论丛》卷1）亦持此论；又，《四库总目提要》"载记类存目"更是判定该书为崇祯年间阮元声所著，"倪辂杨慎，皆依托也"。不过，今人侯冲、郭劲《杨慎编辑〈南诏野史〉新证》一文在考察诸本《南诏野史》的基础上，证实了杨慎《南诏野史原序》中提到的参照多种云南文献而"荟萃成编"。本文以侯冲氏的说法为是。
② 秦光玉等：《新纂云南通志》卷232"文苑传"，刘景毛等点校，昆明：云南人民出版社，2007年，第308页。
③ （明）王世贞：《史乘考误一》，《弇山堂别集》卷二十，魏连科点校，北京：中华书局，1985年，第361页。

明代野史发达盛行，几乎与官修正史构成了分庭抗礼之势，甚至有士人认为野史在"可资征信"的程度上胜过了官史："朝廷议论是非，纷纭颠倒，无从取信，野史尤存直道焉。"[①]

　　体例上的边缘性直接决定了《南诏野史》的内容取舍与谋篇布局。该书仿通史之例，按两条脉络分头叙事，其一是以编年纪事文体写蒙段政权相承事迹，首尾贯串，叙次简明，"所纪类多志乘所阙疑，而蒙段九姓，窃土僭号，其始末尤详"；[②] 其二是"分星分野～正名（南诏、六诏）～名宦乡贤～古迹历科～进士"的脉络，遵循传统的地方志纲目。通观其谋篇布局，可以看到《南诏野史》有意透过章节的安排来模仿"堪比信史"的方志，在真实性问题上向"国史"靠拢。

　　《南诏野史》在世系纪年部分虽用编年体例，其中却穿插了诸多"乘之稗"的内容，如"高僧神术""滇池蛟怪""平章别妻""段女报仇"等等；对"南诏古迹"和地名缘由的记述，也杂有大量民俗传说，如"滇池三百里，史云源广末狭，似倒流，故曰滇，晋武大元十四年，宁州守费统奏滇民董聪见池中黑白二马出入"。[③] 这类异闻和琐语是当地民众有关祖源、身份和地域认知的历史记忆表征，其叙事接近"小说家言"，不可避免带有历史与神话的双重属性，《南诏野史》因收载这类内容而在文体和内容上成为介乎于史学和文学之间的边缘文类。

第三节　以神话历史为中心的比较研究

　　对比这两个滇史文本，可以发现，杨慎根据不同文类对材料的要求，在

---

① （明）温睿临：《南疆逸史·凡例》，北京：中华书局，1959年，第8—9页。
② （明）胡蔚：《南诏野史新序》，《升庵著述序跋》，昆明：云南人民出版社，1985年，第230页。
③ （明）杨慎：《南诏野史》"南诏古迹"条，方国瑜主编：《云南史料丛刊》第4册，昆明：云南人民出版社，1998年，第772页。

二书中分别选择了"删正"与"荟萃"的史学书写手法。杨慎效法孔子删订《诗》《书》、修正《春秋》之原则，在《滇载记》中博取众书，采削群史，"芟薙芜陋，括以文章家法，以成一方之志，词旨简奥，足补史氏之阙"。[①] 这固然是由"载记"类史书的体裁所致，但同时也与"名士窜滇"的个人经历有关。杨慎贬戍云南之前，曾任翰林院修撰，掌史职，参与修订《文献通考》并纂修《武宗实录》；贬官云南之后，编纂地方史志自然成为"投荒之臣"在话语层面重新通往帝国核心的津渡。杨慎深深参与到一地的史乘、志乘的编纂工作中，凭借"笔削"之术"立正统"，体现出文化使命的自觉意识，从《滇载记》跋文可以清楚地看到作者的叙事姿态——不论是在立意上，还是在谋篇布局与行文手法上，杨慎效法圣人，攀附经典，在作为"逐臣"的自己与古代史家之间建立起象征性的联系：

> 余慕宋司马氏作《通鉴》，采获小说，若《河洛行年纪》《广陵妖乱志》者，百二十家，法孔子著《春秋》，取群书于百二十国也。因是有感，遂纂蒙、段事以为《滇载记》，其诸君子祖《春秋》而述，二司马氏者，亦将有取于斯焉。[②]

在《滇载记》中，治乱兴替、沿革旧迹被简化为纲目式的条陈，情节与主题的衍生被缩减到最低程度。与这种对滇中神话历史的"删正"和"笔削"不同，《南诏野史》采用了"荟萃"的手法，采"志乘所遗"，在有限的文本之内最大限度地容纳了地方历史叙事的歧异性。明廷征服本地之后，在官之典籍与在野之简编，均付之一炬，致使滇地年祀绵邈，文籍散佚。杨慎以张道宗所著《古滇集》与倪辂辑录的《南诏野史》为底本，增补考订并重新编为《南诏野

---

① （明）胡蔚：《南诏野史新序》，《升庵著述序跋》，昆明：云南人民出版社，1985年，第230页。

② （明）杨慎：《滇载记》，方国瑜：《云南史料丛刊》第4册，昆明：云南人民出版社，1998年，第765页。

史》一卷，意在"辨方""讯俗""好古""传后"：①

　　滇虽边徼，亦有野录，但所纪多释老不经，兼漫漶无序，六诏事竟
罔闻知。予戍滇久，欲一考求弗得。适黔国沐公云楼出古滇集示庠士，始
得披阅焉。中丞箬溪顾公《南诏事略》则加详矣，无何。复得前知蜀威远
县事滇人倪辂所集野史一册，而六诏始末具备，诚郡乘之稗史也。不寿诸
梓、不犹秘论衡者乎。因荟萃成编，名曰南诏野史。②

　　蒙段地方政权的世系更迭在几乎所有滇史著述中都是记叙的重点，并体现
出神话与历史的交映共生。《滇载记》《南诏野史》和元明时期其他滇史志乘对
此的记载如下（见表 7-1）：

表 7-1　《滇载记》《南诏野史》对南诏帝王世系的记载

世　系	《滇载记》	《南诏野史》增补内容	同时期其他文献旁证
细奴罗	"耕于巍山之麓。数有神异，孳牧繁息，部众日盛，代张氏立国，号曰封民"	1. 逊国之时，张蒙二氏彼此相让，砍石为盟，蒙氏遂立 2. 唐僧取经归来当年，有梵僧化身助蒙氏	梵僧率天兵助蒙氏开国、并瑞兆显现一事，亦见《南诏图传》"铁柱记"
皮罗阁	松明楼设宴焚火，遂灭五诏	邓赕诏"宁北妃"以铁镯穿夫手、"松明楼焚火"之后，得以辨认夫骨，踞城不出，殉夫自尽	元《纪古滇说集》、明《大理府志》、明《滇略》、万历《云南通志》均载此节妇事③

197

---

① 此处值得一提的是《南诏野史》的版本问题。今所见《南诏野史》之祖本为明万历十三年
（1585 年）昆明人倪辂所编，又称《南诏蒙段野史》，它在后世出现的诸多派衍本可分为两个
体系：其一是杨慎在倪辂本基础上编纂的《南诏野史》，到清乾隆四十年有武陵胡蔚增订《南
诏野史》两卷、嘉庆年间丁毓仁增述《南诏备考》四卷；其二是上海图书馆所藏明代淡生堂
钞本、环碧山房，以及崇祯年间阮元声本（此即王崧《云南备征志》所收录的版本）。本文
所据的是明代淡生堂钞本，被收入方国瑜主编的《云南史料丛刊》第 4 册中。
② （明）杨慎：《新刊南诏野史引》，《升庵著述序跋》，昆明：云南人民出版社，1985 年，第 229 页。
③ 明清诸多文献史料中有关"火烧松明楼传奇"情节、人物姓名的差异，可参见侯冲：《松明楼故
事的原型、歧异、意旨及演变》一文的整理，《民族艺术研究》2001 年第 4 期，第 36—41 页。

世　系	《滇载记》	《南诏野史》增补内容	同时期其他文献旁证
阁罗凤	天宝十三年唐将李宓征南诏，"为蒙氏所诱，全军没焉……南诏自是始于中国隔绝矣"	"唐兵皆没，李密水死，何光履大败。是役乃白妃妖术展帕，（拍）手而笑，韩陀僧用钵法，王师乃溃"	明《三迤随笔》载"王妃白蓉"自幼在吐蕃随赞陀崛多学习金刚大法，在天宝战争中"杀戮众多"①
异牟寻	重新向唐朝寻求内附，剑南节度使韦皋招抚群蛮	韦皋遣崔佐为使入滇，异牟寻令其更夷衣，崔佐曰"天朝大使，岂衣夷衣"，并宣读唐诏书，令滇王失色	
劝丰佑	"引兵径入成都，大掠子女工技数万人及珍货而还"	段赤城灭洱海水怪，"王建塔镇之，以蛇骨灰塔，名曰灵塔……时有谣曰：赤城卖硬工"	《白古通纪》载"洱海有妖蛇"；② 明《三迤随笔》"蛇骨塔纪事碑"载孝子段赤城灭蛇事③
世　隆	"僭称皇帝……为边患殆二十年，中国为之虚耗，而其国亦弊"	1. "成王妃"与龙交，生世隆 2. 僧人神术相助 3. 世隆杀唐兵，立铜柱	明剑川"修白姐圣妃龙王合庙碑记"亦载"白姐圣妃"与龙交事④
隆　舜	"性好畋猎酣宴，委国事于其臣……后内嬖失道，为竖臣杨登所弑"	"（元和）二年地震，龙首二关、三阳城崩"	
舜化贞	"改元中兴，上书于唐"	乾宁二年，铸崇圣寺丈六观音	

从表 7-1 可见，《滇载记》对于蒙氏南诏国开国历史的记载，大抵以其与唐王朝的关系为主线来进行编年纪要，因"载记"文类所限，内容的叙事性臣

---

① （明）李浩：《三迤随笔》"无为寺南诏诸高僧传"条，昆明：云南人民出版社，2001 年，第 34—35 页。

② 《白古通纪》，王叔武：《云南古佚书钞》，昆明：云南人民出版社，1979 年，第 65 页。

③ （明）李浩：《三迤随笔》"无为寺南诏诸高僧传"条，昆明：云南人民出版社，2001 年，第 68—69 页。

④ （明）李文海：《修白姐圣妃龙王合庙碑记》，赵联元：《丽郡文征》卷五，"明剑川文"，第 3 页。转引自连瑞枝：《隐藏的祖先：妙香国的传说和社会》，北京：三联书店，2007 年，第 94 页。

服于文本的结构性。《南诏野史》也包含了这部分中央王朝与边疆政权的"关系史"，并在此基础上增添了不少人物逸闻、古迹传说与神僧妖术灵迹，这些故事性较强的内容多是从《白古通纪》和《纪古滇说集》中摘抄转录而来。按《白古通纪》语涉神怪，杨慎《滇载记》跋称其"义兼众教"，谢肇淛《滇略·俗略》云"什九皆载佛教神僧灵迹，诡谲可厌，亦足见当时之崇尚也"。[①]

就历史与神话的汇合而言，典型的例子是"火烧松明楼传奇"在众多文本中的叠加和黏合。南诏王皮罗阁"举火焚楼"之事并不见于汉文正史，樊绰《蛮书》、两唐书和李京《云南志略》都无载；《纪古滇说集》所载皮罗阁统一六诏的史事中，一个女人的形象格外引人注目，该书甚至明确指出她被称为"慈善夫人"，是邓赕诏诏主之妻：

> 邓赕诏之妻名慈善者，因诏夫被杀，慈善筑城负固之。神武王亲率兵欲妻之，慈善坚执不从。誓曰："一女不更二夫。"乃据城以自守。王领兵因攻之，不克。慈善卒，王嘉其节，赐号德源城。[②]

《南诏野史》称这位女性为"宁北妃"，并且在"筑城坚守"的节妇传说基础上，又添加了"以铁钏穿于夫臂"、辨夫尸骨、自杀殉夫等跌宕起伏的情节。"宁北妃"在同时期的其他文献中也被称作"白姐"或"柏洁"，是密宗弥勒佛化身而成的"佛母"，[③] 大理民间广为供奉并形成一整套与"白姐圣妃"相关的女性始祖崇拜祭仪，至今仍然举行的"火把节"就是其中之一。从文本形成的角度来看，南诏王权神话中的"六诏统一"如同一枚内核，逐渐被后起的地域性传说、神话和民俗所层层包裹，《南诏野史》以故事的形式铺陈这一史事，正是"荟萃"手法的体现。

---

① （清）谢肇淛：《滇略》，方国瑜主编：《云南史料丛刊》第 6 册，昆明：云南人民出版社，2001 年，第 695 页。

② （元）张道宗：《纪古滇说集》，王崧：《云南备征志》，李春龙点校，昆明：云南人民出版社，2010 年，第 313 页。

③ 侯冲：《大黑天神与白姐圣妃新资料研究》，《大理文化》（2），1994 年，第 54—57 页。

　　另一个体现"荟萃"与"删正"写史手法之差异的，是对九隆神话的不同处理。如前所述，滇中的神话历史架构包含着三类迥异的文化要素：其一是中国官方文献中的历史人物故事（例如庄蹻、诸葛亮）；其二是佛教的阿育王、观音和梵僧传说；其三是本地的山川城邑之神和女性始神话（例如金马碧鸡、白妃和沙壹）。[①] 这三类内容在九隆神话中出现了汇聚。考察该神话的成型、流变，以及在不同时期文献史料中出现的文本歧异性，有助于我们辨明《南诏野史》与《滇载记》对此所分别采用的"荟萃"与"删正"之法。

　　在《南诏野史》中，九隆感生故事借由攀附阿育王而获得祖源上的神圣性，从地域性传说上升为与哀牢、南诏大理国的王权正统紧密相关的"开国神话"，由此形成了"阿育王—沉木化龙—触木受孕—沙壹产子—龙舐子背—九隆得名—六诏分立"的故事链。这一"层累叠加"的滇史叙事链条在《南诏野史》中被连缀起来，呈现为"古滇源始"的完整脉络，一方面借引《汉书·哀牢夷传》而获得了与"正史"相关联的正统性，另一方面将滇中祖先的源头远溯至异域（周宣王时期的天竺国），由此超越"庄蹻""武侯"所代表的"汉家源头"。滇西洱海地区的明代碑铭中常见有大姓世家宣称自己是"天竺国婆罗门之种族"或"西天梵僧"的后代，[②] 由此也可以看到，《南诏野史》的"古滇源始"传说，是以民众有关祖源的地方性叙事和集体心态为基础的。

　　相较于《南诏野史》周详而完整的情节建构，《滇载记》中的九隆神话则显得相当简略。它不仅未提及九隆感生的"前史"，也就是"金马碧鸡"和"阿育王三子来滇"的故事，还删去了沉木感生神话中最为关键的君权神授环节（"龙舐子背"）。究其原因，大约是因为这一类感生神话在正统史家眼中多有荒诞不经之处，而荒诞正是修史者常常用以区分正史与野史的一把标尺。清人冯甦在《滇考》之"哀牢国内附"条中，批评九隆诞生纯属"诞妄之事……其说近怪"，因"南诏僭窃已久，后务为神异之说，美其祖宗沙壹事，彷佛吞

---

① 连瑞枝：《隐藏的祖先：妙香国的传说和社会》，北京：三联书店，2007 年，第 15 页。
② 《大阿拶哩杨嵩墓志铭》（1420 年），石钟健：《石钟健民族研究文集》，北京：民族出版社，1996 年，第 317 页。

鸟卵、履大人迹。阿育王事，彷佛五帝，皆祖轩辕"。[①]冯氏甚至认为，九隆神话在南诏源头与阿育王之间拉上关系，有明显的附会穿凿痕迹，而范晔将这类不经之谈采入正史，不啻为僭伪张本。

总结起来，不同的文本形式为《滇载记》和《南诏野史》的内容划定了各自的边界。"载记"的文本特征强调客观性，书写者的褒贬臧否，均寓于严谨的分类系统和行文的春秋笔法之中；相较之下，野史则是取"志乘所遗"，以史笔写异闻，为"正史之羽翼"。就本文所涉滇中历史而言，传说、轶闻和神话构成的地方性叙事纷纭错杂，正所谓"楚、蜀、滇、黔，于古为西南外徼，荒诞之事尤多"。[②]《南诏野史》"荟萃"诸说，将文化持有者对地方性历史事件的集体记忆和多重叙事样态收纳其中，呈现出历史文本的文学维度。相对于野史文类的杂采传闻入书，《滇载记》却因知识形式的特殊要求，对滇中历史的地方叙事进行大力削删，令其多元性屈服于王朝正统叙事的一元性，[③]从而导致某些内容的消失、遮蔽与边缘化。

杨慎身为明中叶知识精英阶层的翘楚，又是滇中"逐臣"的典型，仅就与"贬谪文学"相关的话题而言，其人其书无疑为后人留下了广阔的探索空间。从边缘性的角度入手探究杨慎的滇史著作，亦有助于我们深入体察帝国晚期遗戍文人的心理构图，以及放逐之臣眼中的荒徼之地，并洞悉书写者如何在"汉夷杂处"的异文化氛围中思考帝国的秩序观、正统观与"华夷之辨"的古老话题。

更重要的是，杨慎搜求本土历史、整理编纂"南中故实"的志业与特定时代的学风好尚之间有着密不可分的关联。回归到明代思想史的总图景之中，可以看到《滇载记》《南诏野史》的格式体例与风格均受到儒学学术话语转型的影响，正所谓"事不孤起，必有其邻"。由于本书篇幅所限，关涉明清思想史

---

① （清）冯甦：《滇考》"哀牢国内附"条，方国瑜主编：《云南史料丛刊》第 11 册，昆明：云南人民出版社，2001 年，第 7 页。
② （清）王崧：《道光云南志钞三·封建志上》，方国瑜主编：《云南史料丛刊》第 11 册，昆明：云南人民出版社，2001 年，第 475 页。
③ 葛兆光：《屈服史：六朝隋唐道教的思想史研究》，北京：三联书店，2003 年，第 15 页。

的诸多话题仅在下文稍作引申，意在指出日后有待研究的方向。

明代知识精英热衷于古典知识与实用技艺的积累、收集和分类，在"尚博好奇"的学风驱使之下，经史坟典、诸子百家、稗官小说和日用类书的整理汇编在明代出现一个繁荣期。事实上，自南宋末年至明末清初，"博物"与"格致"在知识精英中间始终是一种普遍的认识论结构。[①]与之相对出现的，是重身心之学而轻词章记诵的心学一脉。杨慎所处的正德嘉靖年间，正逢阳明心学从程朱理学中脱衍而出，此派末流崇尚虚文，驱儒归禅，时风所及之处，士子束书不观，而习于空谈性理。[②]陆王心学与博物训诂在明中叶之后出现"双峰并峙"的状况，正如陈垣在《明季滇黔佛教考》中指出的"明季心学盛而考证兴……问学与德性并重，相反而实相成焉"。杨慎力矫陆王心学"孤陋"之弊，提出"从博归约，以实济虚"[③]的"实学"主张，他的著述取汉学路径，杂采佚说，治经不限于一艺，传疏不墨守小学之业，在诸子、类书和汉儒经典之间左右逢源；史学则并重杂史地理、水经山图；文学则遍及诗词歌曲、谚谣古辞，自古音古训以至金石铭刻，俗语杂字，诸子之书；自儒道法农而旁及天文、谶纬、医术、书画、博物诸学。[④]从这个角度来看，不妨说滇中野史的编纂正是杨慎在经典之外实践"格物致知"理念的具体体现。

以"博雅"为出发点，杨慎治滇史特别强调"辑佚"的重要性。不可否认的是，这也往往使得一卷之中瑕瑜互见，真伪并陈，《南诏野史》即是一例。前人多有据此批评杨慎"遇物成书"，有夸耀博学之嫌，如《四库全书总目提要》子部杂家类"丹铅余录条"云："慎博览群书，喜为杂著……饾饤为编，只成杂学。王世贞谓其工于证经而疏于解经，详于稗史而忽于正史，详于诗事而略于诗旨……又好伪撰古书，以证成己说。"[⑤]清人阎若璩《潜丘札记》亦云：

① ［美］艾尔曼：《收集与分类：明代汇编与类书》，《学术月刊》2009 年第 5 期，第 126—138 页。

② ［日］岛田虔次：《中国近代思维的挫折》，甘万萍译，南京：江苏人民出版社，2005 年。

③ （明）杨慎：《谭苑醍醐序》，《升庵著述序跋》，昆明：云南人民出版社，1985 年，第 81 页。

④ 王文才：《杨慎学谱》，上海：上海古籍出版社，1988 年，第 13 页。

⑤ 《四库全书总目提要》卷 119，"杂家类三"，石家庄：河北人民出版社，2000 年，第 3077 页。

“近代文士，务博而不明理，好胜而不平心，未有过于杨用修慎者也。”[①]李慈铭《越缦堂日记》云：“有明博雅之士首推升庵……惟议论多僻，又喜杜撰附会……率多逞其臆说舌锋，不可为据。”[②]批评的锋芒更是直指杨慎的为人与著述的“可信度”。

通观乾嘉学派对杨慎的负面评价，可以发现矛头几乎都指向材料搜集（“务博”）与义理阐释（“明理”）之间的平衡问题。这一评价与明清知识论的整体变迁有着不可分割的关联。清中叶以后，儒学话语的重要变革之一是从汉儒的“尚考证”回归宋人之“尚义理”，在乾嘉学者看来，网罗文献、训诂考据仅仅是阐发义理的手段而非最终目的，杨慎以汉学为尚，在经验性的实证知识上用力过多，不究本原而陷入支离的考索，忽略了对道德理论体系的综合性阐释，这无异于舍本逐末。

事实上，根据上文对杨慎治“南中旧史”的分析反观清人定论，或可洞察其中有失公允之处。面对纷繁歧异的地方性神话历史，杨慎在《滇载记》和《南诏野史》中分别采用“删正”与“荟萃”两种手法进行取舍，将义理的阐发与史家之褒贬寄寓于材料的芟荑增减之中，并根据不同文体的要求，同时推行了“遮蔽”与“彰显”两套方案。在这个意义上，《滇载记》和《南诏野史》折射出一个有关地方历史叙事的三重镜像：它既是区域性神话历史的“知识库”，又寄托了边疆“逐臣”的史家之心与身世之悲，同时也是明代社会文化逻辑和学术思潮的一个缩影。

203

---

① 王文才：《杨慎学谱》，上海：上海古籍出版社，1988年，第458页。
② 王文才：《杨慎学谱》，上海：上海古籍出版社，1988年，第467页。

结　　语

纵观两千余年的云南地方历史，南诏大理国在其中占据的重要位置是毋庸置疑的。从蒙氏细奴逻建国的 649 年到忽必烈渡江平定大理的 1254 年，再加上大理国覆灭后段氏总管时期（止于 1382 年），前后超过 7 个世纪，在跨度如此之大的时空中，本地人对于起源历史的历史记忆、图像表述与文学书写的规范，沉淀为一个文本结构。图像是一种蕴含社会价值与历史记忆的媒介，与文字并列为集体记忆的二重遗存。图像的制作与保存、图像主题的延续与变形，皆是在某种"意图"的指导下完成的，正如艺术史家巴克森德尔（Michael Baxandall）在论述艺术史方法论的《意图的模式》中指出的，任何图像都具有必然的意图性（intentionality）。[1] 从这一角度来看，南诏大理国数百年间留下的图像遗产可以被视作一种基于意图的再创造，本身就是社会经济因素和"心理构图"的双重产物，它传递的并非完全是客观的历史现实，而是主观的文化立场、族群认同和身份确认，以及对历史的解读。

这一视觉传统中凝结了南诏大理国这段特定历史时期内中国西南"西爨乌蛮"与"东爨白蛮"人群书写族群历史、再现地域神话时遵循的既定模式，兼具艺术史、文化史与心态史的多重内涵。图像也具备形塑地域景观并赋予其意义的能动效应，在赋予意义、建构意义的过程中，创造出群体的共同传统，而蕴藏在图像中的有关群体本质的诠释、凝聚和维系群体力量，也渐渐成为一种公众性的文化资源和认知资源。这一过程超越了南诏大理国的时空界限，甚至依旧留存于当代散落云南各地的"白蛮系"人群当中，为言说族群往昔、表述身份认同提供了来自底层的架构。

中古时期洱海滇池地区受中原汉地的影响相当显著，史籍文献材料大多侧重于记录云南地方政权接受中原王朝泽备，称南诏大理的治国意识形态是"略

---

① Michael Baxandall, *Patterns of Intention: On the Historical Explanation of Pictures*, New Haven: Yale University Press, 1985, p. 41.

本于汉"。但图像遗产则揭示出在"略本于汉"之外还有一套相对独立、自成体系的地方传统。南诏大理国建国意识形态的基调由多种文化因素合力奠定，它发展出一种多重向度的身份认同：既作为汉文化圈的内部成员而屡受唐封、朝贡于宋，又通过祖先神话和开国历史的建构宣示自己的独立性；与此同时又在特定的情境下强调地域性的文化认同。运用"图文互训"和"立体释古"的交叉研究法，可以梳理出支撑南诏大理国文化认同的三条主干。

其一是地域性的文化认同。滇西地区原发性的地域神话和祭祀系统是南诏大理国文化表述的基石，滇国的"社祭"和使用青铜贮贝器的传统、"金马碧鸡"土主神话、九隆感生神话与龙蛇信仰皆在其列。它们在南诏大理国覆灭之后被官府打上"淫祀"的标签，成为明清时期中央政权大力在边疆禁毁与清扫的对象。这一过程揭示了西南边疆的地方性历史记忆如何渐渐从舞台中心退至边缘，直至彻底消失，以及民间社会如何试图借助各类轶闻、传说故事和对仪式的不断复兴，来强化和唤醒它。

其二是中南半岛南传佛教的文化认同。滇西地区图像传统偏重于对"天竺佛国"的刻画，"云南观音"阿嵯耶图像志、摩崖石刻与传世绘卷所见各类"梵僧"形象与大黑天摩诃迦罗，皆是南诏大理国统治阶层主动借天竺佛教传统言说"与汉不同"的文化身份的结果。作为"南方丝绸之路"的重镇，南诏大理国的图像遗产体现出浓厚的东南亚痕迹，滇西地区的天竺观音阿嵯耶信仰、阿育王崇拜和民间流传的梵僧神迹故事，既是印度佛教信仰渗透至滇西民间社会的结果，又揭示了区域社会整合到东南亚佛教大传统中的动态过程。

其三是汉地文明与华夏认同。《南诏图传》中带有浓厚儒家文化特征的"禅让"情节、《张胜温梵像卷》所见天龙八部护法菩萨尊者群像、安宁法华寺石窟、祥云水目山寺塔壁画，皆证明由中原汉地传来的净土宗、华严宗和禅宗在大理国时期的意识形态中扮演着至关重要的角色。汉系特征明显的佛教造像标志着大理国精英阶层的文化信仰已经与中原暗合同步。随着中国西南边疆"渐入王化"的历程在大理国后期至元代段氏总管时期逐步加深，汉文化的渗透不可避免，从明代开始，中央政府特别重视对洱海周边大理国遗民的笼络和收编。于是，对南方"妙香佛国"的文化认同和对古天竺圣地历史的强调渐渐隐退至后台，更多地以口头文学、神话传说的形态在民间代代相传。与此相对应的，是对北方华夏和汉地文化认同的彰显，诸如庄蹻王滇与武侯南征的民间记忆、地方志和民族图谱中有关"白人近汉"的表述，皆是西南边疆政权在意识形态和族群身份认同上接受"王化"渐染的外在表现。

在地方社会中流行的历史叙事结构，以文字、图像和口传的形态延续，让身处其内部的人群产生与此结构相呼应的历史记忆。南诏时期洱海周边民族对"妙香佛国"的认同，并非仅仅是被刻意建构的"想象的共同体"，而是北方汉地文化、西部吐蕃文化与滇中地域性文化在复杂的政治经济互动中所造成的认同结果。不过，我们在看待西南边疆"渐入王化"的进程时，也要避免一种刻板而迂腐的汉化论。在中国西南边疆这一特殊的社会空间当中，南诏大理国时期地方人群的认同是一个关涉个人与群体之历史记忆、文化表征、社会惯习与现实利益的复杂现象，诸多认同的取向并非截然不可兼容的选择，而是可视状况而定的、不断摇摆的弹性认同。明朝初年，中央王朝征服大理，此前数百年的地方政权皆被定性为"伪朝"，华夷有别的意识形态上升为主导西南边疆历史书写的主流叙事模式。在这样的背景下，前朝开国神话、世家大姓的家族神圣历史，以及对南方天竺文化和"妙香佛国"的怀想，皆改头换面以杂录、志异、稗闻和传说的样貌潜藏于文献记忆中。但这一记忆在特定的时空中又会被突然唤醒，明末清初时期，在两本相继由丽江木氏土官和安氏土官后人编纂的《鸡足山志》中，云南被视为延续了古天竺佛教传统的圣地，意味着西南边疆历史的真正起点，然而在书写体例上又沿用中原正统纪年法而不取佛历纪年法。同类型的历史叙事还存在于康熙年间大理圣源寺僧人寂裕刊刻的《白国因由》当中，它杂采观音七化、南诏开国的民间故事，铺叙"古天竺"如何演变为当下之云南。[①] 以《鸡足山志》和《白国因由》为代表的对南诏大理国史事的

---

① 连瑞枝：《书写"西南"：两种典范历史的对话与建构》，《历史人类学学刊》2008 年第 1 期，第 39—70 页。

"再书写"，揭示了华夏边疆社会一方面经历着"汉化"的漫长洗礼，另一方面也在适时重新建构出一套以地方为中心的历史主义和文化心态。南诏大理国文化之所以能够不断整合异质元素，熔铸为一体，是因为其本身就具有开放和兼容的品质。在这文化整合的过程中，原发性的土著文化、外来的佛教文化和儒家文化得以交叉渗透，在不同区域、不同民族和不同时代的需求中调试自己以达到某种平衡，借助图像与神话完成的地方历史叙事，也始终位于南诏大理国文化的核心。

参考文献

一、历史文献与资料汇编

（汉）司马迁：《史记·西南夷列传》第 116 卷，北京：中华书局，1959 年

（南朝宋）范晔：《后汉书·南蛮西南夷列传》第 86 卷，北京：中华书局，1997 年

（东晋）常璩：《华阳国志》，刘琳校注本，成都：巴蜀书社，1984 年

（北魏）郦道元：《水经注》，陈桥驿注释本，杭州：浙江古籍出版社，2001 年

（唐）樊绰：《蛮书》，向达校注本，北京：中华书局，1962 年

（唐）杜佑：《通典》卷 187 "边防三"，王文锦、王永兴、刘俊文、徐庭云，谢方点校
本，第 5 册，北京：中华书局，1988 年

（唐）梁建芳：《西洱河风土记》，方国瑜主编：《云南史料丛刊》第 2 卷，昆明：云南
大学出版社，1998 年

（唐）神恺：《大黑天神法》，《大正新修大藏经》第 21 册，No. 1287，台北：新文丰出
版公司，1983 年

（唐）义净：《南海寄归内法传》，《大正新修大藏经》第 54 册，No. 2125，台北：新文
丰出版有限公司，1983 年

（唐）义净：《大唐西域求法高僧传校注》，王维邦校注，北京：中华书局，1988 年

（宋）欧阳修、宋祁：《新唐书·南诏传》卷 222 上，王忠笺证，北京：中华书局，
1963 年

（宋）周去非：《岭外代答》，北京：中华书局，1999 年

（元）郭松年、李京：《大理行记校注·云南志辑校》，王叔武校注，昆明：云南民族出
版社，1986 年

（元）张道宗：《纪古滇说集》，王崧：《云南备征志》，李春龙点校，昆明：云南人民出
版社，2010 年

（明）艾自修：《重修邓川州志》，大理州文化局印刷，1983 年

（明）陈文：《景泰云南图经志书》，李春龙、刘景毛校注，昆明：云南民族出版社，2002 年

（明）倪辂辑：《南诏野史会证》，王崧校理，胡蔚增订，木芹会证，昆明：云南人民出版社，1990 年

（明）刘文征：《天启滇志》，古永继点校，昆明：云南教育出版社，1991 年

（明）李元阳：《万历云南通志》，《西南稀见方志文献》第 21 卷，兰州：兰州大学出版社，2003 年

（明）李元阳：《嘉靖大理府志》，大理：大理白族自治州文化局，1983 年

（明）田汝成：《行边纪闻》，方国瑜主编：《云南史料丛刊》第 4 册，昆明：云南大学出版社，2000 年

（明）谢肇淛：《滇略》，方国瑜主编：《云南史料丛刊》第 6 册，昆明：云南大学出版社，2000 年

（明）杨慎：《南诏野史》，胡蔚校注、李春龙点校，昆明：云南人民出版社，2002 年

（明）杨慎：《滇程记》，方国瑜主编：《云南史料丛刊》第 5 册，昆明：云南大学出版社，2000 年

（明）诸葛元声：《滇史》，刘亚朝点校，巍山：德宏民族出版社，1998 年

（清）鄂尔泰、靖道谟：《云南通志》卷 26 "古迹" 条，昆明：云南人民出版社，2003 年

（清）冯甦：《滇考》，方国瑜主编：《云南史料丛刊》第 11 册，昆明，云南大学出版社，2001 年

（清）李浩：《三迤随笔》，大理州文联主编：《大理古佚书钞》，昆明：云南人民出版社，2002 年

（清）高奣映：《鸡足山志》，侯冲、段晓林点校，北京：中国书籍出版社，2005 年

（清）蒋旭：《康熙蒙化府志》，巍山：德宏民族出版社，1998 年

（清）刘锡藩：《岭表纪蛮》，台北：南天书局，1987 年

（清）陆次云：《峒溪纤志》，中国西南文献丛书编委会主编：《西南民俗文献》第 4 卷，兰州：兰州大学出版社，2003 年

（清）倪蜕：《滇小记》，方国瑜主编：《云南史料丛刊》第 11 册，昆明：云南大学出版社，2001 年

（清）释寂裕：《白国因由》，《南诏大理历史文化丛书》第一辑，成都：巴蜀书社，1998 年

（清）释同揆：《洱海丛谈》，方国瑜主编：《云南史料丛刊》第 11 册，昆明：云南大学

出版社，2001 年

（清）檀萃：《滇海虞衡志》，宋文熙、李东平校注，昆明：云南人民出版社，1990 年

（清）王崧：《云南备征志》，李春龙点校，昆明：云南人民出版社，2010 年

（清）王崧：《道光云南志抄》，方国瑜主编：《云南史料丛刊》第 11 册，昆明：云南大学出版社，2001 年

（清）吴大昕：《滇南闻见录》，方国瑜主编：《云南史料丛刊》第 12 册，昆明：云南人民出版社，2001 年

（清）谢圣纶：《滇黔志略》，古永继点校，贵阳：贵州人民出版社，2008 年

（清）谢启昆：《广西通志·金石略十五》，台北：商务印书馆，1986 年

不著撰人：《白古通纪》，王叔武辑：《云南古佚书钞》，昆明：云南人民出版社，1979 年

楚雄彝族自治州档案局：《楚雄历代碑刻》，昆明：云南民族出版社，2005 年

大理市文化丛书编辑委员会编：《大理市古碑存文录》，昆明：云南民族出版社，1996 年

大理白族自治州地方志编纂委员会编纂：《大理白族自治州志》第 9 卷，昆明：云南人民出版社，2000 年

方国瑜主编、徐文德、木芹、郑志惠纂录校订：《云南史料丛刊》第 1—13 册，昆明：云南大学出版社，1998—2001 年

乐怡：《百苗图八种》，哈佛燕京图书馆文献丛刊第十六种，桂林：广西师范大学出版社，2018 年

梁耀武主编：《康熙玉溪地区地方志五种》，昆明：云南人民出版社，1993 年

龙云、卢汉、周钟岳：《新纂云南通志》，刘景毛校注，昆明：云南人民出版社，2007 年

马可·波罗：《马可·波罗行纪》，冯承钧译，党宝海注，石家庄：河北人民出版社，1999 年

尤中：《僰古通纪浅述校注》，昆明：云南人民出版社，1989 年

国家民委"民族问题五种丛书"云南省编辑组编：《云南地方志佛教资料琐编》，昆明：云南民族出版社，1986 年

国家民委"民族问题五种丛书"云南省编辑组主编：《基诺族普米族社会历史综合调查》，北京：民族出版社，1990 年

国家民委"民族问题五种丛书"云南省编辑组主编：《白族社会历史调查》（二）（四），昆明：云南人民出版社，1988 年

国家民委"民族问题五种丛书"云南省编辑组主编：《云南民族民俗和宗教调查》，昆明：云南人民出版社，1988 年

唐立主编：《明清滇西蒙化碑刻》，东京：东京外国语大学出版社，2016 年

王叔武等：《大理县喜洲白族社会经济调查报告》，云南省民族研究所主编：《云南省白
　　族社会历史调查报告》（一），北京：民族出版社，1963 年

萧霁虹主编：《云南道教碑刻辑录》，北京：中国社会科学出版社，2013 年

向达、木芹：《云南志补注》，昆明：云南人民出版社，1995 年

云南省大理市文化丛书编辑委员会编：《大理市古碑存文录》，昆明：云南民族出版社，
　　1996 年

云南少数民族社会历史研究所主编：《明实录有关云南历史资料摘抄》，昆明：云南人
　　民出版社，1959 年

杨世钰主编：《大理丛书·金石篇》第 10 册，北京：中国社会科学出版社，1993 年

杨世钰、赵寅松主编：《大理丛书·考古文物篇》，昆明：云南民族出版社，2009 年

张了、张锡禄编：《鹤庆碑刻辑录》，大理：大理白族自治州南诏史研究会，2001 年

赵淳纂、程近仁：《赵州志》，《中国地方志集成·云南府县志》，第 77 辑，南京：凤凰
　　出版社，2009 年

早稻田大学图书馆藏：《黔省诸苗全图》，清代抄本

二、研究著作

阿列西·艾尔雅维茨：《图像时代》，胡菊兰、张云鹏译，长春：吉林人民出版社，
　　2003 年

艾恩斯：《印度神话》，孙士海、王镛译，北京：经济日报出版社，2001 年

彼得·伯克：《图像证史》，杨豫译，北京：北京大学出版社，2008 年

伯希和：《郑和下西洋考·交广印度两道考》，冯承钧译，北京：中华书局，2003 年

常任侠：《印度与东南亚美术发展史》，上海：上海古籍出版社，1980 年

陈怀恩：《图像学：视觉艺术的意义与解释》，石家庄：河北美术出版社，2011 年

陈垣：《明季滇黔佛教考（外宗教史论著八种）》，石家庄：河北教育出版社，2000 年

陈玉女：《明代的佛教与社会》，北京：北京大学出版社，2011 年

陈兆复：《剑川石窟》，昆明：云南人民出版社，1980 年

查尔斯·巴克：《南诏国与唐代的西南边疆》，林超民译，昆明：云南人民出版社，
　　1986 年

曹意强等主编：《艺术史的视野——图像研究的理论、方法与意义》，杭州：中国美术
　　学院出版社，2007 年

崔连仲等选译：《古印度帝国时代史料选辑》，第十六号道利文本，北京：商务印书馆，
　　1989 年

大理白族自治州文化局编：《白族民间故事选》，上海：上海文艺出版社，1984 年

岱年、世杰辑：《水族民间故事》，贵阳：贵州人民出版社，1984 年

丁乃通：《中国民间故事类型索引》，武汉：华中师范大学出版社，2005 年

丁宁：《绵延之维：走向艺术史哲学》，北京：生活·读书·新知三联书店，1997 年

丁山：《中国古代宗教与神话考》，上海：上海书店出版社，2011 年

多罗那他：《印度佛教史》，张建木译，成都：四川民族出版社，1988 年

董增旭：《南天瑰宝：剑川石钟山石窟》，昆明：云南美术出版社，1998 年

杜薇：《百苗图汇考》，贵阳：贵州民族出版社，2003 年

段鼎周：《白子国探源》，昆明：云南民族出版社，1988 年

段玉明：《大理国史》，昆明：云南民族出版社，2003 年

恩内斯特·卡西尔：《语言与神话》，于晓译，北京：生活·读书·新知三联书店，
　　1988 年

范义田：《云南古代民族之史的分析》，重庆：商务印书馆，1943 年

方广锠：《藏外佛教文献》第六辑，北京：宗教文化出版社，1998 年

方国瑜、林超民主编：《方国瑜文集》，昆明：云南教育出版社，2001 年

方国瑜、林超民著：《〈马可·波罗行纪〉云南史地丛考》，北京：民族出版社，1994 年

方国瑜：《西南历史地理考释》，北京：中华书局，2012 年

方国瑜：《滇史论丛》，上海：上海人民出版社，1982 年

方龄贵、王云选录：《大理五华楼新出宋元碑选录并考释》，昆明：云南大学出版社，
　　2000 年

费子智：《五华楼——关于云南大理民家的研究》，刘晓峰、汪晖译，北京：民族出版
　　社，2006 年

傅云仙：《阿嵯耶观音》，昆明：云南美术出版社，2006 年

高楠顺次郎、木村泰贤：《印度哲学宗教史》，高观庐译，上海：商务印书馆，1935 年

葛兆光：《屈服史：六朝隋唐道教的思想史研究》，北京：生活·读书·新知三联书店，
　　2003 年

古正美：《从天王传统到佛王传统：中国中世纪佛教治国意识形态研究》，台北：商周
　　出版社，2003 年

古正美：《〈张胜温梵画卷〉研究：云南后理国段智兴时代的佛教画像》，北京：民族出
　　版社，2018 年

顾峰：《古滇艺术新探》，昆明：云南教育出版社，1992 年

韩廷杰：《南传上座部佛教概论》，台北：文津出版社，2001 年

何耀华：《中国西南历史民俗学论集》，昆明：云南人民出版社，1988 年

侯冲：《白族心史：〈白古通纪〉研究》，昆明：云南民族出版社，2002 年

侯冲：《云南与巴蜀佛教研究论稿》，北京：宗教文化出版社，2006 年

黄宝生：《印度古代文学》，北京：知识出版社，1988 年

黄杰华：《汉藏宝鬘：护法大黑天（Mahākāla）信仰研究》，中央民族大学博士论文，
　　2011 年

黄克武主编：《画中有话：近代中国的视觉表述与文化构图》，台北："中央研究院"近
　　代史研究所，1992 年

姜怀英、邱宣充：《大理三塔史话》，昆明：云南人民出版社，1992 年

金克木：《梵语文学史》，北京：人民文学出版社，1964 年

蓝吉富等：《云南大理佛教论文集》，高雄：佛光出版社，1991 年

雷闻：《郊庙之外：隋唐国家祭祀与宗教》，北京：生活·读书·新知三联书店，2009 年

李东红：《白族佛教密宗阿吒力教派研究》，昆明，云南民族出版社，2001 年

李家瑞等主编：《大理白族自治州历史文物调查资料》，昆明：云南人民出版社，1958 年

李昆声：《南诏史话》，北京：文物出版社，1985 年

李昆声主编：《南诏大理国雕刻绘画艺术》，昆明：云南美术出版社，1999 年

李昆声：《云南艺术史》，昆明：云南教育出版社，1995 年

李昆声：《云南古代艺术珍品集》，昆明：云南大学出版社，1999 年

李光荣等主编：《20 世纪大理考古文集》，昆明：云南民族出版社，2003 年

李霖灿：《南诏大理国新资料的综合研究》，台北：台北故宫博物院，1982 年

李绍明：《李绍明民族学文选》，成都：成都出版社，1995 年

李伟卿主编：《云南民族美术史》，昆明：云南美术出版社，2006 年

李晓斌：《南诏国、大理国文化交流史》，昆明：云南大学出版社，2018 年

李子贤：《探寻一个尚未崩溃的神话王国——中国西南少数民族神话研究》，昆明：云
　　南人民出版社，1991 年

李子贤：《再探神话王国：活形态神话新论》，昆明：云南人民出版社，2016 年

连瑞枝：《隐藏的祖先：妙香国的传说与社会》，北京：生活·读书·新知三联书店，
　　2007 年

连瑞枝：《僧侣·士人·土官——明朝统治下的西南人群与历史》，北京：社会科学文
　　献出版社，2020 年

林超民等：《南诏大理历史文化国际学术讨论会论文集》，北京：民族出版社，2006 年

刘长久：《中国西南石窟艺术》，成都：四川人民出版社，1998 年

陆韧：《云南对外交通史》，昆明：云南民族出版社，1997 年

栂尾祥云：《曼荼罗之研究》，杨笑天译，北京：中国藏学出版社，2011 年

马歇尔·萨林斯：《历史之岛》，蓝达居、张宏明译，上海：上海人民出版社，2003 年

尼古拉斯·塔林：《剑桥东南亚史》（上），贺圣达等译，昆明：云南人民出版社，2004 年

诺曼·布列逊：《语词与图像：旧王朝时期的法国绘画》，王之光译，杭州：浙江摄影
　　出版社，2001 年

潘诺夫斯基：《视觉艺术的含义》，傅志强译，沈阳：辽宁人民出版社，1987 年

朴城君：《大邦之间：妙香国的观世音图像志》，广州：暨南大学出版社，2017 年

祁庆富、史晖：《清代少数民族图册研究》，北京：中央民族大学出版社，2012 年

乔治·马库斯等：《作为文化批评的人类学：一个人文学科的实验时代》，王铭铭、蓝
　　达居译，北京：生活·读书·新知三联书店，1998 年

邱宣充主编：《云南文物古迹大全》，昆明：云南人民出版社，1992 年

邵献书：《南诏和大理国》，长春：吉林教育出版社，1990 年

沈梅梅：《中间地带——西南中国的社会性别、族性与认同》，北京：商务印书馆，
　　2012 年

石钟健：《石钟健民族研究论文集》，北京：民族出版社，1996 年

陶立璠等编：《中国少数民族神话汇编·人类起源篇》，北京：中央民族大学出版社，
　　1984 年

王明珂：《羌在汉藏之间》，北京：中华书局，2008 年

王明珂：《华夏边缘——历史记忆与族群认同》，北京：社会科学文献出版社，2006 年

王明珂：《英雄祖先与弟兄民族》，北京：中华书局，2007 年

王慎行：《古文字与殷周文明》，西安：陕西人民教育出版社，1992 年

王叔武：《云南古佚书钞》，昆明：云南人民出版社，1996 年

王文才：《杨慎学谱》，上海：上海古籍出版社，1988 年

王文才、张锡厚：《升庵著述序跋》，昆明：云南人民出版社，1985 年

王文才：《杨升庵丛书》第 4 册，"升庵诗文补遗"卷 3，北京：天地出版社，2002 年

汪宁生：《汪宁生论著萃编》，昆明：云南民族出版社，2001 年

宋伯胤：《剑川石窟》，北京：文物出版社，1958 年

沃杰科维茨：《西藏的神灵和鬼怪》，谢继胜译，拉萨：西藏人民出版社，1993 年

巫鸿：《礼仪中的美术》（上、下），郑岩等译，北京：生活·读书·新知三联书店，
　　2005 年

巫鸿：《美术史十议》，北京：生活·读书·新知三联书店，2008 年

217

吴泽霖、陈国钧等：《贵州苗夷社会研究》，北京：民族出版社，2004 年

杨庆堃：《中国社会中的宗教》，范丽珠等译，上海：上海人民出版社，2007 年

杨庭硕：《〈百苗图〉抄本汇编》，贵阳：贵州民族出版社，2004 年

杨延福：《南诏大理白族史论集》，昆明：云南民族出版社，2004 年

杨政业：《白族本主文化》，昆明：云南人民出版社，1994 年

杨政业：《大理宗教文化论集》，昆明：云南民族出版社，1998 年

蚁垤：《罗摩衍那》（一），季羡林译，《季羡林全集》卷 22，北京：外语教学与研究出
　　版社，2010 年

尤中：《云南民族史》，昆明：云南大学出版社，1994 年

尤中：《中国西南的古代民族》，昆明：云南人民出版社，1980 年

于君方：《观音——菩萨中国化的演变》，陈怀宇、姚崇新、林佩莹译，北京：商务印
　　书馆，2012 年

云南省博物馆：《云南晋宁石寨山古墓群发掘报告》，北京：文物出版社，1959 年

云南省民间文学集成办公室主编：《白族神话传说集成》，北京：中国民间文艺出版社，
　　1986 年

云南省民族学会白族研究委员会编：《南诏大理国观音图像学研究》，昆明：云南民族
　　出版社，2017 年

云南省社会科学院历史研究所编：《云南地方民族史论丛》，昆明：云南人民出版社，
　　1986 年

云南省文物管理委员会编：《南诏大理文物》，北京：文物出版社，1992 年

瓦尔特·舒里安：《作为经验的艺术》，罗悌伦译，长沙：湖南美术出版社，2005 年

魏庆征：《古代印度神话》，太原：北岳文艺出版社，1999 年

向达：《唐代长安与西域文明》，重庆：重庆出版社，2009 年

徐嘉瑞：《大理古代文化史稿》，北京：中华书局，1978 年

张彪、杨红琼主编：《中国民间故事全书》（云南·弥渡卷），北京：知识产权出版社，
　　2013 年

张文勋主编：《白族文学史》，昆明：云南人民出版社，1983 年

张锡禄：《南诏与白族文化》，北京：华夏出版社，1992 年

张锡禄：《大理白族佛教密宗》，昆明：云南民族出版社，1999 年

张锡禄、甲斐胜二主编：《中国白族白文文献释读》，桂林：广西师范大学出版社，
　　2011 年

张旭主编：《南诏·大理史论文集》，昆明：云南民族出版社，1993 年

张旭：《大理白族史探索》，昆明：云南人民出版社，1990 年

张永康、陈浩：《佛国遗珍——南诏大理国的佛陀世界》，昆明：云南民族出版社，
　　2008 年

张增祺：《滇国与滇文化》，昆明：云南美术出版社，1997 年

赵玉中：《祖先历史的变奏：大理洱海地区一个村落的身份操演》，昆明：云南大学出版
　　社，2014 年

赵毅衡选编：《符号学：文学论文集》，天津：百花文艺出版社，2004 年

赵寅松：《白族文化研究》（2003），北京：民族出版社，2003 年

赵寅松主编：《白族文化研究》（2007），北京：民族出版社，2007 年

赵寅松主编：《白族研究百年》（二），北京：民族出版社，2008 年

周一良：《唐代密宗》，钱文忠译，上海：上海远东出版社，2012 年

周泳先：《凤仪县北汤天南诏大理国以来古本经卷整理记》，《大理白族自治州历史文物
　　调查资料》，昆明：云南人民出版社，1958 年

邹启宇主编：《云南佛教艺术》，昆明：云南民族出版社，1991 年

三、中文论文

安琪：《云南的阿育王神话与南诏大理国的祖先历史叙事》，《民族文学研究》2013 年第
　　4 期，第 5—15 页

安琪：《图像的历史叙事：以〈南诏图传〉中的"图文关系"为例》，《民族艺术》2013
　　年第 1 期，第 94—99 页

北京大学考古学系、云南大学历史系"剑川石窟考古研究课题组"：《剑川石窟——
　　1999 年考古调查简报》，《文物》2000 年第 7 期，第 71—84 页

陈明：《"搅长河为酥酪"释义——敦煌文献中的印度神话札记之一》，《多维视野中的
　　印度文学文化——刘安武先生八十华诞纪念文集》，银川：阳光出版社，2010 年，
　　第 179—187 页

陈明芳：《试论博什瓦黑石刻的族属、年代及其特点》，《中山大学学报》1982 年第 2
　　期，第 49—57 页

大理市博物馆：《大理市收集的四方大理国末期的碑刻》，《考古》1987 年第 9 期，第
　　788—795+802 页

杜玉亭、杜雪飞：《庄蹻王滇千年争论的学理反思》，《云南社会科学》2015 年第 1 期，
　　第 166—170 页

段炼：《符号的救赎：从图像到事件——米柯·鲍尔符号分析的理论世界》，《文艺研

究》2012 年第 8 期，第 123—133 页

方国瑜：《大理崇圣寺塔考说》，《思想战线》1978 年第 6 期，第 51—57 页

方国瑜：《唐代前期洱海区域的部族》，《云南民族大学学报》1983 年第 1 期，第 38—
45 页

黄厚明：《图像与观念：艺术考古前沿问题研究》，《民族艺术》2008 年第 4 期，第
20—27+79 页

黄德荣执笔，云南省博物馆巍山考古队：《巍山巃屿山南诏遗址 91—93 年度发掘综
述》，《云南文物》，1993 年

黄菲：《祀真武或祭龙潭——清初云南东川府的信仰空间交叠与景观再造》，《新史学》
2012 年第 23 卷第 4 期，第 119—161 页

黄厚明：《图像与观念：艺术考古前沿问题研究》，《民族艺术》2008 年第 4 期，第
20—27 页

黄厚明：《艺术史与图像：〈图像的意义〉读后》，《美术研究》2010 年第 1 期，第 73—
76 页

黄璜：《南诏大理国观音和大黑天信仰关系考——以剑川石窟和〈梵像卷〉为中心》，
《云南社会科学》2014 年第 2 期，第 136—141 页

何翠萍、魏捷兹、黄淑莉：《论 James Scott 高地东南亚新命名 Zomia 的意义与未来》，
《历史人类学学刊》2011 年第 9 卷第 1 期，第 77—100 页

何耀华：《彝族的图腾与宗教的起源》，《思想战线》1981 年第 6 期，第 77—84 页

何尹全：《接三公主：延续千年的洱海民俗》，《大理文化》2014 年第 3 期，第 94—95 页

侯冲：《云南阿吒力教辨识》，《世界宗教研究》1995 年 4 期，第 74—81 页

侯冲：《大黑天神与白姐圣妃新资料研究》，《大理文化》1994 年第 2 期，第 54—57 页

侯冲、郭劲：《杨慎编辑〈南诏野史〉新证》，《民族艺术研究》1999 年第 6 期，第
71—76 页

霍华德：《南诏国的鎏金铜观音》，秋石译，《云南文物》1991 年第 29 期

江应樑：《诸葛武侯与南蛮》，《西南边疆民族论丛》，珠海：珠海出版社，1948 年，第
253—276 页

科大卫、刘志伟：《"标准化"还是"正统化"？从民间信仰与礼仪看中国文化的大一
统》，《历史人类学学刊》2008 年第 6 卷，第 1—21 页

赖毓芝：《图像帝国：乾隆朝〈职贡图〉的制作与帝都呈现》，《"中央研究院"近代史
研究所集刊》2012 年第 75 期，第 1—76 页

李东红：《大理地区男性观音造像的演变——兼论佛教密宗的白族化过程》，《思想战

线》，1992 年第 6 期，第 58—63 页

李福清：《汉族及西南少数民族的诸葛亮南征传说》，《民族文学研究》1992 年第 2 期，第 85—94 页

李惠铨、王军：《南诏图传文字卷初探》，《云南社会科学》1984 年第 6 期，第 96—105 页

李翎：《大黑天图像样式考》，《敦煌学辑刊》2007 年第 1 期，第 125—132 页

李绍明：《凉山博什瓦黑南诏大理石刻中"梵僧"画像考》，《思想战线》1982 年第 2 期，第 70—74+76 页

李玉珉：《张胜温梵像卷之观音研究》，《东吴大学中国艺术史集刊》第 15 卷，1987 年 2 月，第 227—264 页

李玉珉：《南诏大理大黑天图像研究》，《故宫学术季刊》1995 年第 13 卷 2 期，第 21—40 页

李一夫：《白族的本主及其神话传说》，《大理白族自治州历史文物资料》，昆明：云南人民出版社，1958 年，第 67—88 页

李宗放：《凉山昭觉博什瓦黑石刻的族属为白族考》，《民族研究》2003 年第 3 期，第 80—86 页

镰田茂雄：《南诏国的佛教——中印佛教文化的融合》，张岱年、汤一介等：《文化的冲突与融合——张申府、梁漱溟、汤用彤百年版诞辰纪念文集》，北京：北京大学出版社，1997 年，第 385—400 页

林超民：《白子国考》，《南诏文化论》，昆明：云南人民出版社，1991 年，第 104—116 页

林荫曾：《九隆神话与哀牢国》，《南诏文化论》，昆明：云南人民出版社，1991 年，第 117—127 页

连瑞枝：《王权、系谱与婚姻——从云南地区佛教传说的结构谈名家的形成》，《南诏大理历史文化国际学术讨论会论文集》，北京：民族出版社，2006 年，第 396—416 页

连瑞枝：《山乡政治与人群流动——十五至十八世纪滇西北的土官与灶户》，《新史学》2016 年第 27 卷第 3 期，第 1—61 页

连瑞枝：《书写"西南"：两种典范历史的对话与建构》，《历史人类学学刊》2008 年第 1 期，第 39—70 页

凉山博什瓦黑石刻画像调查组：《凉山博什瓦黑石刻画像调查简报》，《中国历史博物馆馆刊》1982 年第 4 期，第 128—136+141 页

梁永佳：《制造共同命运：以白族族称的协商座谈会为例》，《开放时代》2012 年第 11 期，第 135—146 页

刘尧汉：《南诏统治者蒙氏家族属于彝族之新证》，《历史研究》1954 年第 2 期，第

31—51 页

罗炤：《隋唐"神僧"与〈南诏图传〉的梵僧》，赵怀仁等编《大理民族文化研究论丛》
（第三辑），北京：民族出版社，2006 年

马曜：《古代白族诸王国及其文化》，《白族学研究》1995 年第 5 期，第 84—98 页

沈卫荣：《序说有关西夏、元朝所传藏传密法之汉文文献——以黑水城所见汉译藏传佛
教仪轨文书为中心》，《欧亚学刊》第 7 辑，2007 年，第 159—179 页

石钟健：《大理喜洲访碑记》，《白族文化研究》（2002），北京：民族出版社，2003 年，
第 54—86 页

桑秀云：《庄蹻王滇考》，《"中央研究院"历史语言研究所集刊》第 51 集，1980 年，第
535—545 页

田怀清：《大理白族本主信仰调查之一、二》，国家民委民族问题五种丛书云南省编辑
组：《白族社会历史调查》（2），北京：民族出版社，2009 年，第 144—180 页

田怀清：《剑川石钟山南诏、大理石窟考察》，国家民委民族问题五种丛书云南省编辑
组：《白族社会历史调查》（4），北京：民族出版社，2009 年

汪宁生：《南诏中兴二年画卷》考释，《中国历史博物馆馆刊》1980 年第 2 期，第
136—148 页

王健：《祀典、私祀与淫祀：明清以来苏州地区民间信仰考察》，《史林》2003 年第 1
期，第 50—56+29—124 页

王晖：《论周文化中朱鸟赤凤崇拜的原型、蕴义及演化》，《人文杂志》1994 年第 5 期，
第 78—85 页

王明珂：《王崧的方志世界：明清时期云南方志的文本与情境》，孙江主编：《新史学：
概念、文本、方法》第二卷，北京：中华书局，2008 年，第 97—118 页

王云：《南诏大理国年号考》，《白族学研究》1996 年第 6 期，第 14—29 页

温玉成：《〈南诏图传·文字卷〉考释：南诏国宗教史上的几个问题》，《世界宗教研究》
2001 年第 2 期，第 1—10+149 页

吴棠：《"云南福星"阿嵯耶观音释读》，《大理文化》2010 年第 9 期，第 82—84 页

严奇岩：《〈八十二种苗图并说〉的成书年代考证——以余上泗〈蛮峒竹枝词〉为研究
文本》，《民族研究》2010 年第 1 期，第 95—102 页

杨华、赵智霞：《踏歌源头祭柱盛典》，《今日民族》2012 年第 2 期，第 33—34 页

杨勇：《石寨山考古的新成果和再认识：读〈晋宁石寨山——第五次发掘报告〉》，《文
物》2011 年第 8 期，第 90—95 页

杨政业：《"卫国圣母与梵僧观音"石雕造像辨》，《大理文化》第 4 辑，1993 年，第

56—58 页

杨政业：《大黑天神（伽蓝）本主：从佛教密宗护法神到白族本主神的嬗变》，《大理文化》1991 年第 2 期，第 50—52 页

叶舒宪：《西周神话"凤鸣岐山"及其图像叙事》，《民族艺术》2010 年第 4 期，第 86—96 页

云南省文物工作队：《大理崇圣寺三塔主塔的实测和清理》，《考古学报》1982 年第 2 期，第 245—267，281—294 页

云南省博物馆考古发掘工作组：《云南晋宁石寨山古遗址及墓葬》，《考古学报》1956 第 1 期，第 43—94 页

云南省博物馆：《云南晋宁石寨山第三次发掘报告》，《考古》1959 年第 9 期，第 59—62 页

云南省文物考古研究所、昆明市文管会、晋宁县文物管理所：《云南晋宁石寨山第五次抢救清理发掘简报》，《文物》1998 年第 6 期，第 4—17+1+97—99 页

云南省博物馆：《云南江川李家山古墓群发掘报告》，《考古学报》1975 年第 2 期，第 97—157 页

张海超：《祖籍、记忆与群体认同的变迁——大理白族古代家谱的历史人类学释读》，《北方民族大学学报》（哲学社会科学版）2011 年第 1 期，第 109—114 页

张楠：《云南观音考释》，《云南民族学院学报》1995 年第 4 期，第 60—63 页

张少微：《研究边疆社会之内容方法及步骤》，《边政公论》1941 年第 1 期，第 32—47 页

张锡禄：《从白族家谱看南诏大理国洱海地区的白蛮大姓》，《南诏与白族文化》，北京：华夏出版社，1991 年，第 1—18 页

张锡禄：《白族古代碑刻概述》，《文献》1992 年第 4 期，第 226—239 页

张信：《试谈明代纳西族诗人木公和木增的诗》，《文学遗产》1981 年第 4 期，第 43—50 页

张羽新：《玛哈噶拉：元朝的护国神——从柳贯〈护国寺碑铭〉谈起》，《世界宗教研究》1997 年第 1 期，第 34—41+159 页

张玉勤：《论中国古代的"图像批评"》，《中国文学研究》2012 年第 1 期，第 73—76 页

张增祺：《中兴图传文字卷所见南诏纪年考》，《思想战线》1984 年第 2 期，第 58—62 页

张增祺：《关于晋宁石寨山青铜器上一组人物形象的族属问题》，《考古与文物》1984 年第 4 期，第 86—91 页

赵橹：《"大黑天神"考释》，《云南民族文学资料》第 9 集，第 136—137 页

周伟洲：《唐"都管七箇国"六瓣银盒考》，《唐研究》卷 3，北京：北京大学出版社，

1997 年

周泳先：《凤仪县北汤天南诏大理国以来古本经卷整理记》，李家瑞等编著：《大理白族
　　自治州历史文物调查资料》，昆明：云南人民出版社，1958 年，第 7—21 页

向达：《南诏史略论：南诏史上若干问题的试探》，《历史研究》1954 年第 2 期，第 1—
　　29 页

谢国桢：《评介杨慎著〈滇程记〉和〈滇载记〉》，《思想战线》1978 年第 4 期，第 88—
　　90 页

徐梵澄：《关于毗沙门天王等事》，《世界宗教研究》1983 年第 3 期，第 62—71 页

徐新建：《"多民族文学史观"简论》，《民族文学研究》2007 年第 2 期，第 12—18 页

徐中舒：《试论岷山庄王与滇王庄蹻的关系》，《思想战线》1977 年第 4 期，第 75—82 页

徐中舒，唐嘉弘：《夜郎史迹初探》，《贵州社会科学》1980 年第 1 期，第 49—58 页

薛克翘：《摩诃迦罗考》，《南亚研究》2013 年第 3 期，第 146—159 页

周书灿：《庄蹻王滇与云南地区文明化进程初论》，《贵州社会科学》2012 年第 12 期，
　　第 47—52 页

四、英文专著及论文

Anderson, Benedict. *Imagined Communities: Reflection on the Origin and Spread of Nationalism*, London: Verso, 2006

Bhattacharya, Benoytosh, *The Indian Buddhist Iconography*, Oxford: Oxford University Press, 1924

Backus, Charles, *The Nan-chao Kingdom and Tang China's Southwestern Frontier*, New York: Cambridge University Press, 1981

Bal, Miek and Norman Bryson,"Semiotics and Art History" in *Art Bulletin*, 73, No. 2, June 1991, pp. 174 –208, **Blum**, Susan D., "Margins and Centers: A Decade of Publishing on China's Ethnic Minorities", in *The Journal of Asian Studies,* vol. 61, No. 4, 2002: 1287–1310

Burke, Peter, *Eyewitnessing: The Uses of Images As Historical Evidence*, Cornell University Press, 2001

Cammann, Schuler van R., "Archaeological Evidence for Chinese Contacts with India during the Han Dynasty" in *Sinology*, vol. 5, no. 1, 1956: 1–9

Chapin, Helen B. "Yünnanese Image of Avalokitesvara", in *Harvard Journal of Asian Studies*, 1944, 8: 2: 131–183

224

Clifford, James, *The Predicament of Culture: Twentieth Century Ethnography, Literature and Art*, Mass.: Harvard University Press, 1988

Clifford, James and **Marcus** George E. *Writing Culture: The Poetics and Politics of Ethnography*, Berkeley: University of California Press, 1986

Colquhoun, Archibald R., *Across Chryse: Being the Narrative of a Journey of Exploration through the South China Borderlands from Canton to Mandalay*, London: Sampson Low, 1883

D'Alleva, Anne, *Methods and Theories of Art History*, London: Laurence King Publishing, 2005

Deal, David M. and **Hostetler**, Laura, *The Art of Ethnography: A Chinese 'Miao Album'*. Seattle: University of Washington Press, 2007

Dikötter, Frank, *The Discourse of Race in Modern China*, Stanford: Stanford University Press, 1992

Eicher, Joanne B. ed., *Dress and Ethnicity*, Oxford: Berg, 1995

Fabian, Johannes, *Time and the Other: How Anthropology Makes Its Object*, New York: Columbia University Press, 1983

Geertz, Clifford, *The Interpretation of Cultures*, New York: Basic Books, 1973

Giersch, C. Patterson, *Asian Borderlands: The Transformation of China's Yunnan Frontier*, Cambridge, Mass.: Harvard University Press, 2006

Giersch, C. Pat, "A Motley Throng: Social Change on Southwest China's Early Modern Frontier, 1700–1880", in *The Journal of Asian Studies*, vol. 60(1), 2001: 67–94

Guy, John. "The Avalokitesvara of Yunnan and Some South East Asian Connections" in *South East Asian and China: Art, Interaction and Commerce*, no. 17, ed. by Rosemary Scott and John Guy, University of London, no. 17, 1994. pp. 64–83

Hall, Stuart, "Fantasy, Identity, Politics", in *Cultural Remix: Theories and Politics of the Popular*, Erica Carter, James Donald and Judith Squires (eds.), Lawrence and Wishart, 1995

Harrell, Steven. *Cultural Encounters on China's Ethnic Frontiers*, Seattle: Washington University Press, 1995

Herman, John E., *Amid the Clouds and Mist: China's Colonization of Guizhou, 1200–1700*, Cambridge, Mass.: Harvard University Press, 2007

Herman, John E., "Empire in the Southwest: Early Qing Reform to the Native Chieftain

System" in *Journal of Asian Studies*, vol. 56, no. 1, 1997: 47−74

Herman, John E., "The Cant of Conquest: Tusi Offices and China's Political Incorporation of the Southwest Frontier", in *Empire at the Margins: Culture, Ethnicity and Frontiers in Early Modern China*, Pamela Crossley, Helen F. Siu and Donald S. Sutton (ed.), Berkeley and Los Angeles: University of California Press, 2006

Hobsbawm, Eric and **Ranger**, Terrence, eds., *The Invention of Traction*, Cambridge: Cambridge University Press, 1983

Hostetler, Laura, *Qing Colonial Enterprise: Ethnography and Cartography in Early Modern China*, Chicago and London, 2001

Herman, John Edward, "Empire in the Southwest: Early Qing Reforms to the Native Chieftain System", in *Journal of Asian Studies*, 1997, no. 56, vol. 1, pp. 47−74

Katz, Paul R. "Orthopraxy and Heteropraxy Beyond the State: Standardizing Rituals in Chinese Society", *Modern China* vol. 33:1 (2007), pp. 72−90

Lee, James, "The Southwest: Yunnan and Guizhou ", in Pierre Will and R. Bin Wong (ed.), *Nourish the People: the State Civilian Granary System in China, 1650−1850*, Ann Arbor: University of Michigan, 1991

Mitchell, W. J. T., "The Pictorial Turn", in *Picture Theory: Essays on Verbal and Visual Representation*, Chicago: University of Chicago Press, 1994

Mukarovsky, Jan, "Art as a Semiotic Fact" (1934), in *Structure, Sign and Function*, New York, 1982

Mukherjee, Kalpika, *Vajrayoginī and Mahākāla: Two Most Fearful Deities in the Buddhist Tantric Pantheon, in Tantric Buddhism: Centennial Tribute to Dr. Benoytosh Bhattachartyya*, N. Bhattacharyya ed., New Delhi, Manohar Publishers, 1999

Murray, Julia K., "The Virginia Museum of Fine Arts-the Asian Art Collection", in *Orientations*, 1981, vol. 12, no. 5

Musterberg, Hugo, *Art of India and South East Asia*, New York: Harryn Abrams, 1970

Peng Wenbin, "Ethnic Memory and Space: Legends of Zhuge Liang in Southwest China", in *Inner Asia*, 2011, vol. 13, no. 1

Matsumoto Moritaka, *Chang Sheng-wen's Long Roll of Buddhist Image: A Reconstruction and Iconography*, Ph.D. diss., Princeton University, 1976

Sutton, Donald S., "Ethnicity and the Miao Frontier in the Eighteenth Century", in *Empire at the Margins: Culture, Ethnicity and Frontiers in Early Modern China*, Pamela Crossley,

Helen F. Siu and Donald S. Sutton (ed.), Berkeley and Los Angeles: University of California Press, 2006

Tapp, Nicholas, and Wood, Frances, *The Tribal Peoples of Southwest China – Chinese Views of the Other Within.* London: Lotus Press, 2003

Teng, Emma Jinhua , *Taiwan's Imagined Geography: Chinese Colonial Travel Writing and Pictures, 1683–1895*, Harvard, 2004

Took, Jennifer, *A Native Chieftaincy in Southwest China: Franchising a Tai Chieftaincy Under The Tusi System of Late Imperial China*, Leiden: Brill, 2005

Wu Hung, *The Wuliang Shrine: The Ideology of Early Chinese Pictorial Art*, Stanford: Stanford University Press, 1989

Yang Bin, *Between Wind and Clouds: The Making of Yunnan (Second Century BCE– Twentieth Century CE)*, New York: Columbia University Press, 2009

索　引

228